中国社会科学院中国边疆史地研究中心　厉声　主编

当代中国边疆·民族地区典型百村调查：西藏卷（第一辑）

分卷主编：倪邦贵　孙宏年

德吉新村晒场上的"小粮山"（2007年8月3日 郑洲摄）

夕阳西下的德吉新村（2007年8月3日 郑洲摄）

德吉新村村民收割归来（ 2007年8月3日　郑洲摄 ）

德吉新村村民在晒场吃午饭（2007年8月3日 郑洲摄 ）

干净整洁的德吉新村大道（2007年8月3日 郑洲摄）

焕然一新的德吉新村卫生室（2007年8月4日 郑洲摄）

错落有致的德吉新村民居房屋（2007年8月4日 郑洲摄）

德吉新村充满希望的青稞地（2007年8月4日 郑洲摄）

干净整洁的德吉新村居民生活小区（2007年4月2日 郑洲摄）

德吉新村宽敞明亮的独家小院（2007年4月2日 郑洲摄）

德吉新村搬迁群众正在享受现代生活（2007年4月2日　郑洲摄）

扎囊县城远景（2007年4月7日　郑洲摄）

德吉新村搬迁群众正在美化生活环境（2007年4月3日 郑洲摄）

德吉新村宽敞明亮的小学教室（2007年4月5日 郑洲摄）

德吉新村搬迁群众放牧归来（2007年4月5日 郑洲摄）

采访敏竹林寺民管会主任江白坚增（2007年4月5日 郑洲摄）

中国社会科学院中国边疆史地研究中心

当代中国边疆·民族地区典型百村调查：西藏卷（第一辑）

厉 声 主编

扶贫综合开发绩效研究

——西藏扎囊县德吉新村调查报告

郑 洲◎著

社会科学文献出版社

SOCIAL SCIENCES ACADEMIC PRESS (CHINA)

总 序

　　深入实际、开展国情调研，是中国社会科学院肩负的重要科研任务，也是中国社会科学院履行好党中央、国务院赋予的"思想库"、"智囊团"职能的重要方式。中国边疆省区占国土面积的60%以上，边疆区情及当地的民族社会调研（边疆调研）是中国国情调研的重要组成部分。正如一位边疆工作者所说：不了解少数民族，就不了解中华民族；不了解边疆，就不了解中国。1983年中国社会科学院中国边疆史地研究中心建立后，特别是1990年以来，一直将边疆调研作为学科研究的重点之一。

　　2004年，中国边疆史地研究中心承担国家哲学与社会科学基金特别项目"新疆历史与现状综合研究"（简称"新疆项目"）。2006年，中国边疆史地研究中心牵头，立项开展"当代中国边疆·民族地区典型百村调查"（简称"百村调查"），作为此特别项目的子课题。"百村调查"以新疆为重点，在全国新疆、西藏、内蒙、宁夏、广西五个民族自治区和云南、吉林、黑龙江三省基层地区同时开展，共调查100个边疆基层村落。调查工作在"新疆项目"领导小组和专家委员会指导下，由"百村调查"专家委员会暨编委会组织实施。在中国边疆史地研究中心主持拟定的调查大纲框架下，发挥每个省区的优势，体现各自的特色。

本项目的实施得到了边疆地区各级地方党政部门的支持。首先，调查工作注意与地方党政部门的相关工作衔接、听取意见，在实施调查之前，主动向各级党政部门汇报情况，听取指示和意见。其次，调查组主动让各级党政部门了解调研的全过程，在调研过程中出现问题时及时向相关党政部门请示。再次，调研阶段成果和最终成果的副本同时提供地方党政部门参考。

"百村调查"的调研主题是：改革开放30年来中国边疆基层村落的民族社会和经济发展的历史与现状。具体内容包括：乡村概况、基层组织、经济发展、社会生活、民族、宗教、文教卫生、民俗风情等。项目调研的时间是：2007～2008年（资料下限至2007年底或适当延长）。

"百村调查"的调研对象为：100个具有典型意义与特色的中国边疆基层村落。课题以基层乡、村两级为调查基点，大致每个省区选择2个地州，每个地州选择1～2个县，每个县选择2个乡，每个乡选择2个村。新疆共调查22个村，其他地区均为13个村（辽宁、吉林、黑龙江以东北边疆为单元，共调查13个村）。调查点的选择要求：

（1）本地区社会稳定与经济发展中具有典型意义的基层乡和村。

（2）存在边疆现实政治、社会或经济发展的热点、难点问题。

（3）与 20 世纪 50 年代全国边疆民族调查能有一定的衔接。

"百村调查"采取学术调查与现实政治相结合的方法，以社会人类学入村入户调研方法为主，同时关注现实政治、社会与经济发展中的热点、难点问题：一般共性调查与专题专访调查相结合，在一般综合性调查的基础上，选择好专访或专题调研的"切入点"——总结经验与完善不足相结合，在总结各项工作经验的同时，善于发现问题和提出解决问题的对策与建议。调研注重入户访谈和小范围座谈的专访调查。在一般性问卷和统计资料收集的基础上，注重对基层干部、群众典型、教师、宗教人士等特定人员的专题访谈，倾听和收集他们对基层社会稳定与经济发展的看法、意见和建议，形成能说明问题的专访或专题调研报告。

"百村调查"的成果形式分为调查综合报告与专题报告两大类。

（1）调查综合报告：依据大纲规定，撰写有关乡村经济社会等发展状况的综合报告，课题结项后分期公开出版。专题报告及调查资料可以公开发表的，在篇幅允许的情况下，作为附录附在综合报告末尾。

（2）专题报告：内容较敏感、不适宜公开出版的专题报告，集成《专题报告集》，内部刊印。

"百村调查"主编　厉声　谨识

2009 年 8 月 25 日

目录
CONTENTS

图目录
FIGURE CONTENTS

表目录
TABLE CONTENTS

序　言
FOREWORD

中华人民共和国成立 60 年来，特别是西藏和平解放以来，在 120 多万平方公里的雪域高原上发生了翻天覆地的历史巨变，百万农奴翻身得解放，成为人类发展史上的里程碑，经济社会发展的成就举世瞩目；农村在变，牧区在变，城市也在变，西藏广大农牧民的生活今非昔比，农牧民的观念同样也发生了值得关注的变化。面对如此巨大的变化，今天的我们怎样才能为后人留下这一瞬间，留住它们的轨迹？作为有历史感、责任感的学人，怎样才能完成我们这一代人的这一历史责任？由中国社会科学院中国边疆史地研究中心主持的国家社科基金特别项目"当代中国边疆·民族地区典型百村调查"（以下简称"百村调查"），便是中国一批学者立足调研，探求中国边疆民族地区乡村巨变的求索和努力！

我们开展这个项目的初衷是对西藏乡村巨变以及经济社会发展进行全面的反映，特别是对西藏和平解放以来翻天覆地的巨大变化做一次现场实录，但随着中华人民共和国成立 60 周年、西藏和平解放 60 周年的到来，为了尽一个学人的历史责任，我们的目的也就定位在为中华人民共和国成立 60 周年、西藏和平解放 60 周年献礼！同时，这一工作也着力反映了西藏半个多世纪以来特别是 21 世纪以来经

济社会发展的巨大成就，为西藏在中国共产党的领导下走
有中国特色西藏特点发展路子提供了大量的科学依据与前
期研究成果资料，为维护西藏社会局势的稳定提供了强有
力的证据。我们就积极地承担并完成这一重大课题的调研，
调研的对象自然是西藏自治区。

一　西藏自治区基本情况

西藏自治区位于北纬 26°50′~36°53′，东经 78°25′~
99°06′。北界昆仑山、唐古拉山与新疆维吾尔自治区和青海
省毗邻，东隔金沙江与四川省相望，东南与云南省相连，
南与缅甸、印度、不丹、尼泊尔等国接壤，面积 120 多万平
方公里，仅次于新疆，居全国第二位。

西藏自治区山川秀美，气候独特，土地富饶。西藏高
原平均海拔 4000 米以上，构成"世界屋脊"——青藏高原
的主体。境内绵亘着众多巨大的山脉，东西走向的喜马拉
雅山、冈底斯—念青唐古拉山、喀喇昆仑—唐古拉山、昆
仑山四大山脉，横亘于高原的南侧、中部和北缘，属于横
断山脉系列的伯舒拉岭、他念他翁山和芒康山则南北平行
而下，蜿蜒于西藏东南，从而将西藏地区分割为四个相对
的自然区域，即藏北高原、藏南谷地、藏东高山峡谷和喜
马拉雅山地。境内海拔 7000 米以上的高峰有 50 多座，其中
海拔在 8000 米以上的有 11 座，喜马拉雅山中段的中尼边界
上的珠穆朗玛峰，海拔 8844.43 米，为世界第一高峰。高大
山脉是构成高原地貌的骨架，也是古代冰川发育的中心，
海拔 5000 米以上的山峰大多终年积雪，冰川广泛发育，是
河川径流水的主要来源。境内江河、湖泊众多，外流江河
有位于南部的雅鲁藏布江，从西至东流经全区，主要支流

有年楚河、拉萨河、尼洋河，习惯称"一江三河"，是西藏主要农区，东部有金沙江、澜沧江、怒江，西部有象泉河、狮泉河等。内流河主要分布在怒江上游分水岭以西的冈底斯山、念青唐古拉山的藏北高原和雅鲁藏布江上游分水岭及喜马拉雅山以北地带，年流量仅占江河径流量的 8% 左右，而外流域面积占了西藏自治区的 51%。西藏还是中国湖泊最多的地区，大小湖泊约有 1500 多个，其中面积大于 200 平方公里的湖泊有 24 个，约占全国湖泊面积的 1/3。

　　早在四五万年前，西藏地区就已有古人类活动，他们披荆斩棘，同大自然进行长期斗争，并繁衍生息，成为这片高原的最早开发者。藏族著名典籍《贤者喜宴》对此做了形象的描述："食用果实变成人，采集树叶当衣衫，如同野兽居森林，好象珞（巴）、门（巴）遍西藏。"考古工作者的发现和发掘表明，西藏地区的先民先后经过了旧石器、新石器和铜石并用等时期，各个时期都与内地同时期的文化遗存有着密切的联系。新石器晚期，他们由蒙昧走向文明，由氏族、部落发展为部落联盟，又建立了蕃、象雄、苏毗等奴隶制邦国。公元 7 世纪初，蕃国第三十二代赞普松赞干布，以其卓越的政治远见和军事才能，完成统一大业，在西藏高原上建立了奴隶制的吐蕃王朝。到 9 世纪中叶，吐蕃在奴隶和平民大起义的冲击下土崩瓦解，在其本土逐渐形成许多割据政权，10～13 世纪前半叶逐步完成了奴隶制向封建制的过渡。13 世纪中叶，西藏成为中央政府直接治理下的一个行政区域。此后，中国经历了元朝、明朝、清朝和中华民国的兴替，多次更换中央政权，但西藏一直处于中央政权的管辖之下。

　　1949 年 10 月 1 日，中华人民共和国成立，此时的西藏处于比欧洲中世纪还要黑暗、落后的政教合一的封建农奴制社会中，占西藏总人口不足5%的农奴主占有西藏绝大部分生产资料，垄断着西藏的物质和精神财富，而占人口95%以上的农奴和奴隶没有生产资料和人身自由，遭受着极其残酷的压迫和剥削，挣扎在极端贫困的悲惨境地中，毫无权利可言。1951年，中央人民政府与西藏地方政府签订《关于和平解放西藏办法的协议》（简称《十七条协议》），使西藏摆脱了帝国主义侵略势力的羁绊，实现和平解放，为西藏与全国一起实现共同进步与发展创造了基本前提。《十七条协议》强调"西藏地方政府应自动进行改革"，但考虑到西藏的特殊情况，中央人民政府对改革采取了十分慎重的态度，以极大的耐心、宽容和诚意，劝说、等待西藏地方上层统治集团主动进行改革。但是，在帝国主义势力策动支持下，西藏地方上层统治集团的一些人面对人民日益高涨的民主改革要求，根本反对改革，顽固坚持"长期不改，永远不改"，企图永远保持政教合一的封建农奴制度，并于1959年3月10日悍然发动了全面武装叛乱。在这种情况下，为维护国家的统一和西藏人民的根本利益，中央人民政府与西藏人民一道坚决平息了武装叛乱。与此同时，在西藏掀起了一场轰轰烈烈的群众性民主改革运动，废除了政教合一的封建农奴制度，解放了百万农奴和奴隶，开创了西藏人民当家做主的新时代。

半个世纪以来，西藏各族人民在中央人民政府的关心和全国人民的支持下，以主人翁的姿态和空前的热情投身建设新社会、创造新生活的伟大进程中，创造了一个又一个西藏历史上亘古未有的奇迹。西藏的社会制度实现了跨越式发展，现代化建设日新月异、突飞猛进，社会面貌发生了翻天覆地的历史性变化。作为西藏历史巨变的一部分，农村、牧区的变迁和广大农牧民生产、生活和观念的变化尤其值得重视。

首先，土地改革废除封建农奴主的土地所有制，使农奴和奴隶成为土地的主人。1959 年 9 月 21 日，西藏自治区筹备委员会通过《关于废除封建农奴主土地所有制实行农民的土地所有制的决议》，决定对参加叛乱的农奴主的土地和其他生产资料一律没收，分配给农奴和奴隶；对未参加叛乱的农奴主的土地和其他生产资料由国家出钱赎买后，分配给农奴和奴隶。据统计，在民主改革中，国家共没收和赎买农奴主土地 280 多万亩，分给 20 万户的 80 万农奴和奴隶，农奴和奴隶人均分得土地 3.5 余亩。西藏百万农奴和奴隶第一次成为土地和其他生产资料的主人，焕发了空前的生产和生活热情，迅速改变了西藏的社会面貌和生活条件。据统计，土改基本完成的 1960 年，西藏全区的粮食总产量比 1959 年增长 12.6%，比土改前的 1958 年增长 17.5%。牲畜存栏总数 1960 年比 1959 年增长 10%。在民主改革中，西藏建立起第一个供销社、第一个农村信用社、第一所民办小学、第一所夜校、第一个识字班、第一个电影放映队、第一个医疗卫生机构。

其次，西藏社会制度实现了历史性跨越，经济建设实现跨越式发展，社会面貌日新月异，而西藏人民当家做主的权利有了制度保障，人民生活水平大幅度提高。1965 年，西藏自治区成立，标志着民族区域自治制度在西藏全面确立，实现了西藏社会制度从政教合一的封建农奴制度向人民民主的社会主义制度的历史性跨越，昔日的农奴和奴隶从此享有了平等参与管理国家事务和自主管理本地区、本

5

民族事务的政治权利。

西藏和平解放以来，特别是民主改革以来，中央政府为促进西藏经济社会发展，对西藏实施了一系列优惠政策，在财力、物力、人力等方面给予强有力的支持。据统计，仅在基础设施建设方面，1951～2008 年，国家就累计投入资金 1000 多亿元。1959～2008 年，中央财政向西藏的财政转移支付累计达到 2019 多亿元，年均增长近 12%。在中央的关怀和全国的支持下，西藏经济社会发展突飞猛进。据统计，1959～2008 年，西藏生产总值由 1.74 亿元增长到 395.91 亿元，按可比价格计算，增长 65 倍，年均增长 8.9%。1959～2008 年，西藏人均生产总值由 142 元提高到 13861 元，增加 13719 元。旧西藏的农牧业基本靠天吃饭、靠天养畜，如今农牧业现代化程度大幅度提高，防灾抗灾能力显著增强，科技贡献率达到 36%。粮食产量由 1959 年的 18.29 万吨增加到 2008 年的 95 万吨；粮食平均亩产由 1959 年的 91 公斤提高到 2008 年的近 370 公斤；年末牲畜存栏总数由 1959 年的 956 万头（只）增加到 2008 年的 2400 余万头（只）。

西藏和平解放前，西藏农牧民没有生产资料，几乎终身负债，根本谈不上纯收入，2008 年，西藏农牧民人均纯收入达到 3176 元，1978 年以来年均增长 10.1%。1959 年前，西藏 90% 以上的人没有自己的住房，农牧民居住条件极差。如今西藏人民的居住条件得到了巨大改善，通过推进新农村建设、实施安居工程，已有 20 万户百余万农牧民住进了安全适用的新房。2008 年，农村居民人均居住面积达到 22.83 平方米。目前，从城市到农村都已初步建立起社会保障体系，2006 年西藏人均收入低于 800 元的农牧民全部纳入最低生活保障，在全国率先建立了农牧区最低生活保障制度。而且，西藏和平解放后特别是民主改革后，中央人民政府采取各种措施改善西藏农牧区的医疗卫生条件，20 世纪 60 年代开始，西藏消灭了天花，各类传染病、地方病发病率大幅度下降，目前西藏在全国率先实现了城镇居民医疗保险全覆盖，并逐步建立了以免费医疗为基础的农牧区医疗制度，农牧民免费医疗补助人均达到 140 元。随着医疗卫生条件的改善，西藏的人均预期寿命由和平解放时的 35.5 岁增加到 67 岁。据 2000 年第五次全国人口普查，西藏有 80～99 岁的老人 13581 人、百岁以上的老人 62 人，是中国人均百岁老人最多的省区之一。

二　"百村调查"西藏 13 个村（镇）调查点的选择与基本情况

"百村调查"专家组为西藏共分配了 13 个村（镇）的调查任务。具体选择要求具有代表性，能够充分反映西藏农村当代发展的基本面貌。由于地理环境和条件不同，西藏和平解放以来，西藏农村经济社会的发展并不平衡，故在目标村（镇）的选择上，不同发展程度村（镇）的均匀分布是我们所主要考虑的。其他还关注了村（镇）的区位、经济、社会、文化、民族特征等。

"百村调查"在西藏的调研工作在"新疆项目"领导小组和专家委员会指导下，由"百村调查"专家委员会组织实施，在基本统一的调查大纲和问卷的框架下，注意发挥和体现西藏雪域高原的优势与特色。西藏地区的调研以 13 个村（镇）的调查为主，分别在西藏的边境、农区、牧区、城郊、青藏铁路沿线的 13 个村（镇）同时开展，主要包括：（1）堆龙德庆县的柳梧新村；（2）扎囊县的德吉新村；（3）贡嘎县的杰德秀居委会；（4）那曲县门地办事处 22 村；（5）拉萨市纳金乡城郊村；（6）拉萨市城关区蔡公堂村；（7）那曲县的罗玛镇 14 村；（8）贡觉县的岗托村；（9）定结县日屋镇德吉村；（10）错那县的勒布村；（11）日喀则市的 8~9 村；（12）当雄县的当曲卡村；（13）曲水县达嘎乡其奴村。

三 "百村调查"西藏项目组的人员组成与调研简况及预期目标

"百村调查"西藏项目组共由 18 位成员组成，倪邦贵研究员、孙宏年博士分别为第一、第二主持人，18 名项目组成员中有 7 人各自承担 1 个村、6 人分 2 组分别承担 2 个村、3 人 1 组承担 1 个村、2 人 4 组承担 4 个村，分别展开调查。西藏项目主持人强调所有承担人必须深入村（镇）15 ~ 20 天，认真调查，掌握真实情况，形成基本感受和准确认识，之后再以写实的笔法完成文本撰写。由于项目组成员科研能力强弱不一，大部分人缺乏研究经验，为了保证质量，使每个人都能基本上完成任务，项目组为他们制定了共同的入户调查问卷、调研提纲和写作提纲。在具体使用过程中，要求他们从入户调查入手，以调研提纲保障全面，没有大的遗漏，再以写作提纲保证叙事结构规范合理。每位作者在文本写作过程中，除基本遵守写作提纲外，还可以突出所调查村庄的特点，对写作大纲进行个性化灵活处理。除此之外，经常召开项目组会议，相互交流研究经验心得，学习各自长处，既有分工，又有合作，充分发挥项目组集体力量，以及每个人的聪明才智，整个工作进展基本做到规范有序、有条不紊。

"百村调查"西藏项目组的准备工作从 2006 年底着手进行,到 2007 年 5 月底基本完成,利用近半年的时间,西藏项目组总负责人倪邦贵研究员与项目组全体成员采用电话联系、个别交流与当面沟通等多种方式进行了调研前的培训与交流。2007 年 3～12 月,西藏 13 个村(镇)的调研工作基本全面展开,其间由于各种原因,还进行了个别人员调整。在此期间及之前,中国边疆史地研究中心在北京、银川、南宁和北戴河召开了多次协调会,通报了各地的研究进展和经验,统一了各地的进度,规范了研究进程。到 2009 年 12 月底,历时近 3 年时间 [指村(镇)调研和文本撰写],西藏 13 个村(镇)的调研和文本写作基本完成,并且都进行了多次修改。经 2009 年 4 月北戴河会议审订,第一批 4 个村(镇)的成果先期于 8 月中旬正式交由社会科学文献出版社编辑出版。

四 "百村调查"西藏项目组的研究方法与最终目标

"百村调查"西藏项目组以西藏的基层社会与经济发展现状的社会调研为基本方法,强调学术调查与现实政治相结合,以民族学、社会学入村入户的调研方法为主,同时关注现实政治、社会与经济发展中的热点、难点问题;强调一般共性调查与专题访问调查相结合,在一般共性调查的基础上,选择好专访或专题调研的切入点;强调总结经验与完善不足相结合,在总结各项工作经验的同时,善于发现问题和提出解决问题的对策和建议。在调查选点方面,遵循选择西藏社会稳定与经济发展中具有典型意义的村（镇）（以行政村为主）的原则。在一般性问卷和统计资料收集的基础上，注重对基层干部、群众典型人物、教师、宗教人士等特定人员的专题访谈，倾听和收集他们对基层社会稳定与经济发展的看法、意见和建议，形成能说明问题的专访或专题调研报告。

"百村调查"西藏项目组以西藏的基层社会与经济发展为切入点，主要目的在于摸清西藏基层社会与经济发展的一般情况，包括西藏基层政权建设、西藏和谐社会构建、西藏的民族关系与民族团结、西藏的宗教信仰与宗教事务管理、西藏居民的国家意识与民族宗教观、西藏的"三老"人员情况、西藏的基层经济发展现状、西藏的基层文化教育现状、西藏的基层人才队伍状况、西藏的基层社会治安等方面。

根据"百村调查"项目的总体设计，西藏项目组确定的目标是：总结西藏地区基层社会与经济发展的经验，同时发现、弥补其不足，并为之提供有效的对策建议。在此基础上，"百村调查"在西藏的调研在以下几个方面有所突破：第一，通过典型调研，认真总结西藏基层社会与经济发展迄今为止所取得的重要成绩，总结其有益的经验；第二，在调查中关注发展中存在的问题与困难，并针对这些问题和困难，提出具有可操作性的对策建议；第三，根据西藏现有发展状况及其所具有的发展条件和机会，预测其发展前景。

作为"百村调查"西藏13村（镇）项目组负责人，我们深深地知道，这是一项非常有意义的研究，值得认真去做。历史将证明，今天我们为西藏这13个村（镇）留下的每一行文字、每一份表格、每一张照片，作为它们真实情

况的反映，都将是有价值的历史记录。当然，我们也同样
深知，由于作者众多，水平不一，成果的质量因而参差不
齐，甚至可能出现各种错讹。在此，作为丛书西藏卷主编，
我们代表相关的作者表示歉意，并恳请广大读者和专家批
评指正。

　　谨以此书向西藏和平解放60周年献礼！

倪邦贵　孙宏年

2009 年 8 月 16 日

第一章　德吉新村扶贫搬迁建设概况

第一节　德吉新村所在县、乡基本情况

一　德吉新村所在县、乡概况

德吉新村位于扎囊县扎其乡东部，是在扎其乡朗赛岭村经过扶贫综合开发建设而成的一个新村。

1. 扎囊县基本县情简介

扎囊，藏语意为"刺树沟内，山桃林中"。西藏噶厦政府时期，设立洛喀（山南）基巧，辖区内有札当宗、桑耶宗、扎船等。1959 年，札当宗、桑耶宗、扎船等合并设立扎囊县，属山南地区管辖至今（见图 1 – 1）。

扎囊县东临乃东和琼结两县，西连贡嘎县，南与措美县和浪卡子县接壤，北邻拉萨市城关区和达孜县，101 国道贯穿全县，曲水—错那公路横穿县境。扎囊县面积约为 2173 平方公里。雅鲁藏布江贯穿全县，境内长约 45 公里，宽约 4 公里，把全县分为南北面积几乎相等的两大部分。扎囊县辖三乡两镇，即扎其乡、阿扎乡、吉如乡、扎塘镇、桑耶镇。2006 年底，扎囊县共有 65 个行政村、217 个自然村，共有 7196 户、36725 人，其中，农牧民人口为 35299

1

人，约占全县总人口的 96%。扎囊县现有耕地面积约 6.70 万亩，人均耕地面积约 1.90 亩。扎囊县以农业生产为主、牧业生产为辅，兼营民族手工业。

图 1 - 1　扎囊县城远景（2007 年 4 月 7 日　郑洲摄）

扎囊县自然资源较为丰富。矿产资源主要有铜、铬铁、铅锌等；动植物资源主要有羚羊、黑颈鹤、马鸡、熊、天鹅、灰鹤、斑头雁、梅花鹿、黄羊、旱獭、雪猪、雪鸡以及雪莲花、虫草、贝母等；旅游资源主要有桑耶寺、敏竹林寺及朗赛岭庄园等。

扎囊县地处西藏自治区中南部、雅鲁藏布江中游河谷地带，南北均为高山，沿江两岸均为谷地，谷地地势开阔平坦，平均海拔约为 3680 米。扎囊县属高原温带半干旱季风气候，冬长夏短，春秋相连，冬春多风，气候干燥，雨热同季，干湿分明。雨季降水相对集中，年平均降水量约为 420 毫米，6~9 月份降水量占年降水量的 85% 左右，但蒸发量较大，年平均蒸发量为 2599 毫米。日照时间长，日照充足，年均日照时数为 3092 小时，年平均气温约为 8.4℃，极端最高气温达 30℃，极端最低气温达 -18.5℃。

无霜期短，年无霜期达 140 天左右，但昼夜温差较大。扎囊县主要自然灾害有干旱、风沙、霜冻、冰雹等。

2. 扎其乡基本乡情简介

扎其乡位于扎囊县东部、雅鲁藏布江南岸，拉泽公路、雅鲁藏布江自西向东依乡而过。全乡分为两大沟：朗赛岭沟和扎其沟。扎其乡下辖 18 个行政村委会、42 个自然小组。2006 年底，总户数 1752 户，总人口 9298 人，其中，男性 4468 人，女性 4830 人。扎其乡现有耕地面积约为 18834.9 亩，人均耕地面积约为 2.03 亩，略高于全县人均耕地面积的平均水平。2006 年，扎其乡总收入 4872.05 万元，人均现金收入 2662 元，比 2005 年增长 109%。

扎其乡主要农作物有青稞、冬小麦、马铃薯、油菜等；畜牧业以饲养牦牛、黄牛、山羊、绵羊为主；手工业生产主要有氆氇、卡垫、藏毯、藏香、藏陶。扎其乡境内旅游资源相对丰富，有西藏历史上第一座佛学院——敏竹林寺佛学院，以及西藏保存最完整的第一座庄园——朗赛岭庄园。

二 德吉新村基本情况简介

1. 村庄四至界定

德吉新村地处 101 国道泽当至扎囊县城中段位置，具体地理位置为：北接 101 国道，南与孟嘎如村接壤，东部是新开发的一片粮田，西与朗赛岭村接壤。2006 年底，德吉新村共有耕地面积 1400 亩，草场面积 2500 亩，人均耕地面积约为 2.0 亩，人均林草地面积约为 6.0 亩。

2. 交通发展现状

因德吉新村紧邻 101 国道，交通十分方便。到山南地区行署与扎囊县城乘车非常方便，村民们随时都可以在德吉新村北边的交通车站乘车，并且乘车费用也不高，到山南地区行署与扎囊县城的乘车费用仅为 5 元。同时，村民们到自治区首府——拉萨也十分方便，随时都可以搭乘泽当至拉萨的班车，乘车费用也不高，一般在 25 元左右。

德吉新村村内交通也十分方便（见图 1 - 2）。首先，有两条连接 101 国道的村内公路，均是自北向南延伸，一条直达孟嘎如村，一条横经村内到达朗赛岭村。这两条村内道路的路面均实现了水泥硬化。其次，特别值得称道的是，德吉新村村内的机耕道也非常发达，村民可以将拖拉机直接开向自己的农田里从事耕作，播种与收割都十分便利。

图 1 - 2　德吉新村村内道路实景（扎囊县扶贫综合开发办公室摄）

3. 交通与生态建设现状

尽管德吉新村交通较为便利，但也存在一些亟待改善的问题。1999～2001 年，西藏自治区扶贫综合开发办公室在德吉新村实施了扶贫综合开发建设，由于资金有限，村内道路除了上述两条公路基本实现路面水泥硬化外，其余道路均为砂石路面，这给搬迁群众生产、生活带来了诸多不便。用德吉新村搬迁群众自己的话来说，长期以来，村

内道路状况是"雨天一身泥、晴天一身灰",这严重影响了
当地群众的身体健康。笔者在德吉新村调研期间也深有感
触,因扎囊县气候干燥,降雨量较少并且较为集中,德吉
新村搬迁群众感受"雨天一身泥"的时间不是很多,更多
的感受是"晴天一身灰"。因扎囊县属高原温带半干旱季风
气候,冬长夏短,冬春多风,而且冬春风力较大,每当刮
大风的时候,整个村庄便处于一片风沙中,能见度非常低。
2007 年 3 月底至 4 月中旬,笔者在此调研时对此深有感触。
这不仅影响当地村民出行,还严重影响了村民的身体健康。
据笔者在德吉新村的调查,当地村民患肺病、支气管炎等
与呼吸系统相关病症的人较多。由于德吉新村村内机耕道
非常畅通,加上国家政策扶持当地群众购买拖拉机、小汽
车等交通运输工具,德吉新村现有十多辆拖拉机及 3 辆汽
车,每当拖拉机及小汽车从村内驶过时,更是沙尘满天。

4. 解决德吉新村交通与生态建设的思考与建议

德吉新村村内道路状况较差,给当地群众身心健康带来
了一些隐患,这是当地政府与德吉新村搬迁群众应该及时着
手予以解决的一个现实问题。基于此,笔者认为:首先,德
吉新村村委会应该积极向国家争取基础设施建设资金,早日
实现村内道路路面水泥硬化。其次,德吉新村村委会也应该
积极发动本村群众,树立自力更生修建道路的意识,村民们
应该主动投入一定的资金与劳动力,对现有村内道路建设进
行维修与完善。再次,德吉新村村内道路状况要实现根本改
善,还需要加强完善配套设施等相关建设,至少应在村内道
路两侧大力植树种草,这样可以净化空气。

当地基层政府与德吉新村村委会还应该积极发动德吉
新村搬迁群众在住房四周闲置空地上多植树种草,这样也

可以有效地净化空气。从德吉新村最近几年的绿化情况来看，村民们已养成冬季植树的良好习惯。许多农户都会在屋前屋后或者田间沟旁植树，既有村民自发的，也有集体组织的，尤其是在村委会妇女主任的组织下，2005 年冬季以来，德吉新村逐渐投入劳动力 575 人次，植树 12534 株。这为绿化德吉新村搬迁群众家园、造福子孙后代、改善空气质量作出了极大的贡献。

个案 1-1　扎囊县德吉新村生态环境建设①

朗赛岭开发区在开发前，大部分土地为荒地、沙地、河滩等，土壤贫瘠，沙化严重，高低不平，沟壑纵横。每逢夏秋雨水季节，则洪水泛滥，水土流失十分严重；而到了冬春干旱季节，则是狂风大作，黄沙满天，遮天蔽日。扎囊县生态环境极其脆弱、恶劣，因此，朗赛岭开发区原有耕地也因沙化、干旱、大风、土壤贫瘠等自然因素的影响与制约，粮食平均单产仅为 340 斤。

近年来，随着西藏自治区"一江两河"、"农业综合开发"等建设项目的实施，政府对朗赛岭区域的沙漠化土地、浅滩河床、流动沙丘等进行了重点治理。其中，"一江两河"项目建设共完成工程造林 6778 亩；"农业综合开发"项目建设进行了生态林建设 6100 亩，种草 2500 亩，农田林网 80000 株，架设网围栏 20.90 公里，果林基地 300 亩，治理沙丘 1100 亩。同时还为德吉新村 148 户搬迁群众配套建设了 1400 亩耕地及农电、水利设施、机耕道等项目，使朗

① 资料来源：扎囊县农发办资料《扎囊县朗赛岭区域生态环境简介》（打印稿），2003 年 9 月。

6

赛岭区域土地得到了较好的治理。控制了水土流失，改善了当地生态环境，这不仅有效地改善了扎囊县当地的小气候，同时还对贡嘎机场、山南地区行署等地气候条件改善起到了积极作用。

在朗赛岭区域扶贫开发过程中，始终坚持"三同时"原则，坚持按客观规律办事，从实际出发，因地制宜，因害设防，以防为主，防治结合，讲求实效。首先，坚持以科技为先导，以重点区域的治理为突破口，统筹规划，突出重点，分步实施，使工程措施、生物措施与农艺措施有机结合，三位一体。其次，坚持生态环境建设与生态农业建设相结合，重点以中低产田改造和基本农田建设为中心，以水利建设为重点，逐步形成一个稳定、高产的基本农田体系，发挥农牧业综合规模效益。最后，坚持生态环境建设与建立先进的畜牧业相结合，对天然退化草场进行科学改良，综合利用，提高载畜量和林草覆盖率，提高畜禽产品产量。通过生态环境综合治理，为朗赛岭开发区农业可持续发展奠定了坚实的基础。

在朗赛岭开发区生态环境建设初期，扎囊县政府还积极开展了大力宣传工作，在搬迁群众心目中牢固树立农牧业可持续发展思想，提高搬迁群众的生态环境意识，积极引导搬迁群众投入生态环境建设。同时，还对广大搬迁群众进行了"热爱祖国、热爱家乡、爱护好自己周围的每一棵树、每一根草"的生态环境保护教育，取得了初步效果，搬迁群众保护环境的积极性、主动性空前高涨。此外，从很多渠道争取生态环境建设资金，确保生态环境建设的顺利实施。在生态环境工程建设中，加大管理力度，提高工程建设的质量。工程建设完成后，加强工程后续管理，制定相关规定，确保工程效益的持久发挥。

总之，扎囊县在朗赛岭区域开发过程中，充分发挥了搬迁群众建设生态家园的积极性，逐步形成了以雅鲁藏布江两岸生态林防护带为主体，以农田林网、人工种草、防沙治沙为辅助等综合治理的大好局面，使往日的荒山、沙地变成了现在的绿洲、林地，实现了扎囊县社会经济与生态环境和谐发展的目标（见图1-3）。

图1-3 德吉新村新植的草皮和大树（2007年4月2日 郑洲摄）

三 德吉新村集市发展及商业分布

（一）集市、商业发展现状

德吉新村紧邻101国道，距扎囊县城与山南地区行署所在地较近，交通运输十分方便，因此，德吉新村搬迁群众日常生活中的大宗交易多选择在扎囊县城与山南地区行署所在地进行，故德吉新村暂时没有形成固定的集市制度，当然也没有形成固定的集市地点。

笔者在扎囊县调研期间也发现，不仅德吉新村没有设立固定的集市地点，就连扎其乡政府所在地也没有设立固定的集市地点，扎其乡政府工作人员购买日常生活用品都需要到扎囊县城。一般说来，扎其乡政府干部每周得两次进县城购买蔬菜等生活必需品。从笔者的实地调查情况看，扎其乡政府所在地仅有两家藏餐馆、两家零售商店，与德吉新村比较起来，似乎好不了多少。而德吉新村现有5家零售商店、1家大型批发兼零售商店。据德吉新村副主任罗布随巴讲，他的批发商店很快就要纳入西藏自治区政府规划的"万村千乡市场工程"。笔者在德吉新村调研得知，这家批发商店每天的营业额比较高，有时一天的营业总额高达1000元左右，纯利润在100元左右。这从扎囊县零售商业发展规模来看，已经算是一个规模较大的商品销售中心了。此外，还值得注意的是，在德吉新村这个人口数量并不多的小村庄，有两家农户从事台球经营，两家农户从事公用电话经营，两家农户从事甜茶馆经营，一家农户从事藏餐馆经营，等等。与扎其乡政府所在地的商业发展状况相比较而言，德吉新村商业发展似乎还要好得多，德吉新村商业网点布局基本合理，也基本能够满足村民日常生活用品所需（见表1-1）。

表1-1 德吉新村商业发展情况一览

单位：户，%

经营项目名称	百货商店	甜茶馆	公用电话	台球经营	藏餐馆	总体情况
数量	6	2	2	2	1	13
所占百分比	46.1	15.4	15.4	15.4	7.7	100

资料来源：笔者于2007年3月31日~4月15日在德吉新村调研记录。

（二）商业与集市发展存在的问题

德吉新村作为一个扶贫综合开发新村，与西藏大多数农牧区村庄一样，市场化发展程度还比较低。尽管德吉新村距市场化发展程度相对高的扎囊县城、山南地区行署比较近，但德吉新村搬迁群众的整体消费水平还比较低，日常生活中的物品交换大多还停留在"物物交换"的传统商品交换阶段，物质产品交换半径较小，交换范围也相对集中于本村。笔者在德吉新村调研发现，青稞仍然是当地群众普遍认可的一种主要交换媒介，德吉新村村民日常所需的物品也多用青稞进行交换。如当地群众生活中需要的食盐、洗衣粉等商品，因村民手中平时多缺乏现金，在需要购买这些商品时，就在本村几个商店先以赊欠方式购买，待青稞等农产品成熟后，便以青稞折价成现金冲抵商店欠账。

这种交易方式在德吉新村搬迁群众看来还是非常方便的，通过这种传统交易方式基本能够满足当地群众日常生活所需。但是，这种交易方式也存在一些问题：在市场经济条件下，商品价格随市场需求变化而变化，而这种传统的交易方式可能会给搬迁群众带来一些经济损失，此其一；群众生活所需物品是多种多样的，德吉新村现有的几个商店还满足不了当地群众的基本生产、生活需要，如新鲜牛羊肉、酥油、糌粑及时令蔬菜等物品的供给就是一个现实的难题，为了购买这些新鲜物品，当地群众也只好到扎囊县城的集市上购买，这给当地群众生活带来了一些不便，此其二。

其实，德吉新村已经有少数搬迁群众意识到这一问题，并初步具有一定的商业经营意识。以当地群众生活所需的糌粑为例，为了进一步提高当地群众的生活质量，德吉新村次旺旺堆农户准备在村委会附近建立一个水磨糌粑加工坊，以实行专业化生产，提高糌粑生产质量。这样，既可以方便供给当地群众糌粑所需，同时又为自己找到一条商业经营道路。然而，因加工坊用地一直没有得到上级政府批准而搁置下来。

（三）发展德吉新村商业与集市的思考与建议

为了繁荣西藏农牧区市场，发展农牧区经济，满足农牧民群众的基本物质生活所需，西藏农牧区商业发展与集市的合理布局应该引起当地政府的高度重视。基于德吉新村商业与集市的发展现状，笔者拟提出以下建议：首先，政府应想方设法提高德吉新村搬迁群众的现金收入，这是农村商业发展与集市发展的前提条件。只有农牧民群众现金收入提高了，才会扩大对日常生活所需物品的需求，才可能从根本上消除"物物交换"的传统商品交换格局。其次，政府应该在德吉新村建立一个农贸市场，合理规划销售区域，并建立一个定期交换的集市交易制度，鼓励当地群众从事商业经营，如销售新鲜牛羊肉、时令蔬菜等，以更好地满足当地群众日常生活所需。最后，当地政府为了促进德吉新村的商业与集市发展，还应该对当地群众给予政策鼓励和信贷资金扶持等优惠。如上面提到的水磨糌粑加工坊用地审批一事，就应该根据具体情况，实行特事特办制度。

第二节　德吉新村扶贫搬迁建设简介

扎囊县扎其乡德吉新村建设，是西藏自治区政府在朗赛岭开发区实施"一江两河、扶贫开发、农业综合开发"三大开发建设的重点项目,德吉新村是西藏自治区政府重点建设的扶贫开发新村,也是西藏自治区政府"三大开发"工程建设相对成功的一个典型村。德吉新村现有农牧民群众都是2001年底从扎囊、错那两县贫困地区集中跨县、跨乡搬迁过来的,当年一共搬迁农牧民群众148户,计712人,其中,错那县搬迁60户,扎囊县搬迁88户。2006年底,德吉新村现有村民167户,计743人,其中,男356人、女387人,男女劳动力共350人。

一 搬迁前,搬迁群众生产、生活现状考察

在朗赛岭区域综合开发建设项目实施以前,搬迁群众大都生活在偏远的山沟里,搬迁群众生活贫困主要是由生产、生活条件差、交通不便、信息闭塞等因素造成的(见图1-4)。

图1-4 搬迁前的尼玛多吉农户的居住条件
(扎囊县扶贫综合开发办公室摄)

(1)通信设备极为落后,与外地接触少,信息闭塞,使人们接受外界新鲜事物的机会相对较少,导致搬迁群众

素质整体偏低。

（2）交通不便，当地土特产、手工业产品等运输不便致使搬迁群众增收困难，农牧民急需物资得不到畅通运输，形成较高的运输成本。

（3）住房简陋且人均居住面积不足 8 平方米，人畜混居，住房基本上都属于危房，农牧民生命财产安全得不到有效保障。

（4）公共卫生服务条件较差，农牧民看病就医困难（见图 1-5），妇女、儿童等健康高风险人群死亡率较高。

图 1-5　搬迁前的扎其乡民主村卫生所
（2007 年 4 月 7 日　郑洲摄）

（5）学校距离农户家庭较远，孩子上学困难，教学设施落后（见图 1-6），学生接受教育水平不高。

图 1-6 搬迁前的扎其乡民主村教学点

(2007 年 4 月 7 日 郑洲摄)

（6）部分搬迁群众搬迁前饮水困难，仍然没有摆脱传统的背水生活方式，人畜混饮现象没有得到根本改变，还有部分搬迁群众在搬迁前饮用水水质较差（见表 1-2），由此而导致的地方病现象较为突出。

（7）部分地区搬迁群众搬迁前生产、生活中缺电，至今仍有一些搬迁地方还没有通电（见表 1-2）。2007 年 4 月 7 日，笔者在扎其乡民主村实地调研时得知，该行政村至今仍然没有通电。

（8）人多耕地少，人均耕地面积不足 0.50 亩，加上土壤贫瘠，粮食产量有限，年人均粮食不足 200 斤，农牧民的基本口粮问题得不到有效保障。自然条件差，气候恶劣，主要是干旱缺水，农作物得不到及时灌溉，导致粮油产量偏低，牲畜缺乏饲草，制约农牧业的长期发展（见表 1-2）。

（9）自然资源贫乏，搬迁群众无法投资一些规模型产业

（见表1－2），导致搬迁群众的增收渠道单一、收入普遍偏低。

表1－2 搬迁前德吉新村搬迁群众生产、生活现状考察

名称	通信设备	交通条件	住房条件	医疗卫生	学校教育	饮水情况	农村通电	人均耕地面积	人均收入
表现	落后、信息闭塞	不便、出行困难	简陋、人畜混居	较差、死亡率高	较远、质量差	困难、人畜混饮	没有、电力不足	偏小、不足1亩	偏低，不足500元

资料来源：笔者于2007年3月31日~4月15日在德吉新村调研记录。

搬迁前，德吉新村搬迁群众大多属于人均收入不足500元、现金收入不足300元的特困人群，对于这些确实没有发展潜力的，但在生产、生活条件改善后能够依靠农牧民群众自己劳动，积极投身发展生产而改变贫困现状的农牧民群众，政府决定对其进行集中搬迁。搬迁的原则是自愿报名，由原住地村委会民主选举，乡（镇）蹲点调查，经村民小组、村委会、乡（镇）政府逐级筛选后报扎囊县朗赛岭扶贫搬迁领导小组，再由扶贫搬迁领导小组做出是否搬迁的决定。搬迁群众主要是以贫困户为主，90%以上的搬迁群众都是贫困户，不过，也有个别富裕户随之搬迁出来，政府希望这些富裕户能够在搬迁后对大多数搬迁群众起致富带头作用。

表1－3 德吉新村部分搬迁群众搬迁前耕地与住房情况一览

户主姓名	人口数量（劳动力）（人）	接受文化程度人数（文盲/小学及以上）	主要从事行业	房屋居住面积（平方米）	耕地面积（亩）	贫困原因
桑 杰	5（3）	4/1	农业	0	4	没有住宅
加 雷	5（3）	5/0	农业	32	10	住宅紧缺
索朗曲珍	6（4）	5/1	农业	16	6	粮食、住宅紧缺

户主姓名	人口数量（劳动力）（人）	接受文化程度人数（文盲/小学及以上）	主要从事行业	房屋居住面积（平方米）	耕地面积（亩）	贫困原因
扎西央宗	3 (1)	2/1	农业	8	4	住宅紧缺
曲 培	4 (2)	3/1	农业	64	4	粮食短缺
次 成	5 (3)	5/0	农业	32	4	粮食短缺
扎 拦	5 (3)	5/0	农业	64	10	粮食短缺
久美多吉	9 (5)	9/0	农业	32	15	住宅紧缺
益西卓嘎	3 (2)	3/0	农业	16	2	住宅、粮食紧缺
多吉扎堆	10 (4)	8/2	农业	64	14.8	住宅、粮食紧缺
培 杰	4 (2)	3/1	农业	16	3.7	住宅、粮食紧缺
次 堆	4 (2)	3/1	农业	32	1.85	粮食短缺
边 巴	3 (1)	3/0	农业	32	3.7	粮食短缺
次仁罗布	5 (3)	4/1	农业	40	4.1	粮食短缺
次仁拉姆	6 (4)	6/0	农业	48	3.6	粮食、住宅紧缺
次仁曲珍	2 (0)	2/0	农业	32	3.4	粮食短缺
其来顿珠	7 (5)	3/4	农业	64	3.6	粮食、住宅紧缺
巴 桑	2 (1)	2/0	农业	16	1.0	粮食短缺
曲珍拉姆	3 (0)	3/0	农业	64	4.4	粮食短缺
次吉旺姆	3 (1)	3/0	农业	16	2.2	粮食、住宅紧缺
支 嘎	4 (2)	4/0	农业	48	5.2	住宅紧缺
仁增央宗	1 (0)	1/0	农业	16	1.1	粮食、住宅紧缺
索朗巴珠	7 (5)	6/1	农业	64	4.1	粮食、住宅紧缺

户主姓名	人口数量（劳动力）（人）	接受文化程度人数（文盲/小学及以上）	主要从事行业	房屋居住面积（平方米）	耕地面积（亩）	贫困原因
索朗玉珍	9（4）	9/0	农业	48	8.2	住宅、粮食紧缺
索朗卓嘎	3（2）	3/0	农业	16	1.9	粮食、住宅紧缺
久美罗旦	5（3）	4/1	农业	32	2.2	粮食、住宅紧缺
次曲旦培	12（6）	12/0	农业	64	8.1	粮食、住宅紧缺
其米卓嘎	6（2）	6/0	农业	64	5.1	粮食、住宅紧缺
古桑卓西	8（6）	7/1	农业	64	3.7	粮食、住宅紧缺
索朗多吉	7（5）	6/1	农业	48	7.4	粮食、住宅紧缺

资料来源：笔者于 2007 年 3 月 31 日 ~ 4 月 15 日在德吉新村调研记录。

由表 1 - 3 可以看出，搬迁群众人均耕地面积不足与住房面积偏小这两个因素，导致搬迁群众在搬迁前生活普遍处于贫困状态。德吉新村党支部书记多吉同志谈到，搬迁群众搬迁出来的主要原因有两个：一是大多数搬迁群众住房条件差，人均住房面积不足 8 平方米，并且还是人畜混居；二是自 20 世纪 80 年代西藏实施土地承包责任制以来，在总耕地面积不变或者有所减少的情况下，随着农村人口逐渐增加，后来出生的人口便分不到土地了。以扎囊县为例，1999 年全县人口为 36384 人，2000 年就增加到 36583 人，人口年增长率为 0.05%[①]。随着计划生育政策在西藏自

---

① 西藏自治区统计局编《西藏统计年鉴（2001 年）》，中国统计出版社，2001。

治区的全面落实，增加的人口数量更多地来自于西藏农牧区。西藏农村人多耕地少的矛盾日益突出，当然，农牧民群众的基本口粮也存在问题。

由表1－3分析看来，在实施扶贫搬迁前，德吉新村搬迁群众致贫的主要原因是耕地缺乏，人均耕地面积最少的农户每人仅为0.44亩，人均耕地面积最多的农户每人也不过2.0亩。根据扎囊县朗赛岭扶贫搬迁调查统计资料分析，人均耕地面积不到1.0亩（含1.0亩），所占比例较高，占调查总户数的63.3%，也就是说，搬迁群众中有近2/3的农户人均耕地面积不足1.0亩。以每亩粮食产量500斤计算，平均每人每天能够吃到的粮食还不到1.40斤。再以一天三顿计算，平均每顿还不到0.50斤。这还是以粗粮计算，如果再以加工后的糌粑计算，这个数字可能还要大大减小。由此可见，搬迁群众在搬迁前连最基本的口粮问题都难以解决。当然，在搬迁群众基本口粮问题都还没有得到有效解决的情况下，要解决住房面积偏小的问题，也是不太现实的。

搬迁群众在搬迁前人均住房面积偏小，甚至有部分农户在搬迁前没有自己的住房，住房面积最大的农户人均也不过21平方米。根据扎囊县朗赛岭扶贫搬迁调查统计资料分析，人均住房面积不足8平方米（含8平方米）的农户占调查总户数的63.3%，也就是说，有近2/3的农户人均住房面积不足8平方米。当然，在搬迁群众自己的住房问题都没有解决的情况下，更不可能解决牲畜的棚圈问题，人畜混居现象是不可能得到根本改变的。

从表1－3可以看出，还有其他一些因素导致搬迁群众在搬迁前难以迅速摆脱贫困状态。

（1）因搬迁群众接受教育水平低而致贫。由表1－4的分析结果来看，德吉新村搬迁群众几乎都没有接受过教育，特别是30岁以上的这部分搬迁群众几乎都是文盲，其比例占受访人数的30%。从笔者的实地调研得知，即使有少数搬迁群众接受过小学教育，但也没有上完全部课程。大多数搬迁群众以前生活在偏远的山沟里，与外地接触少，信息相对闭塞，从而使得搬迁群众整体素质偏低而致贫。由表1－4还可以看出，德吉新村接受小学教育的人数与比例最高，当然，也包括部分未接受小学全部教育的成年搬迁群众。其原因还在于搬迁群众搬迁到德吉新村后，学校距离搬迁群众家庭较近，适龄儿童接受小学教育人数逐渐增多的缘故。在德吉新村搬迁群众看来，搬迁到德吉新村后，孩子能够接受到更加优质的学校教育，读完初中、高中的人数明显比搬迁前增加。而且，尤为值得称赞的是，搬迁群众在搬迁前还没有一个孩子考上大学，到2006年底，德吉新村就有4个孩子相继考上大学，这是近年来德吉新村搬迁群众在文化教育领域中所取得的一个巨大成就。

表1－4　德吉新村搬迁群众接受教育情况一览

单位：人，%

文化程度	文盲	小学	初中	高中与中专	大专、大学及以上	总体情况
受教育人数	36	40	28	8	4	120
所占百分比	30	36.7	23.3	6.7	3.3	100

资料来源：笔者于2007年3月31日～4月15日在德吉新村调研记录。

（2）德吉新村搬迁群众在搬迁前因从事传统农牧业生产而致贫。由表1－3可以看出，搬迁群众在搬迁前基本上以从事传统农牧业生产为主，并没有通过从事其他产业而增加现金收入。首先，搬迁群众自身文化素质较低，对现代市场信息把握能力较低，不能根据市场所需调节农业生产结构，不能种植一些农业生产附加值较高的农产品，从而增加现金收入。其次，搬迁群众在搬迁前基本停留在农业生产行业中，把过多的农村劳动力投入到附加值不高的农业生产行业，还没有意识到通过从事商业、手工业、运输业等第三产业对增加现金收入的重要作用。事实上，农村剩余劳动力只有走出传统农业生产行业，大力从事第三产业，才是搬迁群众增加现金收入的重要渠道。

二　德吉新村扶贫综合开发建设的具体实践

（一）朗赛岭开发区的区域优势

朗赛岭开发区的区域优势十分明显，德吉新村位于朗赛岭开发区（见图 1－7）。首先，朗赛岭地势平坦，沿雅鲁藏布江北上，经 101 国道、横跨德吉新村等大片区域地势较为平坦，没有山坡，有着大量可供开发利用的土地。其次，朗赛岭开发区交通便利，紧邻 101 国道，德吉新村搬迁群众住房就建立在 101 国道边上，距离扎其乡政府 10 公里左右，距离扎囊县城与山南地区行署所在地 20 公里左右。再次，朗赛岭开发区紧邻雅鲁藏布江中游地段，德吉新村与雅鲁藏布江几乎处于同一海拔水平高度，水源十分充足，尤其是地下水资源非常丰富，有利于在德吉新村实施农牧业综合开发建设等一系列有利因素，具有长远的农牧业发展前景。

然而，朗赛岭开发区在开发前，生态系统极为脆弱，水土流失也较为严重（见图 1－8）。大多数耕地因缺水而

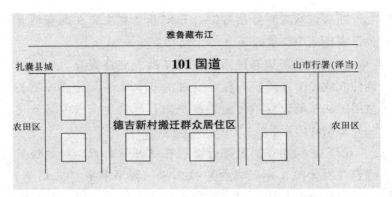

图 1 - 7 德吉新村地理位置示意 (2007 年 3 月 郑洲绘)

弃,沟壑纵横,荒地、沙地、河滩等土地面积较大。土地十分贫瘠,土壤沙化严重,原有耕地也受到沙化、干旱、大风等自然条件的影响与制约,特别是干旱缺水,严重影响了朗赛岭区域农牧民群众的生产与生活,制约了朗赛岭区域农牧业和农村经济的长期可持续发展。朗赛岭开发区在开发前,农牧民群众粮食单产平均仅为 340 斤,人均收入 1087.80 元。当地农牧民群众也普遍处于贫困状态。

图 1 - 8 "三大开发"建设前的朗赛岭区域面貌
(扎囊县扶贫综合开发办公室摄)

西藏自治区政府扶贫综合开发办公室决定在朗赛岭开发区实施集中扶贫搬迁。

（1）政府希望通过增加农村基础设施建设投入，改善制约农牧民生存质量与权利实现的基本条件与外部环境的贫困，从基础设施条件着手解决搬迁群众生产、生活致贫的外部制约因素。

（2）政府希望通过德吉新村扶贫开发之机，加大扶贫综合开发力度，推广农业科技成果，调整农业产业结构，从农业科技成果推广着手解决搬迁群众生产、生活致贫的内部制约因素，从而实现增加搬迁群众收入、让搬迁群众实现脱贫致富的目标。

此外，西藏自治区政府希望通过加强朗赛岭开发区的农业综合开发，充分发挥朗赛岭开发区的区域优势，这样既可有效地保护西藏生态环境，又能够促进西藏区域性集中贫困问题的早日解决，最终实现人与自然的和谐发展目标。

（二）朗赛岭扶贫综合开发建设[①]

扎囊县朗赛岭开发区德吉新村扶贫综合开发建设是西藏自治区政府实现"江河搭台、农发唱戏、扶贫结果"战略的最佳区域，是实现以小城镇建设带动农村经济快速发展、提高农牧民群众生活水平、改善当地生态环境的有效战略措施。朗赛岭扶贫综合开发建设包括"扶贫开发"、"一江两河"和"农业综合开发"三大建设。

1. 扶贫开发建设

按照山南地区扶贫开发建设的总体规划，针对扎囊县

---

① 资料来源：扎囊县人民政府工作报告《扎囊县朗赛岭区域"三大"开发建设简介》，2002 年 6 月。

及错那县部分群众存在"一方水土养活不了一方人"的客观实际，西藏自治区政府决定在扎囊县朗赛岭开发区集中开展跨县、跨乡扶贫搬迁工作。扶贫开发建设工程重点是搬迁群众的住房建设，共建住房148套，其中，为扎囊县搬迁群众建房88套，为错那县搬迁群众建房60套。德吉新村住房建设共投入资金561万元，其中扎囊县88套住房建设投入资金351万元，错那县60套住房建设投入资金210万元。搬迁群众住房分配原则是，按照搬迁群众现有家庭人口多少而进行分配。搬迁户家庭人口规模为1~3人的可以分到150平方米的住房，4~7人的可以分到240平方米的住房，8人及以上的可以分到340平方米的住房。

图1-9　搬迁居民次仁扎西在自家的新房前
（2007年4月2日　郑洲摄）

扶贫开发建设除了搬迁群众住房建设外，还同时配套完成了一系列搬迁附属工程建设。

首先，山南地区扶贫办安排完成了148户搬迁户房屋的内外墙装修工程（见图1-9），如水泥砂浆抹外墙面、涂料粉刷房屋内墙面等，完成搬迁房屋装修总面积6.8万平方米，此项工程总投资104.34万元。

其次，完成了朗赛岭人畜饮水工程项目，完成饮水管道安装8450米、进水池1座、接水台148座的工程任务（见图1-10），国家总投资86万元。

图1-10　德吉新村自来水进村入户实景

（2007年4月2日　郑洲摄）

再次，完成了农用输电线路改造工程（见图1-11），完成10千伏输电线路10.85公里，低压线路300米，50千瓦变压器1台，30千瓦变压器5台，148户入户线路及电表、灯泡安装，等等，国家总投资130万元。

最后，完成了朗赛岭截潜流工程，其中，截水墙210米，输水暗渠551米，混凝土渠道2945米，分水口62座，农道桥6座，人行桥3座，铸铁闸门1座，国家总投资290万元。

朗赛岭扶贫开发建设项目总投资1532.34万元，其中，

图 1 - 11　德吉新村农村电网安装实景
（扎囊县扶贫综合开发办公室摄）

为扎囊县 88 户搬迁群众投入资金 1289.04 万元，为错那县 60 户搬迁群众投入资金 243.30 万元。两县搬迁群众已于 2001 年底顺利入住德吉新村。

2. "一江两河"工程建设

"一江两河"工程建设主要是解决朗赛岭开发区的农田水利灌溉问题，即建设朗赛岭提灌站。朗赛岭提灌站工程是西藏自治区"一江两河"五大项目之一，1996 年由河北省水利水电第二勘察设计院设计，1996 年 9 月至 2000 年 11 月由山南地区水电开发公司与山南地区电力总公司承建完成。朗赛岭提灌站工程建设项目主要由输电线路、变电站、引水渠以及一、二级泵站和四条输水干渠组成（见图 1 - 12）。其中：35 千伏输电线路 4 公里，35 千伏变电站两座；一级泵站装机 450 千瓦，扬程 17.06 米，提水 1.15 米³/秒；二级泵站装机 375 千瓦，扬程 29.25 米，提水 0.37 米³/秒；总干渠全长 4.8 公里，二级西干渠全长 2.6 公里。四条干渠总控灌面积 1.92 万亩（见图 1 - 13）。朗赛岭提灌站工程建设总投资为 1787.51 万元。

图 1 – 12　作者参观德吉新村朗赛岭提灌站

（2007 年 4 月 8 日　范远江摄）

图 1 – 13　德吉新村农田灌溉实景

（扎囊县扶贫综合开发办公室摄）

3. 农业综合开发建设

　　扎囊县朗赛岭农业综合开发建设，是在朗赛岭提灌站工程建设的基础上，为顺利完成扶贫搬迁工作而立项建设的，是与"三大开发"相互配合的重要环节。经西藏自治区农业综合开发建设办公室审查，批复农业综合开发建设总规模为：中低产田改造 0.60 万亩，草场建设 0.25 万亩，生态林建设 0.61 万亩，治沙 0.11 万亩，土地平整 0.40 万

亩；防渗支渠 31.93 公里，排洪渠 6.60 公里，防洪堤 7.20
公里，以及农机具购置和人才培训及其他配套设施。经过
两年的农业综合开发建设（见图 1-14），德吉新村完成新
增耕地 1700 亩、林地 6000 亩、草场 2500 亩、治沙 110 亩，
为搬迁群众在德吉新村安居乐业奠定了基础。农业综合开
发总投资为 1900 万元，其中，国家投资 1834 万元，山南地
区、扎囊县配套投资 20 万元，银行贷款 16 万元，社会集资
30 万元。

图 1-14　德吉新村农业综合开发实景

（扎囊县扶贫综合开发办公室摄）

扶贫开发建设、"一江两河"工程建设与农业综合开发
建设三项工程建设总投资 5219.85 万元。朗赛岭"三大开
发"建设实施，搬迁群众通过直接或间接参与项目建设，
经济收入有了大幅度增长，生产与生活水平有了明显提高。
仅在"三大开发"建设期间，群众直接参与项目建设增加
收入达 450 万元，间接参与项目建设增加收入达 150 万元。
农牧民通过参与项目建设，取得了较好的经济效益，同时
也增强了他们对项目后续管理的责任感，确保了各建设项
目效益的正常发挥，为搬迁群众尽快实现脱贫致富奠定了

坚实的基础，对促进扎囊县经济繁荣、社会进步起到了积极的作用。

随着朗赛岭开发区"三大开发"建设项目的实施，山南地区及扎囊县政府相关部门相继对德吉新村搬迁群众开展了扶贫帮困工作，为朗赛岭德吉新村投资修建了村卫生所、学校、村委会等，使搬迁群众的生产、生活条件得到了明显改善，尤其是搬迁群众生产、生活所需的基础设施建设得到进一步发展，为最终实现搬迁群众"搬得出、留得住、富得起"的目标奠定了坚实的基础（见图1-15）。

图1-15　"三大开发"建设后的朗赛岭开发区新貌
（扎囊县扶贫综合开发办公室摄）

此外，德吉新村搬迁群众能够在新的生产、生活环境中安定生活下来并大力发展生产，还离不开西藏自治区各级政府及相关部门的关心与支持。2002年以来，山南地区民政局解决搬迁群众柜子、桌子、床等生活用品共折资10万余元；山南地区扶贫办为搬迁群众解决太阳灶148台，折资7.40万元，解决农牧业生产流动资金5万元；错那县人民政府出资5万元帮助搬迁群众用来购置农机具等；扎囊县人民政府解决农机具等生产工具共8台（套），折资11万元（见表1-5）。

表 1 - 5　德吉新村 8 个村民小组帮扶实施情况一览

小组名称/ 帮扶内容	帮扶单位	人员帮扶 （人）	项目帮扶 （个）	物质帮扶 （种）	折合资金 （元）
第一小组	山南地区妇联、建筑公司	5	3	10	66000
第二小组	山南地区团委	0	1	6	22700
第三小组	山南地区编译室	0	1	6	6355
第四小组	山南地区人大办公室	0	0	7	38000
第五小组	山南地区石油公司	0	0	1	2583
第六小组	山南地区党校	0	1	10	9248
第七小组	山南地区师范学校	43	2	8	15581
第八小组	山南地区消防支队	21	0	6	9857

资料来源：扎囊县人民政府文件《朗赛岭开发区情况汇报》（打印稿），
2004 年 12 月。

三　搬迁后，德吉新村农牧民群众生产、生活现状

（一）搬迁后搬迁群众生产、生活条件显著改善

2001 年底，扎囊、错那两县共有 148 户、计 712 人搬迁到朗赛岭德吉新村。德吉新村经过扶贫综合开发建设，人均耕地面积由原来不足 0.50 亩增加到 2.0 亩，人均粮食由原来不足 200 斤增长到 420 斤，人均纯收入由原来不足 500 元增长到 1639 元，人均现金收入由原来不足 300 元增长到 892 元。经过扶贫综合开发，德吉新村搬迁群众人均林草地面积达到 6 亩，因此，搬迁后搬迁群众还饲养了牛、马等 380 头（匹），山羊、绵羊等 791 只，猪 68 头，这为增加搬迁群众现金收入起到了积极作用。德吉新村手扶拖拉机也由原来的 7 台增加到 72 台，并且还有个别农户投资相继购置了 1 辆东风牌汽车、2 辆客车，从事运输业。搬迁群众拥有的电视机数量也由原来的 3 台增加到 135 台。从以上数

据可以看出，搬迁后基本上满足了搬迁群众正常的生产、生活需要，农牧业生产基本步入正轨，搬迁群众生活日趋稳定，初步实现了"搬得出、留得住、富得起"的预期目标。而且，朗赛岭开发区可供开发利用的资源比较丰富，有着长远的发展前景，为搬迁群众尽快脱贫致富奠定了坚实的基础（见图 1 - 16）。

图 1 - 16　德吉新村搬迁群众购买了六轮拖拉机

（2007 年 4 月 1 日　郑洲摄）

表 1 - 6　搬迁后搬迁群众生产、生活情况对比

名称 单位	住房 （平方米）	耕地 （亩）	粮食 （斤）	人均收入 （元）	现金收入 （元）	电视机 （台）	拖拉机 （台）
搬迁前	8	0.5	200	500	300	3	7
搬迁后	40	2.0	420	1639	892	135	72
同比增长（%）	400	300	110	227.8	197.3	4400	928.5

资料来源：扎囊县政府农发办资料《扎囊县朗赛岭扶贫开发简介》（打印稿），2003 年 9 月。

由表 1 - 6 可以看出，2001 年底，搬迁群众搬迁到德吉新村后，首先，居住条件得到明显改善，住的房子宽敞明亮了，人畜混居现象得到根本改变。搬迁前，大多数搬迁群众住房面积人均不足 8 平方米（本书以人均住房面积 8 平方米计算）。搬迁后，以德吉新村现有家庭规模 4~7 人计算，可以分到 240 平方米的住房，以一般家庭 6 口人计算，人均住房面积可以达到 40 平方米，比搬迁前增加了 4 倍，这是搬迁群众发生的最大变化。搬迁群众发自内心地说："非常感谢中国共产党，是她使我们住上了连做梦都不敢想的新房。"

其次，搬迁群众所拥有的耕地面积增加了。搬迁群众搬迁到德吉新村后，土地分配原则是按照搬迁群众家中现有人口数量平均分配土地，平均每人能够分到 2 亩耕地。以搬迁前人均耕地面积 0.5 亩、搬迁后人均耕地面积 2 亩计算，人均耕地面积同比增加了 3 倍。从表 1-7 可以看出，搬迁后，随着人均耕地面积的增加，德吉新村搬迁群众粮食产量也同比增加了 110%，搬迁群众基本上解决了多年难以解决的口粮问题；同时，搬迁后，搬迁群众还分到了一些林草地，人均林草地面积达 6 亩，这样基本能够保证搬迁群众饲养一些牲畜，从而增加搬迁群众的家庭现金收入。

随着农用输电线路工程的完成，搬迁群众都用上了方便充足的电；人畜饮水工程项目的完成，使得每家都喝上了干净卫生的自来水，结束了人畜混饮的历史；朗赛岭卫生所的建立，使得搬迁群众看病就医难的问题得到根本解决；扎其二小改扩建的完成，不仅使适龄儿童接受到更加优质的教育，而且当地群众也从现代远程教育中学到了实用农业生产技术，对提高搬迁群众的整体素质起到了一定的促进作用。

表1-7　搬迁后德吉新村搬迁群众生产、生活情况一览

户主姓名	人口数量（劳动力）（人）	接受文化程度人数（文盲/小学及以上）	主要从事行业	房屋居住面积（平方米）	耕地面积（亩）	家庭收入（元）
格桑卓嘎	4（2）	1/3	农业、运输业	240	8	20000
洛　桑	4（2）	1/3（读高中1人）	农业、经商	240	8	20000
次仁白玛	4（3）	2/2（读大学1人）	农业、外出务工	240	8	30000
罗布随巴	4（2）	2/2	农业、经商	240	8	30000
罗布卓玛	5（3）	3/2	农业、经商	240	10	18000
久美益西	7（6）	5/2	农业、加工业	240	14	40000
次旺多吉	4（3）	2/2	农业、外出务工	240	8	16000
次旺旺堆	4（2）	1/3	农业、承包工地	240	8	45000
格玛措姆	5（3）	3/2	农业	240	8	5000
巴珠扎西	6（4）	4/2	农业、外出务工	240	12	15000
曲　扎	4（2）	3/1	农业、外出务工	240	8	14000
松　觉	6（3）	4/2	农业、外出务工	240	12	6000
白玛旦增	4（2）	2/2	农业、外出务工	240	8	3000
达娃扎西	4（2）	2/2	农业	240	8	3000
次仁旺姆	4（2）	0/4	农业、运输业	240	8	30000
卓　玛	8（6）	5/3	农业、外出务工	350	16	15000
次仁扎西	7（5）	3/4	农业、做糌粑	240	14	6000

户主姓名	人口数量（劳动力）（人）	接受文化程度人数（文盲/小学及以上）	主要从事行业	房屋居住面积（平方米）	耕地面积（亩）	家庭收入（元）
白　玛	5（3）	2/3	农业、外出务工	240	10	12000
次仁拉吉	8（6）	3/5	农业、外出务工	350	16	14000
央　宗	6（4）	3/3	农业、运输业	240	12	13000
岗　竹	5（2）	3/2	农业	240	10	1000
达娃卓玛	4（2）	2/2	农业	240	8	1000
察　施	6（3）	3/3	农业	240	8	1000
德　庆	8（2）	2/3	农业	240	10	800
索罗多布吉	5（2）	2/2	农业	240	10	1000
泽　张	3（2）	1/2（读大学1人）	农业、外出务工	150	6	1000
益西卓嘎	4（4）	2/2	农业、外出务工	240	8	1000
德庆措姆	3（1）	0/3	农业	150	6	600
拉巴卓玛	4（2）	2/2	农业、外出务工	240	8	1000
多吉平措	4（1）	2/2	农业、外出务工	240	8	1000

　　资料来源：笔者于 2007 年 3 月 31 日～4 月 15 日在德吉新村调研记录。

　　由表 1 - 7 可以看出，搬迁到德吉新村后，有部分搬迁群众逐渐摆脱贫困状态而走上致富之路。首先，一部分搬迁群众通过从事运输业发家致富。搬迁到德吉新村后，由于德吉新村地处 101 国道边，同时德吉新村又位于扎囊县城与山南地区行署中间地段，因此，有部分搬迁群众开始利用便利的交通条件从事运输行业。便利的交通，使德吉新村搬迁群众与外界联系越来越频繁，信息接收渠道日益畅通。由表 1 - 7 来看，有 3 户搬迁群众专职从事运输行业，2006 年家庭总收入均超过万元，相比从事其他行业而言，如从事农业、外出务工等收入情况来看，从事运输行业的收入是最高的。其次，部分搬迁群众通过从事商业经营致富。由表 1 - 7 可以看出，有 3 户搬迁群众从事经商行业，这 3 户家庭总收入在 2006 年也超过万元，其中，德吉新村致富能人、村委会副主任罗布随巴的家庭纯收入为全村最高，2006 年家庭总收入达到 6 万元。

当然，从搬迁后搬迁群众的总体收入情况来看，搬迁群众家庭总收入在逐年提高。不过，从表 1 - 7 还可以看出，搬迁群众搬迁到德吉新村后，仍有很大一部分搬迁群众继续从事传统农业生产，在忙完农业生产后，也有部分搬迁群众偶尔利用农闲时间外出务工来增加家庭收入，但是，从这部分搬迁群众家庭收入情况来看，还是处于较低水平。根据笔者实地调查的统计结果分析，2006 年德吉新村人均收入不足 1000 元（含 1000 元）的农户占调查总户数的 50%，也就是说，以笔者在德吉新村调查搬迁群众的实际收入为例进行推测，德吉新村仍有 50% 左右的搬迁群众家庭人均收入不到 1000 元。而家庭人均收入最低的仅为 160 元，家庭人均收入最高的却高达 15000 元，后者几乎是前者的 94 倍！这也说明了德吉新村搬迁群众收入差距呈扩大趋势，需要引起当地政府的高度重视。与此同时，德吉新村还有部分搬迁群众依然处于贫困状态。据扎其乡人民政府 2006 年国民收入统计资料显示，2006 年德吉新村还有 31 户重点贫困户，贫困人口有 161 人，占全村人口总数的 21.6%。由此可以看出，贫困人口在德吉新村总人口中所占比例还是非常高的，德吉新村扶贫开发建设依然任重而道远。

（二）搬迁后，德吉新村农牧民群众生产、生活中存在的问题

随着搬迁群众住进德吉新村整齐划一的新房，政府首先解决了搬迁群众的住房问题，实现了搬迁群众的"安居"愿望。但是，基于德吉新村大多数搬迁群众还是贫困人口这一客观事实，他们自身发展受多种因素的制约而未能走出贫困状态。搬迁到德吉新村后，只是解决了部分贫困制约因素，如农牧业生产基础设施逐渐改善等，但是，还有一些贫困制约因素是短时期内难以解决的，如搬迁群众缺乏致富项目、外出务工劳动技能缺乏等，从而导致搬迁群众收入增长缓慢，长期制约搬迁群众难以早日摆脱贫困状态。因此，增加搬迁群众收入，始终是摆在政府与搬迁群众面前的一件大事，也就是说，在解决"安居"问题之后，还必须解决搬迁群众的"乐业"问题，才可能最终使搬迁群众在德吉新村过上幸福的生活。为此，当地政府还必须正视德吉新村搬迁群众生产、生活中存在的一些困难与问题，以尽快使搬迁群众脱贫致富。

（1）农田灌溉系统破坏，朗赛岭提灌站需及时维修。结合笔者在德吉新村的实际调研情况分析，由表1-8可以看出，德吉新村搬迁群众生产、生活中反映最为强烈的问题就是德吉新村农田灌溉系统遭到破坏而没有及时予以维修，即朗赛岭提灌站未能得到及时维修，使搬迁群众生产、生活受到严重影响。德吉新村受调查群众对该问题反映最多，占调查样本数量的100%。2006年5月，朗赛岭提灌站全面报废后，搬迁群众当年粮食收成大大减产，部分搬迁

群众生活中的基本口粮都成问题，当年靠政府提供粮食救济的农户占全村农户总数的60%左右。正如德吉新村巴珠扎西等农户所言，朗赛岭提灌站是德吉新村老百姓的"命根子"。由此可见朗赛岭提灌站在德吉新村搬迁群众生产、生活中的重要地位。同时，据笔者调查得知，德吉新村搬迁群众希望政府投入大部分资金对朗赛岭提灌站进行维修，部分搬迁群众还非常乐意自己出少量资金，所有村民都愿意投入劳动力对朗赛岭提灌站进行维修。

表 1 - 8 搬迁后德吉新村搬迁群众生产、生活困难一览

单位：户，%

项目名称	农田灌溉系统	农业技术培训	缺乏致富项目	土壤改良	口粮缺乏	文化生活缺乏	教育费用	银行贷款	缺乏现金收入	医药费用支出	外出务工培训	劳动力缺乏	样本数量
调研数量	30	28	21	24	14	18	8	6	18	6	21	6	30
百分比	100.0	93.3	70.0	80.0	50.0	60.0	26.7	20.0	60.0	20.0	70.0	20.0	100.0

资料来源：笔者于2007年3月31日~4月15日在德吉新村调研记录。

（2）搬迁群众农业种植技术缺乏，农业科技培训亟待加强。德吉新村搬迁群众普遍感觉农业种植技术缺乏，希望政府加强对搬迁群众的农业科学技术培训，大力推广农业科技种田项目，提高农业科技生产含量，从而迅速增加搬迁群众收入。由表 1 - 8 来看，在德吉新村受访农户中，有93.3%的农户深感农业种植技术缺乏，希望能够接受到更多、更先进的农业科学技术培训。事实上，据笔者调查得知，德吉新村很多搬迁群众不懂农业科学技术，甚至连农业生产中基本的化肥、农药等都不会使用，也没有意愿使用单产更高的优良农业种子。德吉新村全村700多人中，仅有一名农业科技人员，显然，这是远远不够的。因此，希

望政府对德吉新村搬迁群众实施更多的农业技术培训项目。

（3）德吉新村新开垦土质较差，土壤亟须改良。搬迁群众搬迁到德吉新村后，所分到的土地数量增加了，但由于大多数耕地是新开垦的土地，土壤沙化现象还没有得到根本改变，土壤较为贫瘠，粮食单产偏低，粮食总产也不高。如果遇上自然灾害，粮食单产更低。以德吉新村白玛旦增农户为例，搬迁后，尽管他家共分到了 12 亩土地，但粮食收成最好的年份也不过 5600 斤，平均单产只有 467 斤；如果遇到自然灾害，如 2006 年，德吉新村便遇到了旱灾，他家粮食总收成只有 1400 斤，平均单产还不到 120 斤。这还是笔者在德吉新村入户调查时得知的粮食收成较好的农户。其他农户粮食收成情况则更差一些，如德吉新村德庆措姆农户，2006 年粮食收成是全村最差的，8 亩地只收到 280 斤粮食，平均单产只有 35 斤，这远远不能满足一家三口人的生活需要。由表 1 - 8 也可以看出，有 80% 的农户希望政府在德吉新村继续实施农业综合开发项目，加大土壤改良力度，努力增加粮食单产。目前，扎囊县政府也在积极发动德吉新村搬迁群众自己投入一定资金对土壤进行改良，德吉新村村委会也相应做出一些规定，土壤改良项目按农户投入劳动时间进行分配，对参加土壤改良项目的农户予以物质奖励，对没有参加改良项目的农户给予适当经济惩罚，村委会组织他们进行义务劳动。

（4）搬迁群众外出务工技能缺乏，劳动技能培训亟须加强。尽管搬迁群众搬迁到德吉新村后，外界信息相对灵敏和畅通，搬迁群众外出务工的机会增多。但是，搬迁群众因受自身文化素质及劳动技能偏低等诸多因素的影响与制约，外出务工收入普遍偏低。搬迁群众搬迁到德吉新村后，搬迁群众外出务工的机遇要比搬迁前大得多，搬迁群众也希望通过外出务工增加家庭收入，但从实际收入情况来看，搬迁群众外出务工收入对他们走出贫困状态的贡献作用甚微。由表1－8看来，德吉新村有70%的农户希望政府加强对搬迁群众的外出务工劳动技能培训，希望自己提高劳动技能后，能够提高外出务工收入，从而增加家庭现金收入。

（5）搬迁群众缺乏致富项目，希望政府实施致富项目。德吉新村90%以上的农户至今仍然从事的是传统种植业：青稞、小麦及土豆，很少有人从事油菜、蔬菜等经济作物种植，几乎还没有农户把蔬菜种植作为增加现金收入的重要渠道，农业生产种植结构较为单一。由表1－8看来，德吉新村大约有70%的农户希望政府多增加一些致富项目，如建立畜牧业养殖基地、大棚蔬菜基地等，但同时又深感种养殖技术缺乏。然而，从扎囊县乃至西藏全区来看，蔬菜种植都是经济效益比较高的，传统的农业生产种植难以为搬迁群众持续增收作出应有的贡献。如德吉新村科技人员达娃扎西希望政府在德吉新村建立一些特色农牧业基地，如大棚蔬菜、大蒜、油菜、早熟土豆等基地，以增加搬迁群众的家庭现金收入。

（6）德吉新村搬迁群众家庭普遍缺乏现金收入。由表1－8看来，德吉新村大约有60%的搬迁群众家庭缺乏现金收入。由于搬迁群众大多从事传统的农业生产，生存经济仍然是其主要经济特征之一，外出务工收入也较低，加上缺乏增加现金收入的致富项目，因此，德吉新村多数搬迁群众家庭缺乏现金收入。

（7）德吉新村搬迁群众普遍感到文化生活缺乏。由表1－8看来，德吉新村有60%的搬迁群众感到文化生活缺乏，他们并不是希望村文化室有更多的图书，这个对大多数搬迁群众而言没有太大的实际意义，因为他们大多数都不识字。不过他们希望政府至少应该在德吉新村建立一个广播站，这样，他们能够及时听到中央与西藏地方新闻。其次，大部分搬迁群众还希望政府能够出资组建一支藏戏队，这样使村民能够在节日期间看看藏戏，丰富村民的文化生活。

（8）德吉新村还有部分搬迁群众口粮缺乏。笔者在德吉新村实地调研时得知，在德吉新村仍然还有部分搬迁群众生活中的基本口粮存在问题。由表 1-8 看来，2006 年，德吉新村大约有 46.7% 的搬迁群众口粮缺乏。不过，在笔者看来，这是个别时期出现的特殊问题，因为 2006 年朗赛岭提灌站全面报废之后没有得到及时维修，加上当年又遇到罕见的旱灾，农作物不能得到及时灌溉，粮食收成大大减产，使得部分搬迁群众口粮出现问题。我们相信，在朗赛岭提灌站维修问题解决之后，这一问题应该会得到基本解决。

此外，德吉新村还有部分搬迁群众家庭缺乏劳动力；部分家庭因家中长年有病人，家庭医药费用负担较重；部分家庭孩子读高中及大学等，感到教育费用支出过高；还有部分家庭存在银行贷款还款压力较大等实际困难。

（三）解决搬迁群众生产、生活中困难的思考与建议

为了使搬迁群众在德吉新村这片热土上"安居乐业"，各级政府必须正视搬迁群众生产、生活中存在的困难与问题，并积极想方设法予以解决。结合笔者在德吉新村的实地调研情况，初步提出以下思考与建议。

（1）政府首先应该及时解决朗赛岭提灌站的维修问题，解除搬迁群众生产、生活中的后顾之忧，保持德吉新村社会稳定大局，促进德吉新村农村经济社会全面发展。笔者调研得知，朗赛岭提灌站的维修，不仅仅是资金短缺的问题，而且还存在技术方面的问题，从而使得朗赛岭提灌站维修问题迟迟不能得到有效解决。但是，在长久论证朗赛岭提灌站维修解决方案的同时，更应该关注搬迁群众短期生产、生活中因此而导致的困难。2007 年 3 月，扎囊县水利局在朗赛岭提灌站原 5 台机组旁边临时安装了 2 台抽水机，这是一个较为有效的解决方案，基本保证了 2007 年农业生产需要，但这仅仅是权宜之计。要从根本上解决德吉新村农田灌溉问题，还得密切结合德吉新村实际情况，如德吉新村紧邻雅鲁藏布江，并与雅鲁藏布江处于同一海拔高度，地下水资源较为丰富，因此，更应充分利用德吉新村丰富的地下水资源。事实上，据笔者实地调研得知，德吉新村许多搬迁群众提出了修建机井的建议，这是一个非常不错的选择。此外，在维修资金迟迟得不到有效解决的情况下，更应该充分利用德吉新村丰富的劳动力资源优势，发动搬迁群众筹资筹劳修建机井，这样既可以减轻政府的负担，又能促进德吉新村农田灌溉问题早日得到有效解决。

（2）加大对搬迁群众农业科学技术培训力度，大力推进科技致富项目，努力增加搬迁群众的现金收入。为增加搬迁群众收入，各级政府也曾在德吉新村推广农业科技成果，并取得了一定成效。2002 年，政府在朗赛岭开发区引进玉米和油菜种植，试图增加农牧民的收入，并获得初步成功。笔者在扎囊县农发办调研时，也看到了 2002 年德吉新村油菜、玉米等农作物丰收景象的纪录片。同时，笔者在与当地农牧民交谈中得知，当初也的确种植过油菜、玉米等农作物，但现在基本上没有农户种植玉米。由此看来，在西藏农牧区推广农业科学技术培训工作：一是要紧密结合西藏农牧区实际情况，特别是要符合农牧民群众的实际需要；二是要在西藏农村推广农业科学技术，应持之以恒地坚持下去。同时我们看出，当地搬迁群众生产、生活中急需的科技致富项目得不到有效解决，这样使德吉新村的扶贫综合开发成效不大。

（3）加大对德吉新村新开垦耕地土壤改良资金的投入，努力提高粮食单产。农业仍然是德吉新村搬迁群众的主要生产行业，努力提高粮食单产，是增加搬迁群众收入的重要渠道。因此，实施中低产田改造是德吉新村搬迁群众走出贫困的先决条件。自 2002 年起，扎囊县政府开始投入一定的资金在朗赛岭开发区实施中低产田改造，逐年在沙性较重的土壤中添加一些黏土，增施有机肥等，以改良土壤结构。同时，当地政府还应充分发动德吉新村搬迁群众多积造农家肥，这样可以大大节省政府改造中低产田的资金投入。

（4）加强对德吉新村搬迁群众外出务工劳动技能培训，合理有序地组织德吉新村搬迁群众外出务工，努力增加搬迁群众的就业机会，从而增加搬迁群众的现金收入。增加外出务工就业机会是增加德吉新村搬迁群众现金收入最有效的方法，特别应采取积极有效的办法增加贫困群众就业机会，努力增加贫困群众现金收入。首先，政府要加大劳务输出力度，为此，政府需要成立专门的劳务中介组织，专门负责外出务工人员的技术培训、帮助寻找就业门路、解决就业困难等具体事项，积极帮助贫困家庭输出劳务，增加家庭现金收入。

（5）改变传统农业生产结构，推行科技致富项目。笔者在德吉新村调研期间得知，当地群众都希望通过项目致富，其中谈得最多的就是希望种植大棚蔬菜，增加收入，但同时又深感大棚蔬菜种植技术的缺乏。扎囊县一位农发办副主任对笔者谈到，农发办准备在德吉新村建立一些大棚蔬菜基地，以增加搬迁群众现金收入，在他看来，当初没有建成的主要原因在于水利灌溉问题没有得到很好解决。其实，当时朗赛岭提灌站还在发挥作用，水利灌溉问题已基本解决。因此，在笔者看来，主要原因还在于扎囊县农发办担心德吉新村搬迁群众蔬菜种植技术不高，不能取得应有的效果。德吉新村党支部书记多吉同志也曾经多次向笔者谈到，德吉新村科技人员十分缺乏，全村只有一名科技人员，这远远不够。笔者在德吉新村调研时发现，也只是在这位科技人员的庭院里看见了长势良好的大棚蔬菜，其他农户尽管也在庭院里种植了大棚蔬菜，但大棚里面的蔬菜品种极少，而且长势也不甚好。目前，德吉新村大多数农户在自家庭院里建立了小型的温室基地，自给日常生活所需的一部分蔬菜。

与此同时，政府还应把种植油菜作为调整德吉新村农业产业结构、增加搬迁群众家庭收入的一项主导产业来抓。2006 年，扎其乡油菜种植面积达 3700 亩，占总播种面积的 17.9%。其实，在改善德吉新村农业产业结构方面，上级政府也曾做出了一些努力，如在 2002 年就曾经在德吉新村试引进油菜和玉米种植，不但种植取得初步成功，而且收成也还不错。但是，2007 年，笔者在德吉新村调研时发现，德吉新村现在很少有人从事油菜及玉米种植，其原因在于油菜及玉米的种植不适合德吉新村农牧民的实际需求。油菜是经济作物，种植油菜可以改变传统的农业产业结构，适当增加农牧民的收入，按理说这是一件好事，可是为什么未能推广下去呢？正如前面分析指出，尽管搬迁群众在搬迁后，土地数量增加了，平均每个人拥有 2 亩土地，但由于土壤贫瘠，粮食单产不高，如果再把有限的土地分一部分出来种植油菜，那么粮食总收成无疑又会大大减少，搬迁群众的"肚子问题"自然也就成为一个亟须解决的现实问题。就玉米种植而言，也存在类似的问题。

（6）至于德吉新村搬迁群众现金收入缺乏问题，在笔者看来，这是一个短时期内难以解决的问题。首先，应该充分利用德吉新村的地理优势，发展第三产业如商业、运输业等，多渠道增加收入，这是搬迁群众增加现金收入的一条较为快捷的增收方式。其次，要立足于德吉新村耕地优势，发展规模经营，引进农业科技项目，实现项目致富。最后，要立足于德吉新村劳动力资源优势，积极输出德吉新村剩余劳动力，鼓励搬迁群众外出务工增加现金收入。正如扎囊县人民政府普布县长所言，扎其乡农牧民群众增收难度最大，不像扎塘镇拥有县城的地域优势，也不像桑耶镇拥有旅游资源优势，可以迅速增加当地群众现金收入。扎其乡只拥有劳动力资源优势，因此，将其定位于通过劳务输出增收是合理的。然而，由于德吉新村搬迁群众劳动技能普遍缺乏，通过劳务输出增加搬迁群众家庭现金收入也还有一定的难度。

（7）为了丰富德吉新村搬迁群众的基本文化生活，首先，扎囊县政府应该及时在德吉新村建立一个村广播站，村委会还应该安排一名专职播音员负责播音管理，使广大搬迁群众能够及时听到中央与西藏地方新闻，了解国家大政方针。其次，政府还应投入一定的资金，购买一些通俗易懂的科普读物，特别是与农业科技致富有关的图书音像资料，这样才可能吸引搬迁群众主动学习文化知识，对提高搬迁群众基本文化生活更具实效性，不至于使德吉新村文化活动室成为一个书本陈列室。最后，为了弘扬西藏农村传统文化，政府有必要投入一定资金在德吉新村组建一支藏戏队，使村民能够在其传统节日看上自己喜欢的藏戏，满足搬迁群众基本的文化生活需求。

（8）对于德吉新村部分搬迁群众生活口粮缺乏问题，笔者认为，随着朗赛岭提灌站问题的解决、农田改良项目的实施及农业科技成果的推广与应用，粮食单产会逐渐提高，搬迁群众的口粮问题也会完全得到解决。不过，在德吉新村耕地土质偏差、粮食收成偏低的情况下，政府应努力降低德吉新村搬迁群众农业生产中可能遇到的自然风险。当搬迁群众遇到自然灾害时，政府应该加大对搬迁群众的扶持力度，以保证自然灾害后搬迁群众的正常生活。

德吉新村是2001年底由扎囊、错那两县贫困群众集体搬迁后，在朗赛岭开发区新成立的一个村，村庄发展历史极其短暂。笔者在德吉新村调研时得知，该村暂时还没有任何关于德吉新村起源与变迁的传说，村志的搜集与整理工作还未引起重视。德吉新村的起源与变迁发展历史，在笔者看来，其实质就是上级政府在朗赛岭开发区所进行的一个较为成功的扶贫开发新村。而且，德吉新村村名的缘由还是极有意义的，"德吉"是藏语发音，为"幸福"之意，即在搬迁群众看来，德吉新村就是他们幸福生活的地方，也是他们幸福生活的开始。事实上，德吉新村经过"三大开发"，搬迁群众已基本实现了这一目标。

个案 1 – 2　德吉新村扶贫开发建设简介

——访扎囊县扎其乡德吉新村党支部书记多吉

被访人：多　吉

采访人：郑　洲

记录人：郑　洲

翻　译：达娃卓玛、多吉（扎其乡人民政府干部）

访谈时间：2007 年 3 月 31 日下午

访谈地点：德吉新村村委会办公室

被访人基本情况：多吉，男，现年 44 岁，系西藏自治区扎囊县扎其乡德吉新村村民，从扎其乡朗赛岭沟搬迁出来。多吉上过小学，能够认识一些基本的藏语文字，并且能够熟练地做一些加减运算。多吉还能够用汉语与我们进行简单的对话交流，这在西藏农牧区大多数基层干部中，还不多见。多吉是一名中国共产党老党员，现任扎囊县扎其乡德吉新村支部委员会书记。

1. 搬迁前，德吉新村搬迁群众生产、生活现状

搬迁前，德吉新村 90% 以上的搬迁群众仍生活在比较偏远的地方，生产、生活条件较差，搬迁群众长期处于贫困状态，这具体表现在以下几个方面。

（1）有大部分搬迁群众生活在偏远的山沟里，信息十分闭塞，加上交通十分落后，搬迁群众与外地接触较少，农牧民素质难以得到提高，长期处于较低水平状态，这是搬迁群众在搬迁前长期难以脱贫致富的重要原因。

（2）教学点较远，孩子上学困难，适龄儿童接受教育的机会较少；加上教学设施条件差，搬迁群众在搬迁前也难以从学校教育中得到教育的外部效应，导致搬迁群众文化素质偏低。

（3）医疗点较远，医疗设施配备不健全，搬迁群众看病就医难；加上搬迁群众在搬迁前人畜混居、混饮，卫生条件较差，搬迁群众所面临的健康风险较高，妇女、儿童等健康高风险人群死亡率长期居高不下。

（4）有部分搬迁群众搬迁前所在村还没有通电，至今仍然没有通电的村也不乏其例，生产、生活中缺电，难以使用现代机械设备减轻搬迁群众生产、生活困难。

（5）有部分群众饮水困难，要到很远的地方去背水，妇女身体健康状况也因此受到严重影响；加上部分地方饮用水水质较差，人畜混饮现象没有得到改变，由此而导致的地方病现象较为突出。

此外，还有部分搬迁群众个人生活自理能力较差，家庭长期处于贫穷状态，每年都得依靠政府实施粮食补贴以维持家庭基本生活。

多吉认为，搬迁群众搬迁出来的主要原因在于：（1）住房条件差，大多数搬迁群众住房都属于危房，人均住房面积不足8平方米，甚至还有部分搬迁群众在搬迁前没有自己的住房，住房面积普遍偏小，当然，人畜混居状况难以得到根本性改变，搬迁群众生命财产得不到安全保障；（2）自西藏农村各地实施土地承包责任制以后，在搬迁群众原总耕地面积不变甚至有所减少的情况下，后来出生的农牧民便分不到土地了，人多耕地少，因此，有大部分搬迁群众生活中的基本口粮都还存在问题。

德吉新村扶贫搬迁的原则是由搬迁群众自愿报名，由原村委会民主选举，原乡（镇）蹲点调查。搬迁户以贫困户为主，90%以上都是贫困户，但也还有个别富裕户搬迁出来，政府希望这些富裕户在搬迁后能够起致富带头作用。德吉新村是 1998 年纳入西藏自治区政府重点扶贫综合开发项目的，2000 年开始规划，2001 年底搬迁群众全部入住德吉新村。当初搬迁进来共 148 户，712 人，随着近几年部分搬迁群众家庭子女逐渐成家、生孩子后，德吉新村人口规模逐渐扩大。2006 年底，德吉新村共有农牧民家庭 167 户，743 人。在多吉看来，随着德吉新村生产、生活条件逐步改善，扎囊县以外的其他县有更多的青年群众愿意到德吉新村落户、生活，因此，德吉新村人口规模还有可能继续扩大。

2. 搬迁后，搬迁群众主要收入来源

搬迁后，德吉新村大部分搬迁群众是以外出务工作为其家庭现金收入的主要来源。2006 年西藏农村各地正在进行农牧民安居工程建设，这给德吉新村搬迁群众创造了更多的外出务工机遇，因此，德吉新村很多搬迁群众便外出务工，从事建筑行业。同时，德吉新村还有 3 个建筑包工头，常年在外承包建筑工程业务，这一方面增加了自己家庭的现金收入，并且收入还比较高，如德吉新村次旺旺堆农户就是一个典型案例；另一方面，这 3 个建筑承包商还主动带领本村部分青年外出务工，为本村劳动力输出作出了一定的贡献。当然，德吉新村大部分搬迁群众仍以农业生产种植为主，在政府的帮助下，适当从事奶牛、山羊、藏鸡饲养等牲畜养殖业，以增加家庭现金收入。在德吉新村现有搬迁群众中，几乎每家都有人从事氆氇、邦典等民族手工业品生产，特别是从扎囊县搬迁而来的部分群众，纺织技术非常好。

从德吉新村搬迁群众总体收入情况来看，当地群众还是以农田种植为主。当然，也还有个别搬迁群众利用德吉新村便利的交通条件，从事一般商业经营，如德吉新村现有6户在经营百货商店，其中，经营规模最大的是由村委会副主任罗布随巴开办的；还有部分群众在从事运输业，如买小型货车从事短途货运等，其收入也比较高，如格桑卓嘎农户从事运输业，家庭年收入高达2万元。

3. 搬迁后，搬迁群众生产、生活发展现状

搬迁到德吉新村后，搬迁群众生产、生活情况总体来说是非常好的。搬迁群众生产、生活条件日益改善，生活水平得到明显提高。

（1）2001年底，搬迁群众搬迁进德吉新村时，全村只有4户搬迁群众有电视机，现在每家每户都有电视机，而且大多数农户购买的还是彩色电视机。在2001年底，上级政府还为德吉新村搬迁群众安装了电视光纤，当地群众能够看上丰富多彩的电视节目了，这对拓宽搬迁群众信息知识面起到了促进作用。在一定程度上而言，德吉新村搬迁群众文化生活甚至比扎其乡政府机关干部还要好些，扎其乡政府至今还没有安装电视光纤，包括乡镇干部看电视都还是靠户外接收器传输信息。笔者在德吉新村调研时得知，尽管全村搬迁群众现在都有电视机，大部分群众都是自己买的，然而也还有一部分搬迁群众没有经济实力购买电视机，是由上级政府2003年为贫困农户免费配送的。

（2）多吉谈到，由于电话线安装已经进入德吉新村，并且初次安装搬迁群众不用付安装费，只需每月缴纳一定的月租费。因此，德吉新村几乎每家都安装了电话。经笔者调查证实，由于使用电话要缴纳月租，该村有70%左右的家庭安装了电话。此外，还有部分搬迁群众购买了手机，如多吉书记、罗布随巴主任以及其他几位从事运输业、经商行业的农牧民群众。据笔者初步统计，2007 年，德吉新村大概有 20 人购买了手机，约占全村农牧民人口总数的 4%。

（3）随着 2001 年底大量搬迁群众入住新村后，上级政府也在德吉新村配套建设了村卫生所一个，即朗赛岭卫生所，并配有一名专业医生（布琼医师），基本上能够解决当地群众日常所发生的小病与医疗保健问题。在多吉看来，德吉新村搬迁群众的生活已经发生了翻天覆地的变化，每人每年只需缴纳 10 元钱，政府财政补贴 90 元，每人平均每年就有 100 元的医疗基金费用，基本可以解决一般家庭一年内所发生的日常生病费用，搬迁群众医药费用负担较之以前大大减轻。同时，搬迁群众搬迁到德吉新村后，人口死亡率也大大降低，搬迁前，产妇及婴幼儿死亡率都比较高，现在大大降低了。一方面是有较近的朗赛岭卫生所，布琼医生能够帮助诊断病情并及时做出处理，在村卫生所不能得到有效治疗的话，他会主动联系上级医院帮助治疗；另一方面也还在于德吉新村交通便利，即使村民发生了紧急医务情况，也能够迅速送往县级及以上医院治疗。

（4）德吉新村新建立了一所小学，即扎其乡第二小学（简称扎其二小）。该校在校学生近 300 人，教师 19 人，这在西藏农牧区看来，已经算是一个规模比较大的农村小学了。扎其二小还开设了 1～6 年级全部课程，德吉新村现在基本没有辍学现象发生，适龄儿童接受教育的机会增加。据多吉讲，对于村民孩子辍学，村委会还特别做出了一项不成文的规定，如果搬迁群众家庭有一个孩子辍学，便罚款 15～20 元，并强制学生家长到学校进行义务劳动，以惩罚监督机制来保障德吉新村适龄儿童的入学率。笔者在德吉新村的调查也进一步证实，由于"三包"政策进一步落实，德吉新村的确没有发现适龄儿童辍学现象。现只有德庆措姆农户一户由于其父母在两年前相继死亡，只剩下三姊妹，18岁的大女儿（即德庆措姆）在家料理家务，两个妹妹在读小学（分别为7岁、9岁）。该农户家庭生活较为贫困，德庆措姆只好把一个妹妹送到另一个乡的亲戚家读书，另一个妹妹跟随自己在家。根据"三包"政策规定，农牧区小学学生家庭距离学校在2公里以外者，就可以享受"三包"优惠政策。但是，德吉新村所有农户距离学校较近，均在2公里范围之内，因此，根本不能享受"三包"优惠政策。后来在课题组与扎其二小学校领导的积极协调下，扎其二小准备在2007年下半年把她妹妹接回到该校读书，并且以"三包"政策优先解决她妹妹的生活吃住问题。后来笔者还给扎其二小学校领导建议，能否在今后把两个妹妹的生活吃住问题全部解决，以便能够让德庆措姆在农闲时外出打工增加家庭现金收入，缓解家庭经济压力，他们表示将努力解决这两个孩子在校的吃住问题。

（5）随着人畜饮水工程项目的完成，德吉新村现在每家每户都用自来水，据笔者调查得知，该村村民还不用缴纳水费，完全解决了人畜安全饮水问题，彻底改变了人畜混饮状态，搬迁群众喝上了干净卫生的水。

（6）2006年8月，扎囊县人民政府在德吉新村实施了沼气工程建设项目，2006年底，德吉新村就已经完成135户农户家庭的沼气安装，另外13户准备在2007年全部予以解决，争取德吉新村所有搬迁群众全部实现沼气化能源使用方式，用上干净卫生的能源。安装沼气的所有费用全部由政府出资，搬迁群众只需出劳动力。据笔者调查证实，每个农户家庭安装沼气费用在3500元左右，建设资金全部由政府出资，当地群众出了一定的劳动力。同时在安装沼气的过程中，还适当培训了一批农牧民技术人员，增加了部分搬迁群众的家庭现金收入。不过，笔者在入户调查时发现，德吉新村大部分家庭的沼气都还没有正常使用，几乎成了农户家庭中的一个现代化摆设。其原因在于很多群众缺乏沼气生产及使用技术，对于沼气的原料投入及发酵技术掌握等都极为欠缺。

（7）为了进一步增加搬迁群众的家庭现金收入，上级政府在德吉新村投资建设了几个项目：养猪场（规模较小，目前基本上没有获得任何经济效益）；果树园（也曾经种植了苹果、核桃、梨树、桃树等，因管理不善，被老鼠破坏较为严重，现在已经改成了饲草基地，在多吉看来，搞成农田还要好些）；奶牛场（未能建立起来，仍然是单家独户在进行饲养）；面粉厂与榨油厂（由扎囊县民政局投资兴建，现在已经承包给个人，在笔者看来，只不过是相当于内地的一个小型加工坊而已）。

（8）德吉新村 2001 年底只有 7 台手扶拖拉机，现在已经发展到 19 台手扶拖拉机，六轮（P180 型）拖拉机 32 台，其中有 8 台是政府免费配备的，每个小组一台，用于搬迁群众农田播种和收割。此外，政府还免费发放了播种犁 17 部、柴油机 9 台、扬场机 8 部、脱粒机 8 部等，德吉新村所有农牧民群众都是依靠这些农业机械从事半机械化农业生产的。

4. 搬迁后，搬迁群众生产、生活中存在的问题

搬迁后，搬迁群众生产、生活条件得到较大改善，农牧业基础设施条件得到一定改善。但是，自朗赛岭提灌站全面报废后，德吉新村搬迁群众还没有完全摆脱"靠天吃饭"这一问题凸显出来，特别是一遇到自然灾害，搬迁群众粮食收成就要大大减产，部分群众生活就会出现一些困难。如 2006 年德吉新村遇到连续干旱，就有部分群众生活中的基本口粮问题都难以解决，还得靠政府粮食救济。

（1）朗赛岭提灌站的维修问题。朗赛岭提灌站 5 台机组由于常年超负荷运转，年久失修，2006 年 5 月，朗赛岭提灌站 5 台机组全部报废。2007 年 2 月，扎囊县水利局在朗赛岭提灌站 5 台机组附近临时安装了 2 台抽水机，以解决德吉新村农田灌溉问题。不过，在多吉看来，德吉新村搬迁群众生产中目前最迫切需要解决的事情就是在德吉新村建立两三个机井，以彻底解决搬迁群众农田生产灌溉问题。

（2）村委会搬迁问题。德吉新村村委会建立的位置较为偏僻，尽管村委会还有一定数量的房屋空置，但始终没有找到发挥其效益的更好途径，实际利用价值不是很大。多吉认为，如果将村委会搬迁到 101 国道边上，这样还可以将多余的房屋对外出租，从而增加村委会活动经费，也才有经济实力为当地群众办更多实事。

（3）土壤改良问题。德吉新村大部分耕地为新开垦的土地，土质较为贫瘠，粮食单产非常低。就搬迁后几年当地群众的粮食收成情况来看，最高亩产量也只有 467 斤（以青稞、小麦计），最低亩产量还不到 50 斤。如果遇到自然灾害如严重干旱情况发生，就会出现部分家庭粮食收成远远不够解决全家口粮的现象，2006 年德吉新村现有农户中，靠政府粮食救济的农户占全村农户总数的 60% 左右。自 2002 年以后的几年时间里，上级政府也投入了一定资金改良土壤，采取增施有机肥等措施，粮食单产有所提高，但土壤改良仍然需要政府继续加大投入。

（4）环境卫生问题。由于德吉新村村内道路没有水泥硬化，加上村内植被绿化程度较低，每当汽车、拖拉机等经过村道时，便是满天沙尘。尤其是每当冬春季风时节刮大风时，情况更是如此。这严重影响到当地农牧民群众的身心健康，这或许是当地搬迁群众患病多与肺病有关的重要原因。笔者在德吉新村调查期间，也亲身体会了刮大风时的情景，当时能见度只有 3 米左右，根本无法行走。然而，现在德吉新村只是在村内的两个主干道旁栽种了一些大树，据村民讲，这还是 2002 年扎囊县农发办投资栽种的。基于此，笔者向多吉书记建议，一定要积极组织本地搬迁群众在屋前屋后多植树种草，发动当地群众自力更生、建设生态家园，更不能对现有的植被砍伐、破坏。至于村内道路路面水泥硬化问题，由于所需资金较大，村委会一方面应积极向上级政府及相关部门争取建设资金，另一方面也还要发动本村群众投入大量劳动力进行维修。德吉新村房屋建设非常漂亮、美观，同时也修建了排水沟等配套基础设施，但由于搬迁群众文化素质不高，环境卫生意识不强，村民随处乱丢垃圾现象比较严重。为此，村委会每年都得组织村民进行 2~3 次清理工作。多吉希望上级政府能够在德吉新村附近建立一个垃圾集中处置场地，或者在村里的两个主干道边安装 3 个左右的垃圾桶，这样或许可以减轻德吉新村的环境卫生压力。

（5）上级政府在建立德吉新村村委会的同时，还建立了村文化室、图书室等，但是，笔者调研发现，村图书室里面的书籍不仅数量不多，而且还非常陈旧。由于村委会办公经费紧缺，村委会连基本的报纸杂志都没有订阅，同时，德吉新村也还没有建立广播站。然而，据笔者调研得知，德吉新村搬迁群众还是有这个基本文化需求的，但由于村集体经济条件较差，根本无法实现这一目标。德吉新村村内没有一处寺庙，经笔者调查得知，绝大多数搬迁群众基本上没有新建寺庙的需要。

（6）科技人员缺乏。德吉新村只有一名科技人员，虽然各小组有一家科技户，但这远远不够。笔者在德吉新村调查期间也发现，也正是在这几个极少数科技户家里才能看到燃烧的沼气，以及大棚里长势良好的各种蔬菜。其他农户家里的沼气几乎没有用起来，尽管蔬菜大棚也建立起来了，可是大棚里面的蔬菜品种不仅少，而且长势也不甚好。经笔者调查发现，该村绝大多数村民都愿意参加农业科学技术培训，即使政府不给什么误工补贴也非常愿意，这与笔者在贡嘎县杰德秀居委会调查时的情况正好相反，杰德秀居委会农牧民群众参加农业科技培训，如果没有什么误工补贴的话，大部分农牧民群众是不愿意参加的。这本来是关系农牧民群众今后长远发展的大事，也是农牧民群众自己的事情，有政府组织的科技培训活动，已经是难能可贵的了，农牧民群众应该积极主动参加。

（7）德吉新村暂时没有"农村经济合作组织"。当地农牧民群众生产、生活中若有什么需要，首先向村民小组组长汇报，组长再向村委会领导汇报，村委会再向上一级政府汇报。笔者在调查期间也正好遇到一次村委会开会，从开会的程序来看，还是非常民主的。在笔者向多吉书记介绍"农村经济合作组织"在农牧民群众增收中的积极作用后（见图1-17），他还是希望成立一些农村经济合作组织，帮助当地群众迅速脱贫致富。

图 1 - 17　课题组成员与多吉书记在村委会办公室访谈
（2007 年 4 月 2 日　范远江摄）

个案 1 - 3　扎囊县情与德吉新村建设简介
——访扎囊县人民政府县长普布同志（见图 1 - 18）

被访人：普　　布

采访人：郑　　洲

记录人：郑　　洲

翻　译：仁青旺堆（扎其乡党委书记）

访谈时间：2007 年 4 月 2 日下午

访谈地点：扎囊县德吉新村村委会办公室

1. 德吉新村扶贫搬迁建设简介

德吉新村于 1998 年开始规划，2001 年底德吉新村共搬迁农牧民群众 148 户，其中，有 60 户是从边境县——错那县搬迁过来的，这 60 户搬迁群众是一个非常特殊的人群，较为典型，虽然长期以来国家对其补助较多，但这部分群众始终依赖政府帮助；其余 88 户是从扎囊县扎其乡、吉如乡等地搬迁过来的，这部分搬迁群众主要在外打工，非常勤俭节约。总的来看，德吉新村搬迁群众思想观念上还存在问题，需要转变观念，搬迁群众"等、靠、要"思想比较严重。德吉新村实施集中搬迁的农牧民群众基本上都是贫困户，但还是有一定数量的富裕户，我们希望这些富裕户搬迁到德吉新村后能够起致富带头作用。

德吉新村开发前，以前这里的土地全是沙滩，经开垦后，搬迁群众人均耕地面积达到 2 亩，但是土地质量还是存在问题，如土壤沙化较为严重，需要改良，每年政府都要出资添加一些黏土以改良土壤结构。由于朗赛岭提灌站 5 台机组现在已经全部坏了，目前搬迁群众农田耕种中存在灌溉问题。德吉新村搬迁群众现在面临的主要困难是自然灾害的影响，特别是旱灾，扎囊县几乎是十年九旱。尽管现在德吉新村农业生产用电不用缴费，由政府代为缴纳电费，但普布县长担心今后如果政府取消这个政策的话，德吉新村搬迁群众生产、生活负担肯定会增加。国家投入 5000 多万元在德吉新村实施扶贫综合开发，主要目的在于解决"两个肚子"问题（即人和牲畜的口粮问题）。德吉新村搬迁群众非常感谢共产党给他们带来的幸福生活，搬迁群众始终与中国共产党保持高度一致。

2. 扎囊县基本县情介绍

首先，实现"两争"目标，即老百姓实现收入增加、扎囊县财政实现增效的目标。

其次，力争实现"四大目标"。（1）生态固县目标。重点解决扎囊县风沙较大的问题，必须加快人工造林步伐。（2）项目强县目标。有中央政府及援藏省市的投资拉动；扎囊县有良好的区位优势，交通便利。2006 年扎囊县固定资产投资完成 1.68 亿元，2007 年争取达到 2 亿元。本县项目实行公开招标制度，让本地老百姓自己干。（3）产业富县目标。扎囊县民族手工业发展历史悠久，如氆氇生产在规模及质量上都有自身优势，现已实行订单生产；陶器制作方面也有所发展，但考虑燃料与环境污染问题，不宜大力发展；敏竹林寺藏香是西藏全区最好的，有较大的特色优势，需大力发展；劳动力资源优势方面，有部分能工巧匠在雕刻方面还是挺不错的，现已有 100 多人在拉萨打工，收入还不错。扎囊县需要重点发展优质油菜生产基地，在保障基本粮食产量的前提下，积极推进农业产业结构调整。扎囊县现已种植油菜 2 万多亩（全县耕地 6.5 万亩），并与达氏集团签订合同，实行订单生产。其次是土豆种植，应该大力发展早熟土豆，争取提前上市，在每年 6 月上市，这样才具有竞争力和价格优势。扎囊县现已成立土豆协会，

图 1-18　课题组与扎囊县县长普布同志交谈
（2007 年 4 月 2 日　范远江摄）

由协会来统一购买销售。再次是发展禽类养殖，即以藏鸡为主的养殖基地，现在全县已养殖 8 万多只，有散户和集中养殖的，但是风险很大，主要是担心禽流感的影响，必须加强防控体系建设。(4) 实干强县目标。"十一五"期间，江北灌区（涵盖贡嘎、扎囊、乃东、泽当 4 个县）准备建一座大型水库，这样可以解决上万亩耕地的灌溉问题。扎囊县政府准备在"十一五"期间建设桑耶大桥。同时还准备投资 1.7 亿元建立一个水库，既可以保障农业用水，也可以保障未开发区域的灌溉问题。

就全县总体发展情况来看，扎其乡的发展难度最大，没有任何资源优势，需要重点开发。扎塘镇地处县政府所在地，具有优越的地理优势，可以发展商业；桑耶镇旅游资源丰富，在进一步开发桑耶寺的基础上，加大桑耶溶洞开发，可以给旅游开发带来新的生机；吉汝乡是氆氇之乡，可以通过发展民族手工业增加农牧民收入；阿扎乡是畜牧业之乡，可以发展养殖业项目，增加农牧民群众收入。因此，扎囊县政府将扎其乡初步定位于劳动力输出大乡，通过发展劳务输出增加当地群众收入。

个案 1–4　幸福不忘共产党
——访德吉新村村委会副主任、致富能人
罗布随巴同志（见图 1–19）

被访人：罗布随巴

采访人：郑　洲

记录人：郑　洲

翻　译：达娃卓玛、多吉（扎其乡政府干部）

访谈时间：2007 年 4 月 1 日上午

访谈地点：扎囊县扎其乡德吉新村罗布随巴家中

被访人基本情况：罗布随巴，男，现年37岁，系西藏自治区扎囊县扎其乡德吉新村村民。罗布随巴自幼没有上过学，但是，经过他自己的不断努力，现在能够认识一些基本的藏、汉文字，并且能够熟练地做一些加减运算。罗布随巴是一名中国共产党党员，现任扎囊县扎其乡德吉新村村委会副主任。

问：德吉新村是西藏自治区政府重点建设的扶贫开发新村，昨天下午我在与多吉书记交谈时得知，该村群众都是从扎囊、错那两县贫困地区集中跨县、乡搬迁而来，请问你是从什么地方搬过来的？

答：我就是从扎囊县吉汝乡搬迁过来的，搬迁前，我家就住在吉汝乡比较偏僻的山沟里。

问：据多吉书记讲，德吉新村大多数搬迁群众在搬迁前住房都比较破旧，基本属于危房系列，这是政府在德吉新村实施扶贫搬迁建设的一个重要原因。请问搬迁前你家的住房情况如何？

答：在搬迁出来之前，确切地说，我是没有自己的住房。由于我们家庭比较贫穷，父母没有经济能力修建住房，加上我家兄弟姊妹又多，一家人挤在不到60平方米的住房里，因此，住房问题一直是我们家庭亟须解决的首要难题。我在家中排行老二，下面还有几个弟弟妹妹，在结婚后不久，我就主动提出分家，当然，分家时我没有向父母提出分房子，而是借住在我的一个亲戚家里。2001年我正准备修房子，恰遇政府扶贫搬迁建设的好时机，我就搬迁出来了。

问：德吉新村扶贫搬迁建设的又一个重要原因是，自

1981 年土地承包到户后，西藏农村很多农牧民群众尤其是 1981 年以后成家的这部分家庭新增人口便分不到土地了，耕地面积不足，农牧民群众生活中的基本口粮都成问题。据多吉书记讲，德吉新村搬迁群众这一问题尤为突出，可能你家情况也大体如此吧？请问你在搬迁出来之前家庭耕地及粮食收成情况如何？

答：我们是 2001 年底搬迁到德吉新村的，在搬迁前，我家共有 4 口人，夫妻俩再加两个孩子，当时只分到 2.7 亩土地，人均还不到 0.7 亩地。搬迁前，我家耕地多是山坡地，土壤贫瘠，粮食单产不高，平均亩产只有 300 来斤，这还不够一家人的基本口粮，因此，每年还不得不从市场上购买一些粮食以解决一家人的口粮问题。

问：刚才你谈到每年还会从市场上购买一些粮食，那么，搬迁前你主要从事什么工作？你购买粮食及其他生活开支的钱又是从哪里来的？

答：搬迁前，在我还没有结婚时，与本地其他农牧民群众一样，农忙时就回家帮助父母干些农活，农闲时就外出打工。随着我与外界接触范围的扩大，我的思想观念及经营理念便逐渐开始转变，从一般的体力打工者逐渐转化为从事氆氇生意买卖的中间商。从 1999 年起，我就开始在本地从事氆氇收购，先自己垫支从本地农户手中收购一些氆氇存放在家中，等收购量达到一车后，我就包车把氆氇送往拉萨等地的大买主那里，从中赚取一些利润。随着利润的增加与周转资金的扩大，生意规模也越做越大，后来我就干脆在拉萨租了两间铺面，由弟弟在那里专门从事批发与零售业务，我就在山南地区所辖县专门从事氆氇收购业务。这样，一年下来从事氆氇生意的收入可以达到 2 万元左右。当然，购买一些粮食及支付基本的生活开支还是没有多大问题的。说实在的，2001年底，我家在本地已经不算是贫困户了，相对来说已经算是比较富裕的家庭了，按理说，我家不属于贫困户搬迁之列，但是，政府动员我搬迁到德吉新村，是希望我在搬迁后能够对搬迁群众起致富带头作用。

问：据你说来，当时你家生活情况在本地还是比较富裕的，我还是希望了解搬迁前你们生活的地方，当地群众生产、生活中还存在哪些困难？

答：搬迁前，我们村的大多数群众生产、生活中除了你上面所说到的那些困难外，还存在以下一些困难，如2001年底还没有通电，农牧民群众照明基本上是用煤油灯及蜡烛等；由于我们居住在山沟里，交通也不是很方便，如果碰到雨季的话，道路更难走；饮水也非常困难，村民一般都要到很远的地方背水，而且人畜混饮的现象没有得到根本改变；农田灌溉系统也还没有建立，当地群众还没有完全摆脱"靠天吃饭"的困境。

问：来到德吉新村后，我首先看到的是一排排整齐的新房，成片的良田，整洁的村道……我感觉到，搬迁之后你们的生活一定很幸福吧！你能否谈谈搬迁后搬迁群众的真实感受？

答：真的非常感谢中国共产党！是她给我们带来了幸福，你在我们村口的标志牌上也许看到了这样几个字吧？——"幸福不忘共产党"。你可能还不清楚我们村为什么取名德吉新村吧？"德吉"是藏语发音，即"幸福"的意思，也就是说，我们村就是一个幸福村！我们村的老百姓真的感谢共产党，她不但给我们解决了住房，人均住房面积达 40 平方米左右，你看我们都是住在楼上，楼下是牲畜居住，人畜混居现象得到彻底改变；而且还给我们解决了耕地，现在我们村人均耕地面积达到 2 亩，人均林草地面积达到 6 亩，这既解决了我们的口粮问题，还想方设法增加我们的收入。还有，政府在我们村实施了农村电网改造项目，我们用上了充足的电，平均每度电的单价也比以前低多了；政府还给我们安装了自来水，我们不仅可以吃上干净卫生的水，解决了多年来人畜混饮的问题，而且还不用缴纳水费呢！政府还对我们村的主干道实施了水泥硬化及植被绿化，生态环境也大大改善！搬迁后，政府随即在我们村建立了朗赛岭卫生所，并配备了专业医生，老百姓看病可方便啦！政府还在我们村建立了一个"完小"——扎其乡第二小学，不但开设了 1～6 年级全部课程，还实施了现代远程教育，孩子可以接受到更加优质的教育；还有……共产党给我们带来的好处真的说不完啊！

问：在你看来，搬迁后德吉新村搬迁群众生产、生活条件大大改善，搬迁群众过上了以前做梦都没有想到的幸福生活。就像许多搬迁群众所说的那样："我们住上了连做梦都不敢想到的新房"，在你们村看来，的确也是如此！那我还想问一下，搬迁后，德吉新村搬迁群众生产、生活中还有哪些困难？

答：首先，德吉新村村民生产、生活中最大的困难就是要解决好朗赛岭提灌站的维修问题。朗赛岭提灌站于 2001 年建成，运行 5 年以来，对增加当地群众收入、改善当地生态环境发挥着至关重要的作用，但是，由于朗赛岭提灌站 5 台机组超负荷运转，2006 年 5 月全面报废，老百姓生产、生活所受到的影响可就大了。以 2006 年为例，由于朗赛岭提灌站报废后没有及时进行维修，加上当年又遇严重干旱，德吉新村有近 400 亩耕地不能得到及时灌溉而绝收，其他耕地也不同程度地受到影响，当年德吉新村村民中，靠政府粮食救济的就占 50% 左右。如果不及时解决我们老百姓自认为是"命根子"的朗赛岭提灌站的维修问题，不但解决不了我们的口粮问题，还可能使我们陷入贫困状态。其次，德吉新村村民生产、生活中还面临一个亟待解决的问题，即如何迅速增加搬迁群众的收入问题，使他们早日脱贫。搬迁后我们住上了安全适用的新房，广大搬迁群众"安居"了，但是，还必须增加搬迁群众收入，使搬迁群众在这片"热土"上"乐业"，这才是摆在我们德吉新村村民和当地政府面前的首要任务。你也知道，我们村的大多数搬迁群众都是贫困群体，以前由于自然条件及其他因素的影响与制约，使他们长期难以摆脱贫困状态，这是当时使他们难以脱贫的客观因素。搬迁后，这一客观因素解决了，但是，要增加搬迁群众收入，仅仅靠解决这些客观因素来达到这个目的，我认为还是不太现实的，因此，我们还得从搬迁群众主观方面去分析他们难以脱贫的一些因素：(1) 由于大多数搬迁群众没有接受过正规的文化教育，加上自身又缺乏努力学习文化知识的动力，在掌握新知识、新技能、捕捉新信息等方面就非常困难。2002 年上级政府准备在我们村建立大棚蔬菜基地，但考虑到村民的种植技术欠缺这一现状，就没有进行下去，当然，我们村民就失去了一个增加收入的绝好机会。(2) 搬迁群众由于受自身素质与技能的制约，即使搬迁后他们外出打工的机会增加了，但也多半从事收入不高的体力劳动，通过外出务工增加家庭收入的作用也非常有限。(3) 尽管德吉新村交通非常便利，出入扎囊县城与山南地区行署也十分方便，信息流通也非常快捷，按理说，在市场经济条件下，这是当地群众应该充分利用的资源优势。可是，受自身素质与传统因素的影响，他们未能抓住这些机遇，通过从事其他行业，多渠道增加现金收入，仍然从事的是传统的农业生产，农产品附加值不高，很难实现迅速脱贫的夙愿。

问：正如你前面所说，政府希望你搬迁到德吉新村后能够对搬迁群众起个致富带头作用，在你现在看来，你起到了致富的模范作用吗？你对当地搬迁群众作出了哪些贡献？

答：致富模范我还算不上，不过，我在尽力而为！我为本村村民在以下几个方面作了微薄贡献：（1）由于我在搬迁前就从事毪氇生意，有一定的商业经营经验。搬迁到德吉新村后，我就在自己家里开了一个大型的批发兼零售的百货商店，方便群众购买日常生活用品。在我的经营带动下，我们村就有 5 户群众也陆陆续续开起了小商店，尽管他们店铺经营规模不及我店铺经营规模大，可能没有实力与我竞争，但是，他们在开小商店的同时还附带开设了公用电话、台球经营等业务，以增加现金收入，这至少表明他们在经营理念上有所突破，这是值得称道的。（2）2003年，上级政府在扎囊县实施综合扶贫开发建设，在一系列开发建设项目中，我积极为德吉新村争取到了养猪项目，并建立了"扎囊县德吉新村青年养殖示范基地"。由于缺乏养殖技术，暂时还没有建立起大规模的养殖基地，因而，目前的养殖利润较薄。再加上自己人手不够，现已经转交给本村的科技户——达娃扎西在经营。尽管我现在没有亲自经营养殖基地，但这为德吉新村搬迁群众通过项目致富起了良好带头作用。（3）目前，我自己生活中没有任何困难，相反，在富裕之后，我还主动帮助本村群众，在本村我还有一个定点帮扶对象。2006年底，我自己拿出部分现金为本村部分贫困户各买了一袋大米，使他们尽量能够过上一个快乐、祥和的藏历新年。同时，我还积极主动为扎其乡第二小学修建校门，以及为贫穷学生购买书本等，共支出8000元左右。

说到此处，他不由自主地拿出了自己的荣誉证书。2006年，山南地委宣传部、共青团山南地委、山南地区农牧局决定联合授予罗布随巴同志"山南地区首届十大优秀青年农牧民"的荣誉称号。同时他还多次被扎囊县委授予"优秀共产党员"，被扎囊县人民政府授予"双培双带先进个人"、"创业惠民能手"等光荣称号。

问：非常感谢你对德吉新村搬迁群众所作的贡献，我

图 1 - 19　德吉新村致富能手罗布随巴
（2007 年 4 月 2 日　郑洲摄）

们希望你继续发挥好致富带头作用，让德吉新村搬迁群众早日实现脱贫致富的愿望。

答： 请你们放心，我会一如既往地发挥好致富带头作用，是党和政府给了我发展致富的机遇，让我比他们先富一步，但我会慢慢帮助他们一起实现共同富裕的愿望。

个案 1－5　德吉新村扶贫搬迁对比考察
——访民主村党支部书记贡堆（见图 1－20）

被访人：贡　堆

采访人：郑　洲

记录人：郑　洲

翻　译：仁青旺堆（扎其乡党委书记）

访谈时间：2007 年 4 月 7 日中午

访谈地点：扎囊县扎其乡民主村一村民建房工地上

被访人基本情况：贡堆，男，现年 57 岁，小学文化程度，系西藏自治区扎囊县扎其乡民主村村民，是一名中共正式党员，从 1972 年就开始在村委会从事领导工作，现任扎囊县扎其乡民主村党支部书记。

问： 我在德吉新村采访期间得知，有部分搬迁群众就是从民主村搬迁出来的，请问你们村现有多少户群众？又有多少户搬迁出去了？

答： 我们村现有农牧民群众 106 户、657 人。2001 年初，我们村还有 136 户农牧民群众，这几年我们村农牧民群众减少了 30 户。其中，有 8 户贫困群众随国家在扎囊县实施扶贫综合开发建设项目而搬迁到德吉新村；有 4 户群众在亲戚的帮助下，随亲戚的搬迁而搬迁；还有一部分生活困难户，便投靠到拉萨、林芝等条件较好的亲戚家；当然也有部分群众因没有后代而自然递减的。

问：你可能也到过德吉新村，看见搬迁群众住上了宽敞明亮的新房，你们村是否存在部分群众对于国家的扶贫搬迁政策还不理解，看见别人住上了新房，自己还是住的破旧危房，因而也想搬迁出去？你是怎样看待扶贫搬迁这一事实？

答：扎囊县委、县政府对扶贫搬迁政策宣传到位，调查实事求是，对于我们村已经搬迁出去的部分群众，民主村95%以上的村民是不存在什么疑虑与问题的。当然，如果国家政策允许的话，我想我们村余下的所有农牧民群众可能都愿意搬迁出去。余下的农牧民群众不是不愿意搬迁出去，而是我们村同等经济条件较差的农牧民群众还比较多，毕竟国家财政补贴有限，暂时还不能完全实现这个愿望。现在我们村还有30户左右较为贫穷的农牧民群众希望国家继续推进扶贫搬迁建设，使他们能够像已经搬迁到德吉新村的8户群众一样，住上宽敞明亮的新房。然而，在我个人看来，搬迁群众搬迁出去之后也可能造成一些新的不和谐因素，如搬迁户与搬迁户之间在生活习俗、性格等方面还存在一些差异，可能暂时还存在一些小矛盾。不过，可以由扎其乡政府及新成立的德吉新村村委会在政治、法律、道德等方面进行有意识培训，我想这些小矛盾会逐步消除的。

问：2006年初，西藏自治区政府全面启动了农牧民安居工程建设。我想了解一下你们村2006年以来农牧民安居工程建设的具体情况。

答：2006年西藏自治区实施农牧民安居工程建设以来，我们村安居工程建设资金投入情况是这样的：（1）如果是纳入安居工程建设农房改造项目，我们村农牧民群众新修房屋，国家对每户财政补贴平均达 6000 元，这是基数；然后在这个基础上每户以家庭人口多少，按照每个人再增加 500 元的标准进行发放。如我家有 8 口人，国家补贴安居工程建筑款共 10000 元。（2）如果农牧民群众装修房屋的话，不再根据人口多少发放安居工程建设资金，而是国家对每户统一发放 5000 元的现金补贴。我们村现在已经有 70% 左右的农户在进行安居工程建设，其中，85% 左右的农户是新建房屋，只有 15% 左右的农户是装修房屋。我们村现在有 30% 左右的农户还没有进行安居工程建设，其中，除了有 2 户的确是因为生活贫穷而无力改造外，其他农户都可以陆续改造。因国家安居工程建设资金不足，大家都是相互换工，以减轻建房资金压力，故建房民工短缺而导致部分农牧民群众暂时无法进行安居工程建设。

问：西藏自治区政府实施农牧民安居工程建设已经有一年多的时间，在西藏各地农村建设成效是显著的，我想了解一下你们村农牧民安居工程建设成效及村民对安居工程建设有什么意见或者建议？

答：经过 2006 年农牧民安居工程建设，我们村村民住房情况发生了根本改变，首先是住房面积增加了，平均每户住房建筑面积达 96 平方米，加上庭院建设、牲畜棚圈建设等，这样平均每户建筑面积约有 150 平方米。其次是居住环境改善了，人畜混居局面得到根本改变。因此，我们村 90% 以上的村民对农牧民安居工程建设是比较满意的。不过，由于 2007 年农牧民安居工程建设资金还没有到位，近来一段时期部分村民产生了一些怀疑，认为 2007 年及以后年份农牧民安居工程建设资金是否会减少？甚至中途是否会停止农牧民安居工程建设？担心中央政策不能一如既往地执行下去[1]。

问：经过 2006 年农牧民安居工程建设，民主村多数村民已经或者即将住上安全适用的房屋，基本实现了"安居"这一目标。我想问一下，民主村村民日常生产、生活中还存在哪些困难？

答：首先，应该及时解决民主村的通电问题。你也知道，民主村至今还没有通电。不过我听说，民主村的通电问题已经纳入扎囊县第三期农网改造项目，户户通电计划已经立项，我们村民一直在等待落实。我们民主村还是靠政府发放的光伏能蓄电池解决照明问题。由于没有通电，当然也就没有安装电视光纤，幸好我们村现在安装了一个电视转播接收站，可以接收西藏一台与中央七台两个频道。现在我们村只有 4 台电视，3 个自然村各一台，民主村教学点一台，至今还没有一位农户家庭购买电视。我们村至今还没有通广播，当地群众非常希望政府安装乡村广播设施，让村民们能够及时听到党中央的声音。没有广播，我们村委会如果有什么事情需要通知也很不方便。幸好我们村现在有 50 户左右的农户家庭安装了无线电话，有事情时能够方便群众与外界联系。其次，争取解决村民自来水入户问题。2002 年我们村正式实施人畜饮水项目，建立了几个集中供水点，引入山泉水，基本解决了我们村人畜饮水问题，被当地农牧民群众誉为"第二次解放"。村民用水都得到集中供水点去背，毕竟还不是很方便，村民还是希望早点实

---

[1]　对于贡堆书记及村民们的担心，我们及时给予了解释，2006 年西藏自治区政府启动的农牧民安居工程建设，是争取在 5 年时间内让西藏80% 以上的农牧民住上安全适用的房屋，这是西藏自治区人民政府建设社会主义新农村的重要体现，肯定不会取消这个政策的。

现自来水入户。再次，就是解决农田灌溉问题。我本人感到最难受的就是民主村的农田灌溉问题始终得不到有效解决。由于政府没有在民主村投资修建农田灌溉水泥渠道，因此，每年冬季农闲时村委会都要组织村民出劳及出资疏通灌溉渠道，但始终不能从根本上解决问题，村民们普遍感觉负担太重。我也曾经想过让村民每年投资修建一点水泥灌溉渠道，最终建成水泥化的灌溉渠道，以彻底解决民主村的农田灌溉问题，由于我们村大多数村民经济条件都比较差，村民们都拿不出这笔资金，因此还是希望政府能够出资70%，村民投资投劳30%，其中，村民投资主要体现为投入劳动折算成资金。最后，乡村道路修建与维护问题。民主村到101国道间的主干道基本能够满足村民交通运输需要，而自然村与自然村之间的交通就不甚方便，并且乡村道路修建与维护也主要是由村民自己修建投资投劳，村民普遍感觉此项负担太重，还是希望政府增加专项投入①。

问：在我看来，民主村地理位置比较偏僻，自然条件也比较差，生产、生活中的确存在一些困难，这对村民增加收入或多或少会有一些影响，你能否谈谈民主村村民的生产及收入情况？

答：由于我们村有部分群众搬迁出去，现在由村委会集体收回搬迁群众土地，再次向本村村民分配，这样我们村人均耕地面积可达2.46亩，这是指能够保证灌溉生产的

---

① 笔者调研发现，其实民主村的主干道也亟须加宽和实施路面水泥硬化，一是道路比较窄，二是灰尘比较大，三是村民出行的交通工具也难以提升。民主村一般村民平均5天左右进一次乡镇或县城，其交通工具也主要是搭乘手扶拖拉机。

部分土地。我们村主要农作物是青稞和土豆，青稞平均亩产 336 斤，土豆平均亩产 750 斤，农户基本不种植小麦。按现有粮食产量计算，我们村 106 户家庭中除个别家庭不够生活、需要国家救济外，其他农户粮食收成基本够吃。我们村还有 50% 的农户，即使今年粮食没有收获，靠往年储蓄的粮食也还可以再维持一年。我们村村民的主要收入来源是牧业收入，平均每户可以养殖 30 多头（只）大小牲畜（大牲畜指牦牛，小牲畜指绵羊、山羊等），人均收入可以达到 400~500 元。此外，在农闲时村民也会纺织一些氆氇、邦典等，以增加家庭现金收入。我们村除了遭受旱灾影响外，冰雹也是一个主要自然灾害，冰雹对村民的生产、生活影响很大，尽管政府也在积极努力地抗击冰雹，效果还不是很明显，希望政府改变抗灾策略。

问：听仁青书记讲，你是一位非常负责的村干部，一直在想方设法为村民解决困难与问题，增加老百姓的收入。今天我们扎其乡党委书记仁青也一直陪同我们调研，你还有什么话需要向仁青书记及我们课题调研组的同志讲吗？

答：首先，我们村还有 8 户贫困户的建房的确存在问题，希望政府对贫困户的建房投入力度再大一点，如果国家资金投入到位，村民还是非常愿意义务劳动帮助贫困户修建住房的。其次，在农牧业生产上，希望政府普及机械化的力度还应大一点，农业机械补贴的力度大一点。我们村已经有农牧民群众自己购买了一部分农业机械设备，还有一部分农业机械设备是在国家的财政补贴下购买的。尽管从总体上讲，农机价格有所下降，但是油料价格却一直在上涨，希望政府增加油料补贴，希望国家对农业补贴还应大一点。再次，对于农药补贴一事，以前全是国家补贴，据说现在村民自己还要出一部分资金购买，而且在农牧民群众中普遍流传，希望国家继续对农药实施全额补贴。最后，村干部的误工补贴问题，希望能够增加一点误工补贴，我自己认为还是有一点偏低，不过，还是不好意思说出来。

图 1－20　作者在民主村采访贡堆书记

（2007 年 4 月 7 日　范远江摄）

第二章　德吉新村基层政权组织建设

2001 年，德吉新村共实现搬迁群众 148 户，712 人。2007 年底，德吉新村农牧民群众已经扩大到 167 户，743 人，其中，男 356 人、女 387 人。搬迁后，德吉新村由 8 个村民小组组成，每个村民小组管辖村民近 20 户、约 100 人。目前，德吉新村 167 户农户中，全部是由西藏本地藏族人民组成，没有一户汉族与其他民族农户落户德吉新村（见表 2－1）。

在西藏农牧区各地，几乎是全民族信仰藏传佛教，德吉新村也不例外。不过，德吉新村作为一个新建立的村庄，搬迁群众或许部分摆脱了原居住地传统因素的影响与制约，或许搬迁到德吉新村后受到现代市场经济等因素的影响，该村至今还没有一处寺庙。笔者在德吉新村调研时也发现，德吉新村大多数村民对寺庙需求较少，特别是一些年轻人更多地受现代市场经济影响，几乎没有寺庙需求，他们相信目前只有通过自己的努力奋斗，才可能为自己创造幸福美满的物质文化生活。

表 2－1　德吉新村搬迁群众户数及人口数增长

项目名称	2001 年	2006 年	同比增长（%）
搬迁群众户数（户）	148	167	4.55
搬迁群众人口数（人）	712	743	4.25

资料来源：笔者于 2007 年 3 月 31 日~4 月 15 日在德吉新村调研记录。

第一节　德吉新村行政组织建设

1. 德吉新村村民委员会简介

搬迁群众于 2001 年底搬迁到德吉新村后，随即在扎囊县人民政府与扎其乡人民政府的组织下，由村民代表大会重新选举并组建了德吉新村村民委员会。德吉新村村委会现有组成人员共 3 人，即村主任次仁朗杰、副主任罗布随巴、妇女主任央宗。按照西藏农村基层政权组织正规编制，德吉新村村委会还缺一名村委会委员、一名会计与一名出纳。

村主任次仁朗杰全面负责德吉新村农村经济发展、农牧民群众增收、农村社会稳定、生态环境建设等具体村务工作。2007 年 4 月，笔者第一次到德吉新村调研期间，他没有在家。据多吉书记讲，次仁朗杰一般都会利用农闲时间在扎囊县城附近做一点短工。2007 年 8 月，笔者第二次回访德吉新村，有幸在德吉新村遇见了他本人，并接受了笔者采访。笔者采访得知，他对德吉新村村务情况非常熟悉，对笔者的访谈内容如数家珍，娓娓道来。由此可见，他对德吉新村村务情况的了解还是非常全面细致的。

副主任罗布随巴，德吉新村致富能人，在本村有一定威望。实际上，德吉新村主要村务工作实际上是由他在完成，如争取上级政府的一些农发项目与致富项目等，他都尽力为村民争取。在搬迁出来之前，罗布随巴做氆氇生意，现在他还是继续做氆氇生意，不过，其经营重点已经转向了百货商品零售与批发业务方面。他所开办的商品店不仅是德吉新村最大的一个百货商店，而且从扎囊县零售商业经营网点来看，也已经算是一个规模较大的专卖店了。该商店每天销售纯收入一般在 100 元左右，年纯收入在 3 万元左右。2003 年，在山南地区扶贫开发建设项目中，他为德吉新村争取到了养猪示范项目，并组建了扎囊县德吉新村青年种养殖示范基地。罗布随巴本人家庭生活没有任何困难，自己富裕之后，他还主动帮助本村困难群众。2006 年底，他还出资给本村 64 户贫困户各发放了一袋大米。另外还出资给扎其二小修建校门以及为学生购买书本等共支出8000 元左右。2006 年底，他被评为"山南地区首届十大优秀青年农牧民"。

德吉新村妇女主任央宗，其主要工作是协助村委会领导开展村务工作，如对村民进行环境卫生宣传，加强村环境卫生管理；宣传国家计划生育政策，统计村民出生率、死亡率等；帮助村民做一些其他义务劳动。央宗谈到，目前政府对农牧民群众生育孩子有一些规定，但并没有严格限制，一般农牧民家庭自愿生育 2 ~ 3 个孩子。目前，德吉新村大多数村民的计划生育意识比以前强多了，也不愿意多生。较之以前而言，在计划生育宣传方面所做的工作就没有那么重了，更多的是在为村民的卫生保健事务服务。

2004 年以前，德吉新村村委会干部工资是由村委会统一发放，但其前提是村委会有活动经费，如果没有活动经费，就由当地群众自筹干部的误工补贴。从 2004 年开始，在西藏农牧区各地，村委会主要领导干部工资全部由政府财政发放，如村委会主任、副主任一年可获得 1500 元工资。2007 年，村委会干部工资发放标准再次提升到 1800 元/年。德吉新村下辖 8 个村民小组，村民小组组长一年的误工补贴为 600 元，也由政府财政全额统一支付。

德吉新村村委会在当地群众生产、生活中发挥着重要作用。除了贯彻执行上级政府的安排指示外，每年还需定期召开村民大会。一般说来，德吉新村村委会每年召开 2～3 次村民大会，就本村经济发展、项目引进与农牧民增收、社会稳定等大事与村民共同讨论，争取得到村民们的一致认同。笔者在德吉新村调研期间也发现，村委会主要领导成员经常与村民小组组长一起讨论本村经济发展问题，农忙时还经常深入田间地头指导当地群众从事农业生产。

2. 德吉新村党团组织及妇女组织简介

随着搬迁群众 2001 年底入住德吉新村以后，在扎囊县县委的指导下，迅速成立了德吉新村党支部。据多吉书记讲，在当时德吉新村搬迁群众中，党员人数非常少，仅 3 人，仅符合党支部建立要求，但还是迅速成立了扎囊县德吉新村支部委员会。在近几年时间里，村党支部不断加强培养当地青年农牧民，特别是把一些致富能人列为党员重点发展对象，如副主任罗布随巴就是党支部后来发展的党员。致富能人加入党员队伍，增强了党支部的向心力与凝聚力，其他青年农牧民群众也逐渐向党组织靠近，支部队伍不断壮大。

2006 年，扎其乡党委下辖 21 个党支部实行了换届选举。按照党组织制度规定，村党支部组成应该是由党支部书记、党支部副书记、组织委员、宣传委员及两名党委委员组成。截止到 2007 年 4 月，德吉新村党支部共有正式党员 13 名、预备党员 2 名，另外还有 4 人已经向党支部递交了入党申请书。由表 2－2 看来，近 5 年时间内，德吉新村党支部发展较为迅速，党员人数占全村总人口数的百分比由 2001 年的 0.42% 增加到 2006 年的 2.02%，一批年富力

强的搬迁群众主动向党组织靠拢，增强了德吉新村党支部
的战斗力与吸引力。如次多同志 2004 年初中毕业后回到村
里，积极学习农业科技知识，主动向党组织靠近。2005 年
其被列为党组织考察对象，2006 年就发展成为一名预备党
员，年龄才 18 岁。尤为值得称赞的是，次多就住在德吉新
村村委会办公室，几乎以村委会办公室为家了。本村群众
若有什么亟须处理的事情，他第一个获得信息，并及时与
村委会主要领导取得联系，帮助农牧民解决问题。笔者在
德吉新村调研期间，他也为我们做了大量的后勤服务工作。

　　考虑到德吉新村党支部党员人数较少的实际情况，德
吉新村党支部组织机构现在只有 3 个人，即党支部书记多吉
同志与两个委员，其中，党支部书记多吉全面负责德吉新
村党建与行政工作。2007 年 4 月，笔者在德吉新村调研期
间，多吉几乎是全程陪同调研，包括我们周末外出参观，
他都义务为我们做导游讲解。西藏农牧区有这样负责的基
层干部，令笔者深受感动。

表 2 - 2　2001 年以来德吉新村党员发展情况

单位：人，%

年度	党员人数	搬迁群众总人口数	所占百分比
2001	3	709	0.42
2006	15	743	2.02

资料来源：笔者于 2007 年 3 月 31 日～4 月 15 日在德吉新村调研记录。

　　据次仁朗杰主任讲，德吉新村现在还没有成立共青团
组织。但他还是希望尽快成立共青团德吉新村委员会，在
德吉新村致富青年（特别是副主任罗布随巴）的带动下，
可以对本村青年农牧民群众起到致富示范作用。同时，团
组织还可以凝聚和带领青年农牧民群众，提高德吉新村青

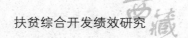

年农牧民群众的科学文化知识及思想道德素质。

　　据妇女主任央宗讲，德吉新村已经成立妇女组织，并在德吉新村社会主义新农村建设中发挥了重要作用。德吉新村现有村民743人，其中，女性公民就占387人，由此看来，德吉新村妇女人口所占比重较大，并成为德吉新村生产、生活的主力军，在德吉新村经济社会发展中起着举足轻重的作用，特别是在教育孩子、赡养老人方面发挥了不可替代的作用。结合德吉新村实际情况，村委会采取了多种措施和方法，长期而持久地加强"巾帼文明"建设，增强妇女同志的先进文化意识，提高妇女的整体素质和劳动技能，更好地为德吉新村经济社会全面发展作出应有的贡献。德吉新村已经建立起一个共同学习、互相帮助的良好氛围，全面提高妇女同志的整体文化素质及思想道德素质。初步建立健全了各项妇女组织、制度等，探索出一套行之有效的农村妇女培训和服务体系，积极鼓励农村妇女参政议政，参加农村经济社会事务管理建设活动。已经建立起"敬老、扶贫、助寡、育少"的弱势群体帮扶体系，为建设德吉新村"平安家庭"、"五好家庭"作出了应有贡献。

第二节　德吉新村基本规章制度

1. 村民自治制度

　　2002年，扎囊县民政局积极响应西藏自治区民政厅的要求，在全县65个村民委员会中开展了村民自治活动。在山南地区民政局的大力支持和扎囊县民政局工作人员的共同努力下，扎囊县村民自治活动取得了优异成绩，2004年8月，扎囊县被西藏自治区政府评定为"村民自治达标县"。

2005 年，扎囊县民政局在扎囊县政府的指导下，在全县农牧区进行了第五届村委会换届选举，民主投票选举产生了232 名村委会成员。通过村委会民主选举，提高了广大农牧民群众参政议政、管理村务、民主监督的"主人翁"意识，为反对分裂、维护祖国统一、巩固边防稳定、推动农牧区经济社会发展、提高党的执政能力注入了新的生机与活力。在新一届村委会领导班子成立后，及时对村民委员会主要组成人员进行了岗前培训，提高贯彻落实党的路线、方针、政策的自觉性和村务工作能力；指导各村委会制订了三年任期目标和年度工作计划，修改完善了村民自治章程、村规民约和居民公约等各项制度，成立和充实调整了村务公开监督小组和民主理财小组成员，落实了岗位责任制，进一步强化了民主议事、民主决策和民主监督制度。德吉新村村委会现任领导班子是在 2005 年由村民自治选举组成的。据次仁朗杰讲，从他本人内心而言，不是很愿意当村委会主任的，但该村村民 100% 的投票选举并一致赞成他当村委会主任，他不好辜负众望，只有继续当村主任了①。

2. 民主管理制度

为强化村级事务民主管理，德吉新村在经济社会发展等重大事项和群众关心的热点问题上，坚持民主原则，做到大事议、小事提，实现村干部与村民群众直接对话交流，村民关系、干群关系明显好转，村民民主意识不断增强。德吉新村村委会还实施财务公开制度，将政府财政转移支付资金如良种补贴款、培训误工补贴资金等在村委会公示

---

①　基于目前西藏农牧区基层干部误工补贴（即工资）较低、远没有在外面打工或者从事其他行业的收入高这一现状，农牧区很多基层干部都产生了不愿担任村级领导这一想法。

并直接兑现给群众，德吉新村逐步完善了村级政务和财务公开制度。虽然德吉新村现任领导班子比较求真务实，如多吉书记与罗布随巴副主任，不过，在笔者看来，德吉新村村委会还是亟须补充一名会计与出纳，以真正落实村委会民主管理制度。

3. 乡镇干部包村、住村工作制度

扎其乡政府推行了乡镇领导干部与政府机关干部包村、住村的分工负责工作制度，政府领导班子和机关干部分别包片、包村、包事，确保所负责村的经济与社会全面发展，特别是负责当地社会稳定工作。如德吉新村包村干部就是扎其乡政府干部小多吉同志，笔者在德吉新村调研期间，小多吉同志全程陪同我们调研，并义务为我们做藏语翻译。德吉新村包村干部经常下基层，走村串户，深入了解搬迁群众生产、生活中存在的困难与问题。在群众思想上、工作方法上立足抓早、抓小，对出现不稳定因素和社会隐患等现象，早发现，早处理，做到思想认识、组织领导、人员措施三到位，及时化解各类不安定因素。通过乡、村两级基层机构的共同努力，化解了德吉新村许多内部矛盾，基本达到该村群众所发生的一般小矛盾不出村、突出矛盾不出乡的要求。

4. 人大代表议事制度

2006 年，朗赛岭提灌站损坏，德吉新村 700 多亩农田受旱，县、乡人大代表立即反映给上级政府及有关部门，引起了扎囊县政府的高度重视。2007 年 3 月，扎囊县水利局在朗赛岭提灌站 5 台机组附近临时安装了 2 台抽水机，解决了搬迁群众生产的后顾之忧，受到了德吉新村搬迁群众的一致好评。在日常生活中，各级人大代表（如德吉新村县人大代表罗布随巴同志）还注重了解本村贫困户生产、生活中的困难。2006 年，经各级人大代表反映，为了解决德吉新村贫困户烧柴问题，在藏历羊年前便从村集体林中拨出柴火 90 车，解决了德吉新村贫困群众的燃料问题，使德吉新村贫困群众过上一个快乐、祥和的藏历新年（每车折价 150 元，共折合人民币 13500 元）。德吉新村各级人大代表将本村群众生产、生活条件改善放在了第一位，急群众之所急，想群众之所想，经常跑西藏自治区、山南地区、扎囊县等相关部门争取资金，帮助群众解决了很多实际困难，如群众住房的改造与新建、农用生产机械更新等。

5. 贫困人员定点帮扶制度

2005 年，扎其乡党委利用"保持共产党员先进性教育活动"为契机，对一些村党支部进行了人员调整，将一些工作能力强的乡干部充实到村党支部工作中，同时也调整充实了村党支部组织，逐渐改变了基层组织软弱涣散、班子成员老化、文化水平低、战斗力不强等现状。扎其乡还以开展"保持共产党员先进性教育活动"为主题，在全乡开展了"党员双带"活动，对乡领导联系贫困户的工作进行了细化。扎其乡政府还狠抓"五联三包"工作，按照扎囊县政府的要求，多次深入"五联三包"联系点进行调查，并组织干部自发捐款与单位筹措资金相结合，给联系点困难户送去日常生活必需品，切实改善了困难户的生活状况。德吉新村党支部与村委会也制定定点帮扶贫困群众制度，如多吉书记与罗布随巴副主任在本村都帮扶了一个固定的贫困农户，争取使其帮扶对象早日走出贫困状态。

2007 年 3 月初至 4 月底，笔者在西藏实地调研了山南、那曲、拉萨等地（市）区部分农村。经过笔者住村调查发现，西藏农牧区大部分村委会还没有一套成文的规章制度，或者说即使有一套成文的规章制度，在大部分村委会也是难以找到文字材料的。以德吉新村为例，多吉书记对德吉新村全部村务情况了如指掌，但是，当笔者需要相关的文字材料时，村委会却拿不出这些文字材料。又如那曲县罗玛镇十四村所有的村务情况就在村主任布交同志随身携带的一张纸上。由此可见，西藏农牧区基层组织规章制度文字化的现实紧迫性。在笔者看来，包括这些村所在的上级单位——乡政府甚至有时也难以拿出相关文字材料。据笔者实地调查得知，一是因为西藏农牧区基层还没有形成一个专门的文字材料保存制度，保存其所开展工作的相关文字材料，一旦其随着所开展工作的结束，似乎其文字档案资料也就再没有什么用处了；二是因为西藏农牧区大多数基层干部文化层次偏低，对文字材料的理解似乎比直接口头语言的理解更难些，这或许是西藏农村工作大多是以"以会代训"方式开展的根本原因所在。

第三章　德吉新村经济发展概况

第一节　德吉新村农业生产发展

一　德吉新村农业生产条件

（一）德吉新村搬迁群众耕地占有情况

2001年，西藏自治区政府在扎囊县德吉新村实施农业综合开发建设。经西藏自治区农业综合开发建设办公室审查并批复，德吉新村农业综合开发建设总规模为：中低产田改造0.60万亩，土地平整0.40万亩，草场建设0.25万亩，生态林建设0.61万亩，治沙0.11万亩。通过两年时间农业综合开发项目的实施建设，德吉新村实际完成新增耕地1400亩、林地6000亩、草场2500亩等任务。2002年，德吉新村搬迁群众人均耕地面积达到2亩，人均林草地面积达到6亩。

（二）德吉新村水利设施建设情况

朗赛岭开发区属高原温带半干旱季风气候，气候干燥，降雨量偏少，时常遭受自然灾害特别是旱灾的严重影响，因此，若不解决好朗赛岭开发区农田灌溉问题，既难以使朗赛岭开发区原有农牧民群众走上富裕道路，更难以使搬迁群众尽快脱贫致富。随着朗赛岭农业综合开发项目的实施，西藏自治区政府随即在德吉新村实施朗赛岭提灌站工程建设。朗赛岭提灌站于 2001 年 1 月投入使用，这标志着朗赛岭开发区内的 1.9 万亩耕地、荒地、沙地、河滩等土地，可以得到充分开发和利用，为今后德吉新村顺利开展农业综合开发工作奠定了基础。朗赛岭提灌站工程顺利建设，既能充分改善德吉新村搬迁群众的生产、生活条件，又能有效改善朗赛岭开发区生态环境，改良土质，提高农作物产量，迅速增加搬迁群众的家庭收入。

（三）德吉新村农作物种植情况

1. 德吉新村农业生产发展现状

扎囊县德吉新村搬迁群众主要从事农牧业生产，农业生产主要种植青稞、小麦、油菜、蚕豆、豌豆、土豆、萝卜、白菜等农作物（见表 3 - 1）。畜牧业生产主要饲养黄牛、奶牛、绵羊、山羊等。

表 3 - 1　2004 年德吉新村农业生产种植情况

单位：亩，%

农作物生产类型	一般农作物种植					经济作物种植		
农作物品种名称	小麦	山冬 1 号	山冬 6 号	藏青 320 号	喜马拉雅 19 号	油菜	蔬菜	玉米
种植亩数	240	100	—	650	50	210	100	50
占总耕地面积	17.14	7.14	—	46.44	3.57	15.00	7.14	3.57

资料来源：笔者于 2007 年 3 月 31 日 ~4 月 15 日在德吉新村调研记录。

由表 3 - 1 看来，2004 年德吉新村农业生产种植结构为：冬季播种农作物有小麦 240 亩、山冬 1 号 100 亩；春季播种农作物有藏青 320 号 650 亩、喜马拉雅 19 号 50 亩。经济作物有油菜 210 亩、蔬菜 100 亩、玉米 50 亩。由此看来，德吉新村在 2004 年农业生产仍然是以种植青稞、小麦等农作物为主，粮食播种面积为 1040 亩，占全村耕地面积的 74.29%；虽然也适当种植了经济作物如油菜等，经济作物播种面积为 360 亩，占全村耕地面积的 25.71%，在整个农业生产结构中所占的比例不是很大（见表 3－2）。

表 3－2　2004～2005 年德吉新村农业生产种植情况

单位：亩，%

年度	粮食播种面积	占总耕地面积	经济作物播种面积	占总耕地面积
2004	1040	74.29	360	25.71
2005	950	67.86	450	32.14

资料来源：笔者于 2007 年 3 月 31 日～4 月 15 日在德吉新村调研记录。

由表 3－2 可以看出，2005 年，德吉新村农业生产结构有所变化，农业生产种植结构逐渐优化。2005 年德吉新村粮食播种面积为 950 亩，其中，冬季播种农作物有小麦 200 亩、山冬 6 号 100 亩；春季播种农作物有喜马拉雅 19 号 650 亩；粮食播种面积占全村耕地面积的 67.86%，比 2004 年减少 6.43%。2005 年，德吉新村经济作物播种面积扩大为 450 亩，其中，种植油菜 350 亩、蔬菜 100 亩，经济作物播种面积占全村耕地面积的 32.14%，经济作物播种面积比 2004 年提高了 6.43%。如继续按照这个发展思路进行，德吉新村农业生产种植结构会逐渐趋于优化。随着德吉新村经济作物播种面积的逐步扩大，对增加搬迁群众家庭现金收入特别是对搬迁群众迅速脱贫致富是极有帮助的。

但是，笔者于 2007 年 4 月在德吉新村调研时得知，目前，德吉新村搬迁群众农业生产种植结构又退回到传统农业生产模式，搬迁群众种植的主要农作物仍然是小麦、青稞及土豆，基本上没有种植任何经济作物。然而，笔者与德吉新村搬迁群众交流时，听到他们谈论最多的是农业生产中缺乏致富项目。为什么以前已经成功推广的致富项目逐渐被搬迁群众放弃了？他们放弃的原因到底是什么？这些问题进一步引起了笔者的深入思考。

2. 德吉新村农业生产发展中存在的问题分析

（1）搬迁到德吉新村后，搬迁群众所分到的土地数量是增加了，但是，由于大部分土地是新开垦耕地，加上土壤沙性较重，土壤贫瘠，粮食单产量较低。在不受自然灾害影响的正常年份，德吉新村搬迁群众一般家庭的粮食收成也仅能够维持一家人的生活所需，如果遇到像 2006 年那样的干旱灾害，大多数搬迁群众生活中的基本口粮问题都难以解决。在搬迁群众生活中的基本口粮问题没有得到很好解决的条件下，是很难动员搬迁群众继续种植经济作物的，因为他们当前最需要解决的就是一家人的吃饭问题。正如扎囊县普布县长所言，德吉新村搬迁群众当前主要解决的就是"两个肚子"问题（即人与牲畜的饮食问题）。由此看来，西藏农牧民也是一个个的"理性经济人"，为了实现自身效用最大化，他们往往从自身利益出发，德吉新村搬迁群众继续种植传统粮食作物也是他们理性选择的结果。

（2）就德吉新村农牧民现有的种植结构来看，仍然停留在传统农业生产状态，如果从增加农牧民收入角度来看，毕竟青稞、小麦、土豆等农产品经济效益较低，搬迁群众也没有对其进行加工，农产品不可能带来任何附加值，这对增加搬迁群众家庭收入的作用极为有限。同时，由于没有种植其他农作物品种，这对丰富当地农牧民群众物质生活、改善饮食结构也是较为欠缺的。

3. 促进德吉新村农业生产发展的政策与建议

（1）在政府农业综合开发投入资金不足的情况下，基层政府还应该组织德吉新村搬迁群众利用冬春农闲时节实施中低产田改造，进一步提高德吉新村新开垦耕地的生产能力。2005年冬闲时节，德吉新村村委会就组织村民投入劳动力3600余人次，机械600台次，对1200亩中低产田进行了改造。通过农田基本改造，土地生产能力逐渐得以提高，粮食单产也逐年提高，搬迁群众生活水平也会有很大改善。

（2）随着德吉新村中低产田改造的完成，在粮食单产逐年提高的情况下，还应该积极调整德吉新村农业产业结构，逐步引进经济作物，以增加搬迁群众家庭现金收入，最终让德吉新村搬迁群众实现脱贫致富目标。

（3）结合扎囊县实际情况，积极开展蔬菜种植。扎囊县因受自然地理条件及当地群众蔬菜种植技术缺乏的影响与制约，蔬菜种植品种不仅较少，而且产量也不高，蔬菜供给在扎囊县城乡市场普遍紧缺，蔬菜价格普遍偏高。在笔者看来，当初扎囊县农发部门在德吉新村实施农业综合开发建设项目——大棚蔬菜基地建设，无疑是最具发展潜力的项目，这是增加德吉新村搬迁群众家庭现金收入最为现实的途径，同时还可以大大改善搬迁群众的饮食结构。

二 德吉新村土地制度发展变迁

自从2001年底扎囊、错那两县搬迁群众集中搬迁到德吉新村后，西藏自治区政府先后投入了一定的农业综合开发资金对朗赛岭开发区实施农业综合开发建设，实现了搬迁群众人均耕地面积2亩的开发目标。2005年，德吉新村也同西藏其他农村地区土地制度一样，搬迁群众土地承包经营权基本保持 30 年不变，即耕地属于农牧民集体所有，由本地农牧民群众承包经营，经营期限保持 30 年不变。搬迁群众搬迁到德吉新村后，人均耕地面积 2 亩、人均林草地面积 6 亩，这已经让搬迁群众吃了一颗定心丸，再加上政府保证土地经营权 30 年不变，更使搬迁群众增强信心继续改良耕地，努力增加粮食单产。同时也更加爱护自家林草地，合理确定林草地牲畜承载量，走可持续发展道路。土地经营制度的明晰化，极大地调动了德吉新村搬迁群众农牧业生产经营的积极性。

为了保护基本农田耕地面积，扎囊县政府对德吉新村建设征地的控制还比较严格。笔者在德吉新村调研期间也从当地群众口中证实了这一事实，自 2006 年西藏自治区实施安居工程以来，有部分搬迁群众想借此机遇建房。其实，德吉新村所有搬迁群众早在 2001 年就已经享受到政府免费提供的住房，但有一部分家庭人口相对较多的搬迁群众，由于其子女现在已逐步长大成人，并结婚生子，因此，这部分搬迁群众希望政府能够在安居工程建设中解决子女住房问题，尤其是解决宅基地问题，这样既可以享受国家提供的安居工程建设优惠，又能够切实解决子女住房问题。如德吉新村卓玛农户在与笔者交流时就表达出这个愿望，女儿已经结婚成家了，但还是挤在一个大家庭里，因此，她希望政府能够解决女儿的宅基地问题，政府发放的安居工程补贴资金可以不要。

其实，在 2001 年德吉新村扶贫搬迁建设之初，西藏自治区政府就已经根据搬迁群众家庭人口数量多少而确定房屋建筑面积大小，并且房屋建设标准也是按照山南地区小康社会建设标准实施的，应该说突破了单纯的扶贫开发建设这一范畴。在扶贫搬迁之初，一部分家庭人口较多的搬迁群众，其子女现在分别到了结婚成家的年龄，因此，家庭人口规模会逐渐扩大。随着家庭人口规模的扩大，最初分配到的房屋现在看来似乎有点不够住了，这是不争的事实。但是，这部分搬迁群众也应该从西藏农牧区大局出发，从中央政府与西藏自治区地方政府的实际情况出发，因为西藏还有很多农牧民群众住房仍然十分破旧，特别是藏北等地还有一部分游牧民并没有完全实现定居。西藏农牧民安居工程建设目标是，争取在 5 年内使 80% 以上的农牧民住上安全适用的房屋。然而，要在 5 年内完成这一建设任务，对中央政府和西藏自治区地方政府来说，还是非常艰巨的。2007 年 3 月底，笔者在贡嘎县杰德秀居委会采访时得知，2007 年，政府安排的安居工程建设资金还没有完全到位，这也说明了要按时完成这一任务的艰巨性。

德吉新村扶贫搬迁建设的初衷是，实施易地扶贫搬迁，解决部分贫困户耕地面积不足、基本口粮都难以解决等难题。事实上，德吉新村通过西藏自治区政府的扶贫综合开发建设，人均耕地面积达到 2 亩，虽然耕地面积数量并不多，也只是保证了搬迁群众基本农田耕地面积。但就朗赛岭开发区土地开发现状而言，可供开发的土地基本上被开发利用了，因此，朗赛岭开发区土地开发潜力受限，必须大力保护现有耕地，严格控制建设征地行为的发生，确保搬迁群众基本生产与生活资料需求。假设上级政府要对朗赛岭开发区现有土地进一步开发，其投入资金也是非常大的，如果没有政府的投入，仅靠德吉新村搬迁群众自身力量，是难以解决这一问题的。事实上，从 2004 年开始，扎囊县政府就已经把扶贫综合开发建设的重点转移到桑耶镇了，因此，从政府这个层面看来，保护好德吉新村现有耕地也是当地政府的主要职责。

三 德吉新村农业发展政策与措施

（一）开展农业综合开发项目建议

2001 年，德吉新村农业综合开发项目建设情况：（1）农田部分：完成土地平整 0.3 万亩，田埂砌石 7650 立方米，修建机耕道 7 公里、农桥涵 32 座。（2）水利部分：建设农田支渠 18.78 公里、防洪堤 7.2 公里、防洪沟 3.2 公里。

2002 年，德吉新村农业综合开发项目建设情况：（1）农田部分：完成土地平整 0.4 万亩，土壤改良 0.3 万亩，加肥 0.2 万亩，机耕道 9.5 公里。（2）水利部分：建设支渠 12 条、交叉建筑物 48 座、排洪渠 2 条。

朗赛岭开发区通过田间治理、渠系配套、增加水源等农业工程措施，以及采用良种、培肥地力、配方施肥等高产农业技术措施，使项目区农业生产条件得到显著改善。由表 3-3 可以看出，2002 年，朗赛岭开发区粮食产量显著

表 3-3　朗赛岭开发区开发前后粮食与人均收入对比情况

项目名称	开发前（1998 年）	开发后（2002 年）	同比增长（%）
粮食单产（斤）	340.00	761.00	123.82
人均收入（元）	1087.80	1697.50	56.05

资料来源：扎囊县农业综合开发办公室文件《朗赛岭扶贫开发情况汇报》（打印稿）。

提高，粮食平均单产达到 761 斤，比开发前增加 123.82%；人均收入明显增加，达到 1697.50 元，比开发前增加

56.05%。不过，这是基于政府的统计资料，与笔者实地调查结果还有一定差异。

从笔者实地调查结果来看，德吉新村农牧民收入与粮食产量并没有政府统计资料显示的那么理想。朗赛岭开发区农业综合开发项目建设实施前，大部分土地是沙滩地。经过两年农业综合开发建设，德吉新村人均耕地面积达到 2 亩，但是，在农业综合开发后，搬迁群众土地贫瘠现状没有得到多大改变。由于土地沙化程度较重，土壤贫瘠，土质较差，粮食单产并不高。就搬迁后德吉新村搬迁群众近几年的粮食收成情况来看，最高粮食亩产也不过 448 斤（以青稞计算），最低粮食单产仅为 45 斤（见图 3-1）。如果德吉新村搬迁群众遇到自然灾害，粮食收成则更会大大减少，甚至会出现部分家庭粮食收成难以解决全家基本口

图 3-1　德吉新村农牧民群众在收割青稞

（2007 年 8 月 3 日　郑洲摄）

粮问题的现象。如 2006 年德吉新村出现严重旱灾，有近 400 亩耕地的粮食生产绝收，700 亩耕地受到严重影响，当年德吉新村靠政府救济的农户占全村农户总数的 60％ 左右。由此看来，德吉新村大部分耕地还需要继续改良。自 2001 年底搬迁群众入住德吉新村以来，政府每年都投入一定开发资金改良德吉新村耕地，如添加一些黏土、增施有机肥等，以增加土壤有机质，改良土壤结构，从而提高粮食单产，增加搬迁群众收入。

在多吉书记看来，德吉新村大部分耕地土质仍十分贫瘠，搬迁群众粮食收成普遍不高，土壤改良仍需要上级政府继续加大资金投入。2003 年，扎囊县政府为继续推进农业综合开发项目实施，改善朗赛岭开发区搬迁群众的生产、生活条件，在德吉新村集中所有力量，实施土地平整、沙地加土、加肥、田间渠系配套建设、植树种草等农业综合开发项目，改善了朗赛岭开发区农牧业生产条件，为该区域农作物高产、稳产打下了坚实的基础。2004 年，扎囊县政府在德吉新村继续坚持以中低产田改造为主，努力改善农业生产条件和生态环境，完善农田灌排功能，初步实现了"田成方、路相通、渠相连、林成网"的开发目标。

从朗赛岭开发区的总体情况看来，农业综合开发为增强扎囊县农业生产后劲、稳定农业基础提供了有力的保障；为促进扎囊县国民经济发展、增加农牧民群众收入、提高农牧民生活水平发挥了积极的作用。特别是朗赛岭开发区农业综合开发项目的建设，是山南地区最大规模的扶贫点建设项目，为搬迁群众实现正常的生产、生活奠定了坚实的基础。据笔者在扎囊县德吉新村调研发现，德吉新村搬迁群众深深感受到自己身边这几年发生的巨大变化：（1）农牧业生产条件得到极大改善；（2）农牧民生活水平逐年提高；（3）朗赛岭开发区生态环境明显改善；（4）农牧业基础设施建设逐步完善；（5）政府干部与搬迁群众间的感情日益加深。总之，德吉新村通过三年农业综合开发项目建设，取得了经济、社会、生态等方面的显著效益。

（二）农业新技术推广与农作物新品种引进

1. 德吉新村农业科技发展现状

受独特的自然地理环境影响，西藏农业是一个高风险的弱质产业，因此，西藏农村经济发展更离不开农业科学技术的支撑。农业科学技术要转化为现实生产力，培养农业科技人才是关键，加强西藏农村科技人才培训和农业科技队伍建设，是西藏农牧业实现持续、稳定发展的重要条件。

（1）玉米种植。2002 年，扎囊县政府曾经在德吉新村引进玉米种植，当初是把玉米作为经济作物引进并生产种植，试图改良德吉新村农业生产种植结构，从而增加搬迁群众家庭现金收入。2007 年 4 月，笔者在德吉新村实地调查时得知，2002 年政府在德吉新村推广玉米种植，当时玉米单产比较高，玉米种植取得了初步成功（见图 3－2）。然而，玉米对当地农牧民群众来说，基本上没有什么用处。首先，西藏农牧民群众非常喜欢喝青稞酒，但玉米不能像青稞一样可以方便地酿酒。其次，玉米在农村基本上是用做动物饲料，而德吉新村搬迁群众基本没有饲养猪、家禽的习俗。基于这些因素，德吉新村搬迁群众再也没有种植玉米了。

（2）油菜种植。2002 年，政府还在德吉新村引进种植油菜，以增加搬迁群众的家庭现金收入。从德吉新村搬迁群众油菜种植实际情况来看，虽然油菜单产不高，但基本

图 3-2　2002 年德吉新村玉米生产效果
（扎囊县扶贫综合开发办公室摄）

上不存在种植技术问题。不过，如普布县长所言，德吉新村搬迁群众种植油菜的前提条件是必须解决好搬迁群众的口粮问题，否则，油菜种植面积难以扩大。事实上，尽管德吉新村现在还有部分农户在种植油菜，但从油菜播种面积来看，在全村耕地面积中所占比例不大。

（3）蔬菜种植。扎囊县农发办还准备在德吉新村建立一些大棚蔬菜基地，以增加搬迁群众的家庭现金收入。笔者在与扎囊县农发办主任交流时得知，在当初扎囊县农发办看来，大棚蔬菜基地的事情似乎是因德吉新村水源问题没有得到很好解决而搁置下来。但笔者在德吉新村调研时得知，其原因在于扎囊县农发办担心德吉新村搬迁群众缺乏蔬菜种植技术，怕投入资金而不见成效的困境出现。扎囊县农发办还准备在德吉新村建立大蒜基地、早熟土豆基地等种植基地，以增加搬迁群众的家庭现金收入，但最终没有落实下来，其原因在于：一方面，建立这些种植基地投资较大，大概需要投资 300 万～400 万元，加上在 2003 年后扎囊县农发办已把农业综合开发工作重心转移到桑耶镇，因此，现在也基本上顾及不了德吉新村的农业综合开发建设。另一方面，担心德吉新村搬迁群众农业种植技术不高，怕投入不见成效（见图 3 - 3）。据扎囊县农发办副主任讲，扎囊县农发办希望在桑耶镇种植西瓜及哈密瓜等经济作物，通过桑耶镇种植成功的示范效应，然后再逐渐扩展到德吉新村。

图 3 - 3　德吉新村大棚蔬菜生产效果

（2007 年 4 月 12 日　郑洲摄）

由此看来，德吉新村农业科技成果推广与农作物新品种引进，举步维艰，加上德吉新村大多数搬迁群众缺乏现代市场经济观念，由此导致德吉新村搬迁群众仍以传统农作物种植为主，如种植青稞、小麦、土豆等。

2. 德吉新村畜牧业发展现状

（1）奶牛饲养。针对德吉新村搬迁群众生产、生活发展现状，扎囊县农发办还准备在德吉新村建立一个奶牛饲养基地，推进规模化养殖。据扎囊县农发办副主任讲，德吉新村奶牛饲养基地建设，首先遇到了资金短缺问题，如购买奶牛、牛槽等需要一大笔资金，后来在政府帮助下，为德吉新村搬迁群众购买了 148 头奶牛，但因资金短缺，最终没有建立起规模化奶牛饲养基地，后来政府只好把奶牛发放到每户农户手中，基本保证了每户农户饲养一头奶牛，政府象征性地收取了 400 元，而当时的奶牛市场价格大约为 1600 元。但对于一些特困户，政府没有收取这笔费用。其次，如扎其乡党委书记仁青所言，德吉新村搬迁群众在奶牛饲养技术上也存在很多问题。传统的放养方式导致牛奶质量不高，产量也较低，不可能实现应有的经济效益，因此，德吉新村奶牛养殖一直未能形成规模，只有实行一家一户单独饲养的模式（见图 3-4）。笔者在德吉新村调研时发现，由于部分农户养殖技术不高，管养不周到，饲养期间陆续死掉一些奶牛，甚至部分农户在外面欠债过多，被迫卖掉奶牛以抵债或者奶牛直接被债主牵走了。虽然在调研之初，笔者还不甚了解为什么有的农户家中饲养 8 头奶

图 3-4　德吉新村搬迁群众饲养的奶牛
（2007 年 4 月 2 日　郑洲摄）

牛，然而有的农户家中没有一头奶牛？直到后来才逐渐明白其中的一些缘由。

（2）黄牛改良。从 2003 年起，扎囊县农发办也先后在德吉新村实施过黄牛改良项目，但从德吉新村黄牛改良实施效果来看，项目进展非常缓慢。据扎囊县农发办主任讲，由于大多数搬迁群众只是看重眼前的暂时利益，当时小牛犊市场价格高达 800 元一只，故很多农牧民群众把黄牛改良的母本都卖掉了，根本不能保留优良品种。由此可见，要在德吉新村顺利推进黄牛改良项目还有一定难度。

（3）绵羊短育。扎囊县政府在德吉新村推进黄牛改良项目的同时，还推进了绵羊短育项目。从德吉新村绵羊短育实施情况来看，效果也不甚明显。由于搬迁群众缺乏养殖技术，在绵羊短育养殖过程中，绵羊生病死亡较多。试验结果表明，绵羊短育的经济效益不太明显。笔者在德吉新村调研时也发现，当地饲养绵羊的农户并不多，饲养绵羊最多的也不过 30 来只，主要是德吉新村搬迁群众担心绵羊生病等意外风险而不愿意多养殖，加上搬迁群众所分到的林草地面积有限，不能多养，这也是一个重要原因。

3. 解决对策及措施

（1）完善农业科技推广体系。为了进一步完善西藏农村基层科技推广体系，改善科技推广环境，扎囊县农牧局充分利用上级部门发放的新型农民科技培训资金 20 万元，为 30 个基层村级组织购置科技室牌子、办公桌椅、书架、喷雾器、实用科技读本、光盘、VCD、电视机等，并将读本翻译成藏文分发给了农牧民群众。然而，目前德吉新村还没有建立起农业科技室，农业科技推广人员数量也较为有限，还有待进一步加强农业科技培训体系建设。

（2）注重农业科技推广的实效性。扎囊县政府还应坚持"实用、实际、实效"的原则，遵循长训与短训、普及与提高、培训与生产相结合的方针，充分利用农闲时节举办科技培训班，开展农牧业技术培训，以提高搬迁群众的科学种养水平，真正让农牧民群众"生产学习两不误"，培育农牧区急需的专业人才。

（3）德吉新村农业综合开发建设，在加大农业基础设施建设投入的基础上，必须结合自身的优势和特点，立足全局，从农牧民群众的实际利益出发，一是在大力调整农村产业结构上，要探索新的途径，力求实现新的突破；二是从开发特色产品入手，培植农村新的经济增长点；三是狠抓培训技术人员和管理人员的工作，提高农发项目建设和管理水平，真正使开发项目在农牧业生产和农牧民增收等方面发挥更大作用。

4. 德吉新村化肥及农药使用情况

（1）化肥使用。德吉新村新开垦耕地较多，土壤较为贫瘠，政府在农业综合开发中，已经对所有耕地增施有机肥，改良了土壤结构。不过，从近年来搬迁群众的粮食收成来看，粮食单产不高，对促进当地群众增收贡献不大。为了尽快增加搬迁群众的收入，目前较为现实的途径是，努力提高粮食单产。因此，目前德吉新村搬迁群众也改变了以前不使用有机肥的习惯，非常重视使用化肥等有机肥料，以提高粮食单产。在西藏农牧区，比较特殊的是，各级政府对农牧民群众在农业生产中所使用的化肥都给予了一定的财政补贴，一方面降低了农业生产成本，另一方面也刺激了农牧民群众增加化肥使用数量，因此，在短期内促进了粮食单产水平的提高，这在一定程度上有助于解决搬迁群众的口粮问题。

（2）农药使用。在藏传佛教的影响下，德吉新村搬迁群众与西藏其他农牧民群众一样有着强烈的"惜生观"，不愿在农业生产中使用农药。笔者在德吉新村调研期间也亲眼目睹了这一场景，扎囊县政府发放给德吉新村搬迁群众的农药一直堆放在扎其乡政府办公室门外，乡政府干部也曾多次催促德吉新村农牧民群众前来领取，可就是迟迟没有人来领取。但是，这并不意味着德吉新村搬迁群众在农业生产中没有使用农药。事实上，近几年来，德吉新村农作物除了遭受旱灾等自然灾害影响外，也逐渐面临着虫灾、鼠害等自然灾害，而且这些自然灾害对降低农作物产量的影响并不亚于旱灾等自然灾害。

为了减轻农作物损失，德吉新村大部分搬迁群众也逐渐改变了以前的"惜生观"，在农业生产中大量使用农药。西藏农牧民所使用的农药，各级政府对其补贴较多，这在一定程度上刺激了搬迁群众农药使用量的增加。

（3）存在问题分析。从目前德吉新村农业生产中的化肥及农药使用情况来看，各级政府对农业生产资料补贴较多，大大减轻了农牧民群众的生产负担，这是值得肯定的。但同时也还应注意到，德吉新村还有很大一部分农牧民群众农业生产技术不高，对化肥及农药的具体使用标准还不甚清楚。尤其是在德吉新村搬迁群众目前亟须通过提高粮食单产来增加家庭收入的情况下，更容易出现搬迁群众在农业生产中过多地使用化肥等有机肥料，这在短期内促进了粮食单产的提高，但从长期来看，化肥等有机肥的过多使用，容易造成土壤板结，土质逐渐降低，粮食单产增长趋势会逐渐减少，这不利于搬迁群众长期增收。因此，还应该充分发动当地群众多积造与使用农家肥，这不仅有利于降低农业生产成本，从长期来看还有利于德吉新村农业生产的可持续发展，促进搬迁群众持续增收。

特别需要引起重视的是，大部分搬迁群众对农药使用量还不甚清楚，农药超标使用等问题较为突出，农作物农药残留量超标，这将严重影响德吉新村农牧民身体健康。尽管扎其乡政府也曾经多次派出专业技术人员对德吉新村搬迁群众进行专门指导，德吉新村也有一名专业的农业科技人员，然而，笔者从调研情况来看，德吉新村大多数村民对农药使用还是仅凭着感性认识在进行，难免出现农牧民群众在农药使用量上超标问题，这将影响农牧民群众身体健康，因此，政府还亟须加强对德吉新村搬迁群众科技知识培训的力度。

四　2006 年德吉新村农业收入情况

2006 年 5 月，德吉新村朗赛岭提灌站全面报废，这给德吉新村搬迁群众农牧业生产带来了严重影响，加上 2006 年德吉新村又遭遇严重旱灾。据多吉书记介绍，其中有 400 亩耕地粮食绝收，700 亩耕地粮食收成严重减产，搬迁群众农业收入较差。由表 3 - 4 看来，以德吉新村全村耕地 1400 亩计算，其中，冬小麦播种面积 500 亩，收获粮食 25448 公斤，平均单产只有 102 斤；青稞播种面积 679 亩，收获粮食 1017 公斤，平均亩产只有 3 斤左右，几乎没有收成；油菜播种面积 150 亩，收获油菜子 1392 公斤，平均单产还不足 20 斤；土豆播种面积 71 亩，收获土豆 1770 公斤，平均单产接近 50 斤。仅从农业收入情况就可以看出，2006 年，德吉新村农牧民群众是无法解决自身口粮问题的。2006 年，

德吉新村靠政府提供粮食救济的农户占全村农户总数的
60%左右，部分农户靠往年的粮食节余来度日，也还有部
分农户靠从事其他行业所得收入来解决当年口粮问题。

表 3 - 4　2006 年德吉新村搬迁群众粮食收成情况

单位：亩，斤

项目名称	冬小麦	青稞	油菜	土豆
播种面积	500	679	150	71
总 收 成	50896	2034	2784	3540
平均单产	102	3	19	50

资料来源：2007 年 4 月 1 日下午笔者采访德吉新村党支部书记多吉同志
记录。

五　德吉新村农业发展中存在的问题

1. 农业产业结构调整与优化

从目前德吉新村农业生产种植结构来看，当地农牧民
仍然从事传统农业生产种植，当地农牧民群众主要种植青
稞、小麦、土豆等传统农作物，基本上没有种植任何经济
作物。这三种农作物种植效益较低，只能满足搬迁群众基
本生活需要，由此看来，德吉新村农业生产基本还停留在
"生存经济"时代。为了增加搬迁群众农业生产收入，必须
调整与优化农业产业结构，大力引进一些致富项目，增加
搬迁群众家庭现金收入。

2. 农业科技成功推广

德吉新村农业产业结构比较落后，在单一的农业生产
格局下，当地群众对农业科技推广重视程度不够，如农业
生产中的"良种工程"在德吉新村推行就很难。尽管当地
群众也认识到"良种工程"可以大大提高粮食单产，基于

搬迁群众追求短期经济利益的视角，搬迁群众不是很愿意出资购买良种，普遍认为农田里生产出来的青稞、小麦等照常可以做种子使用，照常能够生产出粮食。另外，德吉新村农业科技人员十分缺乏，全村仅有一名科技人员，对农业科技推广示范效应不大，对带领当地群众科技致富作用甚微。

3. 农田土壤改良

从搬迁后近几年德吉新村农牧民群众的粮食收成情况来看，即使在没有遇到自然灾害的正常年份里，每亩粮食单产最高也不过 500 斤，由此看来，德吉新村搬迁群众粮食单产亟须提高。一方面，德吉新村大多数搬迁群众没有使用良种生产，另一方面，德吉新村大多数耕地是新开垦的，土壤贫瘠，粮食单产不高。尽管从 2001 年起，上级政府在德吉新村实施农田改良工程，增施有机肥，毕竟政府投入的农发资金有限，要把 1400 多亩新开垦耕地改造成良田还需要进行资金投入。

4. 农田水利灌溉

2001 年底，搬迁群众搬迁到德吉新村后，农业生产不存在灌溉问题。因为在搬迁之前，上级政府就已经投资 1800 万元在德吉新村修建了朗赛岭提灌站，朗赛岭提灌站在改善德吉新村农牧业生产条件方面发挥了重要作用。可是，在 2006 年 5 月，朗赛岭提灌站 5 台机组因长期超负荷运行而全面报废，加上 2006 年扎囊县又遇到旱灾，农牧民粮食收成大大减产，据笔者 2007 年 3 月底在德吉新村调研得知，当年德吉新村靠政府救济的农牧民就占全村农户总数的 60% 左右，这给搬迁群众生活带来了很大影响。笔者调研得知，在朗赛岭提灌站全面报废之后，扎囊县政府也在积极想办法筹措资金予以维修，可是由于某些因素，朗赛岭提灌站维修资金至今仍没有落实。朗赛岭提灌站在当地群众心目中的地位十分重要，被他们称之为"命根子"，如果这一问题不能及时有效地解决的话，不仅直接影响搬迁群众生产与生活，可能也会影响当地社会稳定。

第二节　德吉新村农牧业规模经营实施情况

一　农业规模经营的一般条件

1. 规模经营的资源优势

德吉新村是西藏自治区扶贫综合开发项目建设的一个扶贫搬迁新村，由于是一个新建设的村庄，住房建设相对集中，与西藏其他农村相比较而言，德吉新村农牧民群众住房所占土地面积相对于耕地面积而言，占有面积不大。同时，在 2001 ~ 2002 年德吉新村农业综合开发中，上级政府充分利用朗赛岭开发区的地域优势，对现有耕地集中进行开发，通过土地平整与改良，德吉新村新开垦的 1400 亩耕地基本形成规模。假设耕地没有承包到农户，完全可以实施集中规模经营，这是德吉新村实施农业规模经营的资源优势与重要载体。其实，根据内地等省（市）农业产业化经营的经验，对德吉新村搬迁群众土地实施有效流转，从农户分散经营流转到业主集中规模经营，是完全能够实现的。

2. 规模经营的地缘优势

德吉新村紧邻 101 国道，交通十分便利。德吉新村地处扎囊县城与山南地区行署中间地段，到自治区首府——拉萨也十分方便。相对于扎囊县其他农村地区而言，如果对德吉新村现有耕地实施规模经营，可能会有更多的业主愿意到德吉新村投资经营。便利的交通条件、近距离的消费市场，这是德吉新村实施农业规模经营的地缘优势。

3. 规模经营的人才优势

德吉新村暂时还没有实施农业规模经营，其主要原因在于德吉新村缺乏农业规模经营的致富能人，暂时还不具备规模经营的人才优势。德吉新村大多数搬迁群众的生产模式仍然是家庭联产承包责任制以来的统分结合的双层经营模式。农业规模经营人才缺乏，一方面在于实施农业规模经营资金投入不足，另一方面还在于即使有个别农户具备农业规模经营资金实力，可能因为没有看到农业规模经营发展潜力而不愿投资。

在德吉新村实施农业规模经营，劳动力资源优势是非常明显的。笔者在德吉新村调研得知，扎其乡是扎囊县劳动力输出大乡，德吉新村更是一个劳动力输出大村。笔者在德吉新村调研时发现，德吉新村大多数男性青年劳动力都外出务工，包括德吉新村村主任次仁朗杰，在农闲时也会外出务工，以增加家庭现金收入。由此可以看出，如果在德吉新村实施农业规模经营，可能会受到搬迁群众的热烈拥护，这样他们可以就近务工以增加家庭现金收入。

4. 规模经营的政策优势

在2006年西藏自治区七届人民代表大会上，西藏自治区人民政府提出了"一产上水平"，旨在鼓励一些种植大户承包农户耕地，实施农业规模经营，并在政策上予以扶持，在贷款方面给予优惠。鼓励一个村有一个品牌农业产品，即"一村一品"，这在西藏林芝地区发展得比较充分，如波密县的天麻生产。由林芝地区农业规模经营实施情况看来，如果有国家政策扶持，德吉新村发展农业规模经营也具有一定的潜力。

5. 规模经营的资金来源

从世界各地与国内一些发达地区实施农业规模经营的经验来看，实施农业规模经营，业主必须具备一定资金，这是农业规模经营的前提条件。但业主实施农业规模经营毕竟不同于传统农户经营的小农业生产格局，所需资金较大，因此，德吉新村要推进农业规模经营，还离不开政府对业主的信贷支持。

从上面分析可以看出，德吉新村是一个扶贫搬迁新村，具有发展农业规模经营的资源优势、地缘优势与政策优势，但是还不具备农业规模经营的人才优势与资金优势，因此，德吉新村目前初步具备农业规模经营发展潜力，但暂时还不具备实施农业生产规模经营的发展条件。

二　德吉新村农业规模经营种类

1. 蔬菜基地建设

据笔者在德吉新村调研得知，早在 2002 年，上级政府在解决搬迁群众住房问题的基础上，即在初步解决搬迁群众"安居"问题之后，就开始谋划如何逐步解决增加搬迁群众收入问题，即解决搬迁群众的"乐业"问题。

笔者在采访扎囊县农发办主任时获悉，当初政府拟在德吉新村建立几个大棚蔬菜基地，实施农业规模经营。当笔者问及大棚蔬菜基地为何没有成功的原因时，农发办主任告知是农业开发资金不足。后来笔者调研得知，不仅仅是资金不足的问题，还有扎囊县农发办担心搬迁群众缺乏蔬菜种植技术，加上德吉新村气候干燥，蔬菜需水量较大，蔬菜基地建设中的灌溉问题难以解决，因而就长期搁置下来。

其实，在笔者看来，德吉新村实施蔬菜规模经营是很有发展潜力的。西藏农村蔬菜种植非常少，因此，农牧民群众生活中所需蔬菜大部分是从内地转运而来。基于高额的运输成本，西藏各地农贸市场蔬菜价格偏高也在情理之中。笔者就曾经在扎囊县城农贸市场购买过蔬菜，其市场价格普遍高于内地同等蔬菜市场价格一倍左右。如果在德吉新村实施蔬菜规模经营，这样不仅可以自给德吉新村搬迁群众一部分蔬菜，同时还可以把剩余的一部分蔬菜投放市场，增加搬迁群众家庭现金收入。笔者在德吉新村与当地农牧民群众交流时得知，他们也深知传统农业生产方式是难以使他们迅速脱贫致富的，希望政府能够多增加一些农发项目，通过大力发展农业致富项目，实现搬迁群众脱贫致富愿望。结合扎囊县与德吉新村实际情况，在德吉新村实施大棚蔬菜经营项目，无疑是搬迁群众增加家庭现金收入最现实的途径。当然，政府还得加强搬迁群众蔬菜种植技术培训。

2. 经济林果园基地建设

在德吉新村建立之初，上级政府曾经在德吉新村西边新开垦的土地上，专门留置了一块约 300 亩的耕地，拟在耕地上建立一个经济林果园。笔者与多吉书记交流时获悉，当初政府也的确在耕地上种植了苹果树、核桃树、梨树、桃树等。后来由于管理不善，特别是近几年来连续自然灾害，使得大部分果树在生长期间陆陆续续死掉，加上鼠害较为严重，即使成活下来的果树也逐渐被老鼠啃咬致死。2006年初，德吉新村村委会决定不再发展经济林果园，把该地重新规划一下，计划改造成德吉新村饲草基地，并种植了优质饲草。因此，德吉新村经济林果园在还没有任何产出的情况下就破产了。

3. 牲畜养殖基地建设

（1）奶牛饲养基地。在德吉新村搬迁群众入住新村之后不久，上级政府拟在德吉新村建立一个奶牛饲养基地。一方面，政府希望通过建立奶牛饲养基地，实施规模养殖以取得规模经济效应，从而快速增加搬迁群众家庭现金收入；另一方面，政府还希望通过建立奶牛饲养基地，可以自给当地群众一部分酥油，减轻搬迁群众经济负担。而且政府也全额出资购买了148头奶牛，基本上按每户一头奶牛的标准进行配给，解决了奶牛基地建设最重要的部分。可是，奶牛基地最终还是没有正式建立，宣告破产。其原因正如扎囊县农发办主任所言，搬迁群众奶牛饲养技术十分欠缺，仍然按照传统饲养技术饲养，规模养殖并没有取得应有的规模经济效应，甚至还要差一些。加上搬迁群众习惯传统的家庭经营生产、生活方式，对这一新生事物似乎并不积极，因而在管理方面难以避免出现一些问题。基于上述两个原因，德吉新村的奶牛饲养基地宣布解体。后来政府只得把奶牛折价处理给搬迁群众，象征性地以每头奶牛400元的价格向搬迁群众回收了一点成本。对于一些特别贫困的搬迁群众，政府没有收取费用，基本上保证了每家分到一头奶牛。

（2）养猪场。2005年3月，在山南地区团委的资助下，德吉新村副主任罗布随巴积极争取项目资金，在村委会附近建立了一个养猪场，即扎囊县德吉新村青年示范养殖基地。该养殖基地基本具备规模养殖条件，如修建了两个饲料储藏室、两个大棚蔬菜温室、12 间猪圈等，其养殖规模最大时养殖了 30 多头猪。不过，笔者 2007 年 4 月 5 日在德吉新村养猪场调研时发现，该养猪场根本算不上规模经营的养猪场了，只有两头母猪、四头小猪，在西藏农牧区看来，一般农牧民家庭仅能够养殖这些数量的牲畜。据目前养殖场承包人达娃扎西介绍，罗布随巴副主任早在 2007 年初就已经退出来了，并把养猪场全部资产折算成现金，初步做了一些分配处理，暂时由达娃扎西经营。据达娃扎西介绍，在养猪场开办的近两年时间内，完全处于亏损状态，包括他们当初投入的资金，现在仍然没有收回来。

三 规模经营管理方式与生产技术

由德吉新村发展农业规模经营案例分析看来，政府曾经在德吉新村实施的几个农业规模经营未能取得成功的根本原因在于，规模经营的管理方式与生产技术落后。

首先，规模经营管理方式落后，跟不上现代规模经营的需要。如德吉新村的经济林果园、奶牛饲养以及养猪场等的建设，均是因为在管理方式上存在一些问题，管理滞后导致规模经营未能取得应有的经济效果。

其次，生产技术较为落后导致农业生产规模经营无法展开。如德吉新村的蔬菜基地建设，因为扎囊县农发办担心搬迁群众缺乏蔬菜种植技术而没有开展，现在看来，扎囊县农发办这种担心是有一定道理的。

正如前面所言，德吉新村具备农业规模经营的一些优势，政府想把这些优势资源变成搬迁群众经济发展的动力，以增加搬迁群众家庭收入。但是，仅靠这些优势资源还不足以实现规模经营的全部经济效益，因此，政府还必须加强对德吉新村搬迁群众的农业生产技术培训，加强搬迁群众对现代农业生产管理技术的学习，这样也才可能全部实现农业规模经营的经济效益。

四　规模经营发展中存在的问题

1. 规模经营发展资金不足

德吉新村实施农牧业生产规模经营面临的主要问题就是规模经营发展资金不足。以奶牛饲养基地建设为例，除了搬迁群众饲养技术落后这一因素之外，政府也的确因农发项目发展资金不足而主动退出。现在假设当初政府有足够的资金，不仅可以修建起现代奶牛饲养基地，还可以聘请专业技术人员对搬迁群众进行奶牛饲养技术培训，或许就有可能建立德吉新村奶牛饲养基地。

2. 人才缺乏

德吉新村有着大量可供集中经营的耕地，这是开展农业规模经营的前提条件。要把这种潜力发挥出来，就需要有规模经营的专业人才。从德吉新村搬迁群众总体情况来看，搬迁群众文化素质普遍偏低，德吉新村现有中年以上农牧民群众，多数没有接受过学校正规教育，而德吉新村现有的青年农牧民群众，至多就是接受过小学教育。因此，从笔者调研实际情况分析，至少目前德吉新村缺乏农业规模经营的专业人才，德吉新村要推进农业规模经营进程，还得加强专业人才的培训引进工作。

3. 技术落后

从德吉新村已经实施的几个农业规模经营的发展案例

来看，无一例外地由于技术落后，导致规模经营发展效果较差。以蔬菜基地建设为例，就是因为农发办担心当地群众蔬菜种植技术缺乏而搁置；又以养猪场为例，也是由于养殖技术缺乏，养殖始终不见成效。从国内外农业规模经营的经验来看，规模经营也主要是建立在技术高度发展的基础上而进行的。农业技术进步，不仅可以提高农产品数量，还可以提高农产品质量。

4. 管理滞后

农业规模经营，实质上是一种现代农业生产方式，需要专业管理人才来加强生产经营管理。以德吉新村经济林果园为例，上级政府煞费苦心投资经营，可是忽略了加强管理，如果由扎囊县农牧局派出一名专业人才，再由德吉新村村委会指定一名专门负责人共同管理，或许不至于出现目前经济林果园改造成奶牛饲草基地的结局。事实上，正如多吉书记所言，如果不继续加强奶牛饲草基地管理，德吉新村饲草基地极有可能成为一片荒地。

第三节　德吉新村剩余劳动力转移问题

实现农村剩余劳动力逐渐向城市转移，既可以增加农牧民群众现金收入，又可以加快推进城市化进程，这是中国经济社会发展的大趋势。当前中央关于"三农"工作的总体思路就是，以增加农民收入为核心，积极转移农村剩余劳动力，提高农民的生产、生活水平，加快推进社会主义新农村建设。面对这样的形势，对于加强农民工劳动技能培训，改变就业观念，增强竞争意识，提高农民工进军劳动力市场的本领，无疑是政府需要解决的最根本任务。

一　劳务输出去向与类型

1. 输出去向：区内为主、区外为辅相结合

扎其乡政府高度重视本乡的劳务输出工作，积极收集县内外、区内外的用工信息。仅 2006 年就向加查县、昌都地区、拉萨市输送民工 130 余名，并为 56 名民工联系布达拉宫维修工程。同时，向扎其乡卡垫厂输送民工 51 人，培训合格后用人单位将与被录用人员签订中长期用工合同。扎其乡 2006 年劳务输出达 9912 人次，创收 432.19 万元，其中，女性 943 人次，女性创收 114.50 万元，分别完成县政府下达目标任务数的 220% 和 90.3%。这不仅为社会解决了劳动用工问题，还让本地农牧民群众腰包鼓起来，看到了脱贫致富的曙光，为政府更好地做农牧民群众增收工作与思想解放工作奠定了基础，充分发挥他们的主体作用，调动他们思增收、快增收、大增收的积极性和主动性。

扎其乡政府根据本乡实际情况，劳务输出工作重点放在以下几个方面：积极开辟劳务市场；加强农牧民群众岗前培训；有计划、有组织地安排农牧民群众外出打工；寻求企业扩大规模吸收农村剩余劳动力。

2. 输出类型：建筑行业为主、其他行业为辅相结合

从扎其乡劳务输出的总体情况来看，农牧民群众外出务工的主要行业是建筑业，从事其他行业的较少。为此，扎其乡政府在抓好本地农牧民群众到建筑工地务工工作的同时，还应努力拓宽劳务输出渠道，鼓励农村剩余劳动力向各类非农产业和城镇转移，实现多渠道就业（见表 3 - 5）。积极配合相关部门，做好农牧民就业培训、技术培训和科技

培训工作，改善他们参与工程技术含量低、工种单一、收入不高的现状。

表 3 - 5　2006 年扎其乡各村劳务输出统计
单位：人，元

村名及项目	人次		劳务创收		主要从事行业及创收情况							
	合计	女性	合计	女性	建筑业		运输业		服务业		其他行业	
					人次	收入	人次	收入	人次	收入	人次	收入
朗色林村	40	10	24000	6000	40	24000	—	—	—	—	—	—
孟嘎如村	10	3	12000	3600	10	12000	—	—	—	—	—	—
德吉新村	150	50	270000	90000	150	270000	—	—	—	—	—	—
宗嘎村	15	4	9000	2400	15	9000	—	—	—	—	—	—
西嘎雪村	100	50	9000	4500	100	9000	—	—	—	—	—	—
瓦藏村	30	15	900	450	30	900	—	—	—	—	—	—
罗堆村	70	25	6300	2250	70	6300	—	—	—	—	—	—
羊加村	293	139	175800	83400	293	175800	—	—	—	—	—	—
扎加村	177	89	106200	53400	177	106200	—	—	—	—	—	—
民主村	286	131	171600	78600	286	171600	—	—	—	—	—	—
热瓦村	238	117	36000	70200	238	36000	—	—	—	—	—	—
塔巴林	60	25	24000	15000	60	24000	—	—	—	—	—	—
桑珠普村	40	10	6000	6000	40	6000	—	—	—	—	—	—
申藏村	10	10	105600	6000	10	105600	—	—	—	—	—	—
久村	35	13	12000	7800	35	12000	—	—	—	—	—	—
充堆村	20	5	20000	3000	20	20000	—	—	—	—	—	—
阿雪村	15	3	10000	1800	15	10000	—	—	—	—	—	—
合计	1589	699	998400	439195	1589	998400	—	—	—	—	—	—

资料来源：扎其乡政府文件资料《2006 年扎其乡劳务输出统计表》（打印稿）。

从表 3 - 5 可以看出，扎其乡农牧民群众外出务工的主要行业是建筑业，劳务输出渠道比较单一，农牧民群众外出务工收入普遍偏低。不过，仅从表 3 - 5 是难以看出扎其乡劳务输出的实际情况，似乎扎其乡农牧民群众外出务工全部在建筑行业，没有在运输业、服务业以及其他行业就业，显然，这不符合扎其乡农牧民群众外出务工的实际情况。事实上，一些女性同志外出务工多半是在服务行业工作，当然也还有一部分男性同志外出务工是在运输行业工作。只不过这些行业就业没有在政府的统一安排下进行，统计数据相对缺乏。

二　劳务输出人员组成

结合笔者在扎囊县扎其乡德吉新村的实际调研情况，扎其乡德吉新村劳务输出呈现出以下特征。

（1）从劳务输出的性别来看，外出务工者以男性为主，这主要是与农牧民群众外出务工的行业多是在建筑行业有关，该行业对劳动人员身体素质要求较高。当然，也有少数女性外出务工，但所占比例较小，虽然女性外出务工比例较小，但也不排除在建筑行业务工的可能。笔者在德吉新村调研期间曾经到朗赛岭庄园参观，当时朗赛岭庄园正在维修，其中就有很多妇女在朗赛岭庄园从事建筑工作。笔者在德吉新村入户调查时也发现，接受我们采访最多的是家庭主妇，尽管也有部分男性在家，除了村委会与村民小组的几个年轻男性同志外，其他男性同志多是 60 岁以上的老人，青年农牧民群众几乎都外出务工去了。

（2）从外出务工者的文化水平来看，普遍处于小学文化水平，甚至还有部分农牧民群众没有接受过正规学校教育。从扎其乡农牧民群众外出务工从事的行业就可以看出，大多数农牧民群众在建筑行业就业，因为建筑行业对劳动者文化素质要求普遍不高，只要具备健壮的身体素质就行，正是由于受文化水平不高的限制，农牧民群众只能选择在劳动强度较高的建筑行业工作。以德吉新村搬迁群众外出务工情况为例进行分析，很多外出务工者是小学文化程度，当然只有选择在建筑行业工作。

（3）从外出务工者的年龄来看，德吉新村大多数外出务工者年龄处于 18～45 岁，其中，女性外出务工者年龄普遍偏小，多数是未结婚的女青年。

（4）从外出务工者的技能来看，德吉新村绝大多数外出务工者缺乏一项专门的就业技能，基本从事的是繁重的体力劳动。因此，要提高外出务工者的收入，还必须加强外出务工人员的劳动技术培训。

三　2006 年外出务工收入

2007 年 4 月 2 日下午，笔者在与扎囊县普布县长交谈时得知，在扎囊县 5 个乡镇中，扎其乡主要定位于劳务输出增收大乡。也就是说，扎其乡不像扎塘镇有着优越的地理条件（县城所在地），可以发展商业；也不像桑耶镇有着丰富的旅游资源（桑耶寺）来发展旅游经济，增加当地农牧民群众的收入。扎其乡是人口大乡，扎囊县结合这些具体因素，对其市场定位还是比较准确的。但是，由于扎其乡农牧民群众文化素质普遍偏低、缺乏专业劳动技能等客观因素的存在，农牧民群众外出务工收入普遍偏低。以笔者在德吉新村实地调研为例进行分析，目前，德吉新村搬迁群众外出务工的主要行业是建筑业，收入普遍不高；其次是挖虫草，收入有高有低，总体偏高；再次是有少数从事藏画制作，收入相对较高，但是，从事该行业对文化技术水平要求相对要高得多，因而，这部分外出务工者所占比例更小。下面以 2006 年德吉新村部分农牧民群众外出务工收入为例进行分析（见表 3 – 6）。

表 3 – 6　2006 年德吉新村部分群众外出务工收入一览

单位：元

户主姓名	家庭外出务工者	从事行业	劳动收入
洛　桑	丈夫	挖虫草	10000
次旺多吉	自己	挖虫草	10000
白　玛	儿子	挖虫草	10000
达娃卓玛	丈夫	挖虫草	1000
多吉平措	儿子	挖虫草	1000
央　宗	儿子	运输业	8000
格桑卓嘎	丈夫	运输业	20000
次仁白玛	女儿	服务业	4000
久美益西	女儿	藏　画	6000
次旺旺堆	自己	建筑带班	20000
扎西巴珠	儿子	建筑行业	4000
曲　扎	儿子	建筑行业	5000
松　觉	丈夫	建筑行业	5000
白玛旦增	自己	建筑行业	2000
卓　玛	丈夫	建筑行业	1000
次仁扎西	儿子	建筑行业	1000
次仁拉吉	儿子	建筑行业	3000
泽　张	丈夫	建筑行业	2000
拉巴卓玛	儿子	建筑行业	800

资料来源：笔者于 2007 年 3 月 31 日 ~ 4 月 15 日在德吉新村调研记录。

从表 3 – 6 可以看出，德吉新村农牧民群众外出务工多在建筑行业工作，从收入情况来看，除了次旺旺堆收入较高外（因他从事建筑行业管理工作），其他农牧民群众务工收入都普遍偏低。在建筑行业工作，一年最高收入者可达 5000 元左右，平均每月净收入才 400 多元；而一年最低收入者还不足 1000 元，每月净收入微不足道。德吉新村农牧民群众外出务工的又一个主要选择是外出挖虫草，总体看来，挖虫草的收入普遍较高，一般可达 10000 元左右，但是，挖虫草不仅需要一定体力，还需要经验与技术，因此，这或许有助于解释为什么有的农牧民群众挖虫草一年收入可以达到上万元，然而有的农牧民群众才千元左右。从表 3－6 还可以看出，德吉新村有少数农牧民群众外出从事运输行业，其收入普遍偏高，这对增加农牧民群众现金收入发挥了重要作用。

四 劳务输出对当地经济发展的影响

1. 劳务输出增加了搬迁群众家庭现金收入

德吉新村发展劳务输出，对当地经济社会发展最直接、最明显的影响是搬迁群众家庭现金收入增加了。在搬迁群众还没有其他途径增加现金收入的情况下，劳务输出无疑是当地搬迁群众投入成本最小、见效最快的家庭现金增长方式。

2. 劳务输出转变了搬迁群众的思想观念

随着德吉新村搬迁群众外出务工机会的增多，视野范围扩大，搬迁群众的思想观念逐渐转变。从以前藏传佛教思想中"轻今生、重来世"的传统落后观念逐渐转变到"奋斗今生"的现代观念，相信只有通过自身的不断努力，才能从根本上改善贫困落后的生产、生活状态。因此，搬迁群众主动学文化、学技术的多了，进寺庙的少了；外出打工挣钱的多了，在家闲着的少了。

3. 劳务输出改善了搬迁群众的物质文化生活

随着德吉新村搬迁群众外出务工人员增多，搬迁群众家庭现金收入逐年增加，大大改善了当地群众的物质生活。通过劳务输出增加家庭收入，除了满足基本的物质生活需要外，德吉新村还有部分群众购买了彩色电视机、冰箱、洗衣机、手机等现代设施，搬迁群众文化生活质量也得到显著提高。

个案3-1 德吉新村农业综合开发项目实施情况
——访扎囊县原农发办主任新金边同志

被访人：新金边

采访人：郑　洲

记录人：郑　洲

翻　译：小多吉（扎囊县政府干部）

访谈时间：2007年4月6日下午

访谈地点：扎囊县政府农业综合开发办公室

被访人基本情况：新金边，男，现年43岁，现系西藏自治区扎囊县财政局局长，大专文化，汉语说得较为流利，与我们交流时不需要翻译。新金边同志原担任扎囊县农业综合开发办公室主任，德吉新村扶贫综合开发就是他在任时进行的，因此，他对德吉新村扶贫综合开发项目较为熟悉。

结合德吉新村是一个扶贫搬迁建设新村这一具体情况，扎囊县农发办最初准备在德吉新村建立一个奶牛饲养基地，以实施规模化生产，但首先遇到了资金不足的问题，如购买奶牛、牛槽、修建牛棚等。尽管政府出资购买了148头奶牛，但因其他后续设备跟不上，后来政府只得对每一户发放一头奶牛，象征性地收取了400元，对于贫困户没有收取。其次是饲养技术也存在问题，搬迁群众仍然是传统的放养方式，实行一家一户单独饲养，因此，牛奶质量不高，产量也较低，奶牛养殖始终未能形成规模。由于部分搬迁群众养殖技术不高，管养不周到，其间陆续死掉一些。甚至还有部分家庭欠债过多，只好将奶牛卖掉抵债或者被债主强行牵走了。政府也在德吉新村实施过黄牛改良项目，但很多搬迁群众只是看重眼前的暂时利益，当时小牛犊高达800元/只，因此把母本都卖掉了，未能保留住优良品种。在实施黄牛改良项目的同时，政府还在德吉新村实施绵羊短育项目，因项目推进期间绵羊生病死亡的较多，项目效益不太明显。

其次，政府还准备在德吉新村建立大棚蔬菜基地，但因水源问题没有得到解决，未能进行下去。政府曾经在德吉新村引进玉米种植，并获得初步成功，收成还可以，不过，玉米对当地群众基本上没有什么用处，当然后来也就没有农户再种植玉米了。同时政府还在德吉新村试种植过油菜，试图增加搬迁群众的家庭收入，但是在没有很好地解决搬迁群众基本口粮的前提下，该方案也未能全面进行下去。总之，德吉新村搬迁群众缺乏现代市场意识观念，仍然种植传统农作物，如青稞、小麦、土豆等，经济效益偏低，对增加家庭收入作用甚微。

最后，扎囊县农发办还准备在德吉新村建立大蒜基地、油菜基地、早熟土豆基地等，大概需要投资300万~400万元，由于扎囊县农发办现在已经把农业综合开发工作重心转移到桑耶镇，因此，现在基本上顾及不到德吉新村。不过，希望在桑耶镇种植西瓜及哈密瓜能够取得成功，拟通过桑耶镇成功示范效应，后扩展到德吉新村。

第四章　德吉新村人口与家庭发展

第一节　德吉新村人口发展

一　德吉新村人口分布结构

　　从德吉新村搬迁群众年龄结构来看，由表 4 - 1 可以看出，20 岁以下人口数量占全村总人口数的比例最高，为 46% 左右；21 ~ 50 岁阶段人口数量占全村总人口比例排在第二位，为 38% 左右；51 岁以上人口数量占全村总人口比例最低，为 16% 左右，这主要与德吉新村是一个新建村有密切联系。笔者在德吉新村实地调研时发现，2001 年搬迁到德吉新村的农牧民群众，大多数是已经结婚成家但房屋居住面积偏小，并且已有 2 ~ 3 个小孩的中青年农牧民群众，青少年与中年阶段的农牧民群众在全村总人口中所占比例较大。一般说来，50 岁以上的老年人不愿意离乡背井搬迁到德吉新村，即使有一部分老年人搬迁到德吉新村，也是随着儿子或者女儿搬迁过来的，因此，德吉新村老年人数量总体偏少。

表 4-1　德吉新村人口年龄结构分布

单位：人，%

项目名称	20 岁以下	21~50 岁	51 岁以上	总体数量
实际人数	342	283	118	743
所占百分比	46	38	16	100

资料来源：笔者于 2007 年 3 月 31 日~4 月 15 日在德吉新村调研记录。

二　德吉新村人口素质简介

由于德吉新村搬迁群众多数是以青少年与中年阶段农牧民群众为主，老年人数量相对较少，因此，从德吉新村现有人口素质的总体情况来看，普遍处于良好状态。据笔者在德吉新村调研获悉，2006 年，德吉新村全村 743 人中只有 1 人生病住院，其他农牧民群众不过发生一些日常小病，如感冒、痢疾等，在朗赛岭卫生所可以就近解决。据布琼医生讲，德吉新村搬迁群众日常所生小病多与村民的卫生习惯有很大关系。

三　德吉新村残疾人简介

德吉新村现有残疾人 1 名，就是该村五保户拉珍的大儿子。拉珍一家是从错那县搬迁过来的。搬迁前，拉珍一家还没有被列为五保户对象，因 2004 年夏天拉珍的小儿子因车祸去世，全家生活的顶梁柱垮塌了。拉珍的小儿子以前是做藏式绘画的，当时小儿子的外出务工收入还足够维持一家人生活。拉珍老人近 70 岁了，不能下地劳动，而大儿子双腿因患小儿麻痹症，走路非常不方便，因此，家庭缺乏主要劳动力，生活日渐困难。2005 年，拉珍被扎囊县政府列为五保户对象，当年政府财政补贴 1300 元，但这还不够一家两个人的生活开支。令人感动的是，拉珍的大儿子在双腿不便的情况下仍然坚持下地劳动，实在干不了的农活才请求邻居帮助。后来在德吉新村村委会干部的积极争取下，拉珍的大儿子在 2007 年也被列为五保户对象，这样拉珍一家两个人基本能够保证最低生活水平（见图 4－1）。

图 4－1　五保户拉珍母子合影

（2007 年 4 月 3 日　郑洲摄）

四　德吉新村计划生育实施情况

德吉新村妇女主任央宗谈到，现在国家计划生育政策对西藏农牧民群众生育孩子数量有一些规定，建议一般农牧民家庭最好生育 2～3 个孩子。在央宗看来，尽管国家计划生育政策对农牧民群众生育孩子有些限制，但相比以前而言，自己在宣传国家计划生育政策方面所费的力气小了。其原因在于，德吉新村大多数农牧民群众的计划生育意识逐渐强烈，很多农牧民群众自身不愿意多生孩子，德吉新村一般家庭只生育 2 个孩子。笔者在德吉新村入户调查时发现，很多青年农牧民家庭只有 2 个孩子。这与那曲等牧区农牧民群众生育观念有显著差别，那曲县等牧区一般牧民家庭现在竟然还有生育 6 个孩子的情况。

央宗对德吉新村搬迁群众计划生育观念所取得的进步表示高兴，这样自己可以有更多的时间协助村委会开展其他工作，帮助搬迁群众尽快脱贫致富。她也谈到自己日常所做最多的工作就是帮助村民提高环境卫生意识，而不是宣传国家计划生育政策。

五　德吉新村村民人寿概况

因德吉新村是一个新建立的扶贫搬迁新村，从前面的分析可以看出，在德吉新村现有人口中，老年人所占比例较小，当然，目前长寿老人就非常少。目前，德吉新村年龄最大的就是五保户拉珍，近 70 岁。不过，我们相信，随着德吉新村搬迁群众生产、生活条件的逐步改善，以及朗赛岭开发区生态环境的逐步优化，德吉新村村民中的长寿老人肯定会越来越多。

第二节　德吉新村社会分层分析

一　职业分类

西藏农牧民群众的职业分类基本体现了农牧民群众的从业方式及生活方式。德吉新村搬迁群众所从事的职业类型初步分为以下几类。

（1）农业生产。由于德吉新村所有搬迁群众都是农牧民群众，因此，搬迁到德吉新村后，大多数搬迁群众所从事的主要职业仍然是农业生产，由表4-2可以看出，德吉新村现有65.47%的搬迁群众主要从事农业生产。实际上，从事农业生产人口的比例远远高于这个数字，因为德吉新村所有搬迁群众都是农牧民群众，当然，从事的主要职业应该是农业，包括后面将要论及的几类职业也是在这个基础上发展而来的，只不过其从业重点有所转移而已。

（2）商业经营。搬迁群众搬迁到德吉新村后，有部分搬迁群众充分利用德吉新村优越的地理位置从事商业经营，德吉新村现有6户搬迁群众经营商业，占全村总户数的3.57%。这是搬迁后农牧民群众出现的一个新现象，在搬迁前，一个村最多有一户在经营商业，而现在这个比例大大提高了。①这部分搬迁群众有一定资金，这是他们经营商业的前提和基础；②他们有一定的经营头脑，认为经营商业比从事农业生产的经济效益要高得多，不过，这6户仍然从事农业生产，商业经营只是兼业经营。

（3）从事运输业。基于德吉新村便利的交通条件，德吉新村现有4户搬迁群众贷款购买了小汽车或微型货车，开始从事起运输行业，其比例占全村总户数的2.38%。据笔者调研得知，从事运输业的收入普遍较高，德吉新村这4户搬迁群众早已经还清了银行贷款。

（4）外出务工。德吉新村一般家庭中都有人常年外出务工，或者是丈夫外出务工，或者是孩子外出务工。由于他们务工范围较小，一般在农忙时都会回家帮助收割。如德吉新村村民次旺旺堆同志，尽管在外面建筑工地带班，在农忙时还是会回家帮助妻子收割粮食。但据笔者调研发现，德吉新村有40户搬迁群众没有在德吉新村从事农业生产，把耕地转包给亲戚或朋友，一家人全部外出务工，其中，又主要以年轻家庭居多，其比例已占到全村总户数的23.81%。据多吉书记讲，这个比例还会增加，因为德吉新村搬迁群众也是一个个的"理性经济人"，他们也会对外出务工收入与农业生产收入做对比，如果一家人外出务工收入高于农业生产收入，他们当然就会选择外出务工。

（5）其他行业。德吉新村现有搬迁群众中，还有8户从事其他行业，如在本县范围内从事修补、废旧物品收购等工作，其比例已占到全村总户数的4.77%。不过，这个行业发展态势会逐渐缩小。

表 4-2　德吉新村搬迁群众从业结构

单位：户，%

项目名称	农业生产	经营商业	从事运输业	外出务工	其他行业	样本数
从业人数	110	6	4	40	8	168
所占百分比	65.47	3.57	2.38	23.81	4.77	100.00

资料来源：笔者于2007年3月31日~4月15日在德吉新村调研记录。

二　财富分层

德吉新村是一个新建扶贫搬迁新村，2001年底，上级政府对搬迁群众的基本要求是：搬迁户必须是贫困户，但是在生产、生活条件改善后，又会成为有能力发展生产、改善生活现状的农户。因此，当年搬迁到德吉新村的农牧民群众约有90%是贫困户，当然也有个别富裕户搬迁到德吉新村，上级政府的主要目的在于希望这些富裕户搬迁到德吉新村后能够起致富带头作用，带领大多数还处于贫困状态的搬迁群众脱贫致富，所以，从当初德吉新村搬迁群众家庭人均收入总体情况来看，差别不是很大。

　　但是，搬迁群众搬迁到德吉新村后，德吉新村交通便利，信息十分畅通，有部分搬迁群众接受现代市场观念速度较快，能够迅速改变传统思想观念，能够根据市场需求，并结合自身优势，通过从事多种经营迅速增加家庭现金收入，从而加大了当地搬迁群众间的收入差距。笔者在德吉新村调研获悉，目前，德吉新村财富分层现象已经出现了一些端倪。由表 4-3 可以看出，2006 年德吉新村家庭人均收入不足 1000 元（含 1000 元）的农户占调查总户数的50%，也就是说，以笔者在德吉新村实际调查为例进行评估，德吉新村仍有 50% 左右的搬迁群众家庭人均收入不到1000 元，也就是说，德吉新村还有半数搬迁群众仍处于贫困生活状态。当然，从搬迁后搬迁群众的家庭人均收入的总体情况来看，搬迁群众的家庭人均收入在逐年提高。由表 4-3 还可以看出，德吉新村家庭人均收入在 1001～3000 元、3001～5000 元之间的农户数量有所增加，分别占调查户数的 16.67% 和 16.67%，这是处于中间阶层的收入，并且这两部分相加已经超过调查总户数的 1/3，这是近年来德吉新村搬迁群众发生的一个可喜变化，而且德吉新村家庭人均收入在 1000 元以下的农户应该向这个中间层次过渡，这也是政府与搬迁群众共同努力的方向。不过，从笔者在德吉新村实际调研情况看来，德吉新村家庭人均收入最低的仅为 160 元，家庭人均收入最高的却高达15000 元，后者几乎是前者的 94 倍！这也说明了一个问题，德吉新村两级收入差距呈扩大趋势，需引起政府的高度重视并正确引导。由此可以看出，贫困人口在德吉新村总人口中所占的比例较高，德吉新村扶贫开发建设任务依然任重而道远。

表 4 - 3　德吉新村部分搬迁群众家庭人均收入分布

单位：户，%

家庭收入类型	1000 元及以下	1001 ~ 3000 元	3001 ~ 5000 元	5001 ~ 10000 元	10000 元及以上	调查样本数
调查实际户数	15	5	5	3	2	30
所占百分比	50.00	16.67	16.67	10.00	6.66	100.00

资料来源：笔者于 2007 年 3 月 31 日 ~ 4 月 15 日在德吉新村调研记录。

第三节　德吉新村农牧民家庭概况

一　家族构成情况

通过德吉新村实地调研得知，大多数搬迁群众对自己家族构成的了解至多追溯到祖父辈，对其家族制度的历史渊源也不甚清楚。这可能碍于家族文化水平普遍偏低的实际情况，很多搬迁群众对自己家族的发展历史脉络没有文字记载，当然也就拿不出族谱之类的文字材料。

二　家庭生活类型

德吉新村现有家庭组成结构，由表 4 - 4 可以看出，首先，是以四口之家的核心家庭居多，即夫妻俩与 2 个孩子，这种家庭模式数量占全村家庭总数的 80% 左右。其次，也有部分扩大家庭，如祖孙三代生活在同一个家庭里，这种家庭模式占总数的 16% 左右，即除了夫妻俩与孩子生活外，还可能有孩子的爷爷（波啦）、奶奶（莫啦）、外公（波啦）、外婆（莫啦）等在一起生活。再次，还有部分单亲家庭，如夫妻俩离婚后暂时还没有再婚，丈夫或妻子单独与孩子在一起生活，这种家庭模式数量占全村家庭总数的 4% 左右。

表4-4　德吉新村搬迁群众家庭生活类型一览

单位：户，%

家庭类型	核心家庭 （四口之家）	扩大家庭 （祖孙三代）	单亲家庭	样本数
数　量	134	28	6	168
所占百分比	79.76	16.67	3.57	100.00

资料来源：笔者于2007年3月31日~4月15日在德吉新村调研记录。

三　家庭居住模式

德吉新村是一个新建扶贫搬迁村，加上搬迁群众又是以年轻人居多，以德吉新村家庭现有居住模式来看，五世同堂、四世同堂的家庭几乎没有，三世同堂的家庭占有一定的比例，由表4-4看来，三世同堂的家庭占全村家庭总数的16.67%，该比例不是很大。德吉新村搬迁群众家庭居住模式多以四口之家为主。

根据藏族人的生活习惯，结婚后夫妻选择居住地点比较自由，可以选择从夫居，也可以选择从妻居。从德吉新村现有家庭居住模式来看，这两种居住模式都存在，而且选择居住方式的概率也差不多。

四　家庭世系计算方式

按照藏族人的生活习俗，子女一般是有名无姓。在孩子出生后，家人多选择到寺庙由高僧取名，或者由本村德高望重的老人取名，这种取名方式不像汉族人取名那样，要么随父亲姓，要么随母亲姓，并且按一定班辈次序进行排列。因此，汉族人取名可以以家庭世系进行计算，而藏族人取名完全是根据宗教象征意义在取名，不能以家庭世系进行计算，这与汉族人取名有很大的差别。如在西藏农村取名用得最多的是藏语"罗布"，其宗教象征意义是"宝贝"，因此根据"罗布"进行取名的非常多，如"罗布顿珠"、"罗布随巴"、"罗布次仁"等，其中"顿珠"又含有"智慧"之意，故"罗布顿珠"之名其实质代表"智慧宝贝"之意，父母希望自己的孩子就是一个聪明智慧的宝贝。

至于藏族人的家庭财产继承关系，也与汉族人有很大差别。据笔者在德吉新村调研得知，藏族人一般把比较孝顺的孩子留在家里，可以是儿子，也可以是女儿，其家庭财产主要由留在家里的孩子继承。当然，外出上门的儿子或者出嫁的女儿也可以适当分到一些家庭财产。

五　家庭权威类型

2007 年 8 月 4 日，笔者就"德吉新村家庭权威类型"这一问题采访过次仁朗杰主任，在他看来，德吉新村现有家庭权威类型一般都是民主型家庭，基本不存在夫权型家庭或妇权型家庭。对于家庭重大问题的决策，一般都是夫妻俩共同协商做出决定。次仁朗杰主任还谈到，对于德吉新村一般农牧民群众家庭的管理，一般都是由家里最能干的人主持家务，如果丈夫能干就由丈夫主持家务，妻子能干就由妻子主持家务。由此看来，德吉新村大多数家庭权威类型决定方式已经转型，比较民主和现代。

六　家居生活方式

在笔者看来，德吉新村搬迁群众的家居生活方式，相对于西藏其他农牧民群众家居生活方式而言，还是非常有规律的。在农忙时，全家人共同完成收割任务，包括一些外出务工的家庭，其主要劳动力都要回家参加农忙生产，待农忙完后再外出务工。在农闲时，对于德吉新村的一般家庭，丈夫都会外出务工，妻子在家编织氆氇和卡垫，夫妻俩共同增加家庭现金收入。这与贡嘎县杰德秀居委会、曲水县查巴林村等地农牧民群众农闲时家居生活方式有很大差别，这些地方的农牧民群众特别是男性同胞，在农闲时，多数时间是在甜茶馆度过，或者喝酒，或者打牌，过着一种非常"自由自在"的生活。

在西藏农村，每当传统节日或者宗教节日来临时，藏族人都是非常重视的，而且过得也非常隆重。以一年一度的拉萨雪顿节为例，不仅有西藏拉萨本地市民参加，还有很多外地的农牧民群众不远千里来到拉萨过雪顿节，其场景堪称宏大。德吉新村搬迁群众所过的节日主要是一年一度的林卡节、望果节等，庆祝时间一般在 8 月中旬左右，每当这时他们都会停下手中所干的一切农活，专门留足一周至半个月的时间到林卡欢庆节日，亲戚朋友在一起或喝酒，或唱歌，其浓厚的节日氛围不亚于中国内地省（区）的传统节日——春节。

第四节 德吉新村婚姻与亲属关系

一 婚姻关系

德吉新村青年朋友恋爱与结婚的方式都比较现代，可能与德吉新村现有居住农牧民群众是从不同地方搬迁而来的有一定关系，也有可能基于德吉新村优越的地理位置，搬迁群众容易接受现代生活观念。据罗布随巴副主任讲，现在德吉新村的青年朋友都是自由恋爱，若恋爱双方都认为比较合适，就向双方父母汇报，再择期举行订婚仪式。

基于德吉新村是一个新建组合村这一客观现状，德吉新村多数青年朋友恋爱婚姻圈也局限在本村，当然也有部分青年朋友把婚姻圈选择在扎囊县其他乡镇农村或者西藏其他县城与农村。在德吉新村基本不存在近亲结婚的现象，据调查得知，彼此是亲戚关系而搬迁到德吉新村的农户非常少。尽管宗教观念在德吉新村村民心目中的影响还比较浓，但搬迁群众因受现代生活观念和生活方式的影响，宗教观念对青年朋友的婚姻影响作用日渐式微。

就德吉新村青年结婚的年龄阶段来看，初婚年龄一般在18~22岁，基本符合国家法定的结婚年龄（20~22岁）。据次仁朗杰主任讲，德吉新村有部分年轻女同胞外出务工，由于自身年龄偏小，加上文化水平不高，对婚姻问题认识不够深入，在外面很容易受到影响，有部分未婚女青年在外面与结了婚的人在一起生活而导致怀孕的现象较为突出，对此他感到特别痛心。

二 亲属关系

在德吉新村，当地搬迁群众亲属分布相对搬迁前要稀疏些，或许搬迁到一个新的地方，亲戚朋友数量少了，因此，在日常生产、生活中他们也特别善待这份感情（见表4-5）。笔者在德吉新村调研时也发现，如果两家有亲戚关系的话，某一家今天做了什么好吃的东西，或者把亲戚请到自己屋里一起分享，或者把好吃的东西分一部分送到亲戚家里。

在德吉新村，亲属之间的互动程度还是非常频繁的，主要表现在以下几个方面：（1）如果某一亲戚家发生了什么困难，他们首先想到的是向亲戚求助，这在德吉新村还比较普遍，如 2006 年德吉新村遭遇严重旱灾，有部分农户粮食不够吃，他们也多是向亲戚家求得帮助。（2）在日常生产中也是亲戚朋友之间相互帮助，如 2007 年 8 月 4 日在德吉新村调研时也证实了这一事实，在德吉新村村委会旁边的晒场上，亲戚朋友在一起热火朝天地收割小麦，这个景象在内地就很难见得到。（3）在节日期间，亲戚朋友间的关系更为浓厚，如在林卡节期间，也多是亲戚朋友之间在林卡里喝喝酒、打打牌，大家在一起相互叙叙旧，这时亲戚朋友之间的互动程度、亲密关系表现得特别令人羡慕。

表 4 - 5　西藏农村亲属称谓关系一览

关系	父亲	父亲的哥哥	父亲的弟弟	父亲的姐姐	父亲的妹妹	父亲的同辈男性	父亲的同辈女性
称呼	爸啦	阿古	阿古	阿尼	阿尼	阿古	阿尼
关系	母亲	母亲的哥哥	母亲的弟弟	母亲的姐姐	母亲的妹妹	母亲的同辈男性	母亲的同辈女性
称呼	阿妈啦	阿古	霞响	阿尼	松姆	霞响	松姆
关系	祖父	祖父的哥哥	祖父的弟弟	祖父的姐姐	祖父的妹妹	祖父的同辈男性	祖父的同辈女性
称呼	波啦	阿古	波啦	阿尼	莫啦	波啦	莫啦
关系	祖母	祖母的哥哥	祖母的弟弟	祖母的姐姐	祖母的妹妹	祖母的同辈男性	祖母的同辈女性
称呼	莫啦	阿古	波啦	阿尼	莫啦	波啦	莫啦

资料来源：笔者于 2007 年 3 月 31 日～4 月 15 日在德吉新村采访记录。

第五节　德吉新村社会礼仪

一　婚姻习俗

德吉新村青年朋友之间的恋爱关系较为现代，只要双方都相互认可的话，在父母和亲戚朋友的关心与支持下就举行订婚仪式。订婚仪式的程序不像以前那么复杂，就是亲戚朋友在一起吃顿饭，增加对未婚妻或未婚夫的认识，或者再请亲戚朋友帮助斟酌一下。彼此在相处半年到一年左右的时间就举行结婚仪式。结婚仪式也比较简单，据次仁朗杰主任讲，如果家庭稍微困难一点的话，一般都不大摆宴席，就是亲戚朋友之间在一起庆祝一下。家庭经济条件稍好的农户，就会适当摆一些宴席，不仅亲戚朋友会来庆祝，就是本村关系稍好的村民也会赶来庆祝，这种结婚庆祝活动至少要维持一天时间，有时还会持续两天左右。

结婚后，一般家庭都是丈夫外出务工以增加家庭现金收入，妻子则在家料理家务和从事农业生产。如果双方共同努力的话，小家庭生活会越过越温馨。当然如果一方不努力的话，这个新建立的家庭就有可能面临解体的危险。如果丈夫在外面务工没有挣到钱，这种解体的可能性就会增加。据次仁朗杰主任讲，妻子在家非常辛苦，不但要从事农业生产，还要承担养老育少的重任，而丈夫却在外面不务工挣钱，要么挣了钱就经常出去喝酒，到年底回家时却没有带回一分钱，这会让妻子感到非常痛苦和失望，有时甚至不得不做出离婚的决定，这是德吉新村青年同志离婚的主要原因。当然，也不排除夫妻之间感情在婚后出现问题而离婚的可能。不过，德吉新村搬迁群众现在似乎对离婚这一现象的认识没以前那么保守了，认为离婚是比较正常的事情。因此，德吉新村离婚现象还比较突出，而且值得注意的是，在德吉新村，这些离婚的家庭似乎过不了多久就又复婚了。

二　丧葬习俗

在德吉新村，对于即将离世的老人，其亲戚朋友都会带点礼物或者现金前来慰问，对其临终前的关怀程度较高。至于死后的丧葬方式，德吉新村与西藏其他农村地区一样，多数是选择天葬这一藏族传统丧葬方式。在亲人去世后，家人一般都要请高僧择定丧葬时间，这期间死者家属一般还要请3～5个僧人前来家里念经，乞求去世者早日升天，同时也乞求家人平安。在藏传佛教的影响下，藏族人民对来世非常重视，因此，丧葬是藏族人民生活中的一个重要方面。据笔者在西藏农牧区实地调查得知，不少家庭因家人去世后举办各种丧事活动，从而导致更加贫困。

三　人生礼仪

在德吉新村，搬迁群众人生礼仪也不是很多，至多在孩子出生后到寺庙找个高僧给孩子取个名字，希望孩子一生幸福吉祥、健康成长。不过，在西藏农牧区普遍对妇女的成年礼较为重视，德吉新村也是如此，当女孩长到18岁的时候，家人都要为其举行成年礼仪式，给孩子系上围裙，表示已经成为成年人，到了谈婚论嫁的阶段，媒人可以到家里为其提亲。

四　节日礼俗

西藏农村节日礼俗比较多，内容也比较丰富。其主要的节日是以宗教节日为主，如雪顿节等宗教节日就是对一位德高望重的高僧的纪念，而且雪顿节对西藏大多数农牧民群众都有较强的吸引力。在西藏农村还有农事节日，如德吉新村农牧民群众最看重的节日就是林卡节与望果节，每当节日期间，村民都会集中到村里的林卡一起欢庆，载歌载舞，看见田里丰收在望的粮食，祈祷今年粮食丰收，不遭遇什么自然灾害，同时也祈祷来年粮食丰收。

五　乡规民约

据次仁朗杰主任讲，德吉新村现在暂时还没有成文的乡规民约，目前的乡规民约一般都是建立在以前约定俗成的一些乡规民约的基础上的，换句话说，德吉新村现在更多的是依靠社会公德在规范村民的日常生活行为。如村民应该自觉遵守国家法律，树立诚信意识，遵守社会道德规范，等等。如果村民之间发生什么争端，都是先找村委会干部进行民事调解，确实调解不下来，再向乡政府报告，请求乡政府出面予以解决，但在德吉新村出现这种情况的机会并不是很多。

六　新风新俗

搬迁后，基于德吉新村妇女同志人数较多的实际情况，当时扎囊县政府就提出在德吉新村创建"巾帼文明村"，充分发挥妇女同志在德吉新村社会主义新农村建设中的积极作用。这对提高德吉新村妇女素质、净化德吉新村社会风气起到了积极作用。

随着搬迁群众居住条件的改善，扎囊县政府也适时开展了"五好家庭"评比活动，鼓励当地搬迁群众积极创收，争当致富能人。同时也还提倡村民爱清洁，讲卫生，爱护新村环境。如罗布随巴副主任就因为其致富带头作用，以及具有爱心、帮助贫困家庭的典型示范作用，2006年被山南地区团委评为"山南地区首届十大优秀青年农牧民"，被扎囊县委授予"2005~2006年度双培双带先进个人"、"创业农民能手"等光荣称号，这在德吉新村起到了很好的典型示范效应，为德吉新村树立新风新俗起到了榜样作用。

第五章　德吉新村民族构成与宗教信仰

第一节　德吉新村的民族构成

一　民族结构与聚居情况

据德吉新村次仁朗杰主任讲，德吉新村民族结构的构成情况是，有该村户口的村民全是西藏本地的藏族人，也就是说，该村村民藏族人口占100%，暂时没有其他民族人口在德吉新村居住，但不排除今后会有其他民族群众在此落户生活的可能。

二　民族成员来源

德吉新村作为一个新建行政村，共有8个村民小组，其小组成员均是来自于扎囊、错那两县农牧区的藏族同胞。据次仁朗杰主任讲，德吉新村部分未婚女青年在外面打工时，认识了汉族及其他民族的男朋友，准备带回村子一起生活。对这个问题，村委会感觉还是比较麻烦的，除了生活中的暂时民族关系认同外，主要在于住房与耕地问题一时难以解决。

三 民族关系

由于德吉新村村民全都是藏族人，因此，根本不存在什么民族关系问题。尽管搬迁群众来自不同的地方，但毕竟大家都在德吉新村一起生活，彼此都还合得来。据罗布随巴副主任讲，搬迁群众最初搬迁到德吉新村后，由于是来自不同的地方（扎囊、错那两县不同乡镇），语言及生活习俗等方面存在一些差异，故村委会在管理方面也面临一定的困难，感觉难以进行沟通和管理。后来在村委会干部的努力下，这种情况已经完全改变。笔者在德吉新村入户调查时也发现，德吉新村村民对我们还是比较热情的，照顾得也特别周到。由此也可以推测，德吉新村村民关系还是比较融洽的。

四 民族团结

尽管德吉新村搬迁群众来自不同的地方，有不同的生活习俗，但在德吉新村村委会干部与扎其乡政府包村、驻村干部的共同努力下，村民们经过长期的磨合相处，相互认识、相互理解的程度日益加深，本地藏族人民之间的关系也非常融洽。

五 民族团结先进人物

仁久，自1997年任扎囊县民族宗教事务局局长兼扎囊县寺庙爱国主义教育办公室主任秘书以来，在扎囊县委、县政府和山南地区寺教办的领导下，从实践"一加强、两促进"历史任务的高度，从"讲政治、讲大局、讲稳定"的高度，从加强民族团结、维护祖国统一的高度，一直站在反分裂斗争的前沿，把寺庙爱国主义教育工作作为自己工作的重中之重，认真贯彻落实中央和西藏自治区党委的一系列指示精神，采取有效措施，深入扎实、认真细致地开展了扎囊县寺庙爱国主义教育和法制宣传教育，进一步完善了扎囊县正常的宗教秩序和管理秩序，加强了民族团结，基本实现了扎囊县社会局势长期稳定的目标。

第二节　德吉新村搬迁群众的宗教信仰

一　信教情况

众所周知，西藏农牧民群众几乎是全民信仰藏传佛教，德吉新村搬迁群众也是如此。从德吉新村搬迁群众信教的实际情况来看，以信仰藏传佛教为主，还没有搬迁群众信仰伊斯兰教、天主教等其他教派的情况。

二　宗教场所

德吉新村本村没有一处寺庙，看上去对德吉新村村民从事宗教活动不甚方便，因此，笔者在德吉新村调研时就该问题对当地村民做过问卷调查，统计结果表明，德吉新村80%以上的搬迁群众认为，他们现实生活中暂时还没有这个需要。再进一步分析其原因，发现搬迁群众更多受现代市场经济影响，都在努力改变今生，而不是虚幻地追求来世，此其一；即使德吉新村村民有从事宗教活动的需要，扎其乡范围内就有两处寺庙——敏竹林寺与充堆寺，还有桑耶寺距离德吉新村也比较近，在他们看来也非常方便，此其二。因此，德吉新村村民经常去的宗教场所主要是敏竹林寺与桑耶寺。随着家庭经济条件的逐渐改善，德吉新村搬迁群众分别在自己家里设置了佛龛、香炉、经堂等，基本能够满足搬迁群众日常宗教活动的需求。

三 宗教负担

德吉新村大多数搬迁群众受现代市场经济的影响，在处理宗教活动事务上都比较理性。据笔者实地调查得知，目前德吉新村搬迁群众并没有让孩子接受宗教教育，这就是一个非常明显的进步，可以大大减轻家庭的宗教负担。另外，德吉新村村民对日常宗教活动也变得非常理性了，以前还要长途跋涉到寺庙烧香拜佛，并给予大量的物质与现金施舍。而现在，搬迁群众只需在自家搭建一个香炉，建一个佛堂，就可以完成一系列宗教活动，这大大减轻了当地搬迁群众的宗教负担。

四 宗教活动

对于德吉新村多数村民而言，平常都很少参加宗教活动，一般都由家庭专门负责宗教活动的成员从事宗教活动。如德吉新村村民早上起床后所做的第一件事情就是烧香，但不是家庭所有成员都要到香炉前去烧香，大多是由家庭主妇负责。不过，对于德吉新村大多数村民而言，他们的主要宗教活动就是参加一年一度的敏竹林寺次就节。

五 主要宗教人士传记

江白坚增，敏竹林寺民主管理委员会（简称民管会）主任，宗教界县人大代表。尽管敏竹林寺规模不是很大，在全区的影响力与知名度也不是很高，不过，敏竹林寺生

图 5 - 1　笔者采访敏竹林寺民管会主任江白坚增

（2007 年 4 月 8 日　范远江摄）

产的藏香在西藏自治区乃至国内外都有一定的知名度。敏
竹林寺藏香已经出口到印度、尼泊尔等国家，藏香生产是
敏竹林寺重要的收入来源。2007 年 4 月 7 日笔者采访敏竹
林寺民管会主任江白坚增时（见图 5 - 1），他谈到藏香生产
一年可为敏竹林寺带来 100 万元左右的纯收入，不过，他同
时也谈到，敏竹林寺一年的活动开支大概也在 100 万元左
右。当笔者进一步问及寺庙详细开支时，他说除了寺庙僧
人的生活开支外，敏竹林寺还开办了一个学经班，这也是
一笔不小的开支。最后他还谈到，他也非常关注民生。当
他了解到塔巴林村一段的扎其乡饮水东干渠出现渗水、垮
塌等现象，严重影响农作物的灌溉时，随即向乡政府赞助
现金 5340 元。随后由乡政府组织 13 名党员干部、356 名群
众一起对长约 5 公里的扎其乡东侧水渠进行了全段维修，兑
现务工群众人均现金补贴每天 15 元。对于此，仁青书记也

点头承认。其次，他每年还组织寺庙僧人对 101 国道至敏竹林寺之间的路面进行 3～4 次维修，这在很大程度上保障了乡村道路畅通无阻，给当地群众的生产、生活带来了不少便利。最后，他每年还将寺庙收入的一部分用于帮助当地贫困家庭，改善贫困家庭的生产、生活条件。江白坚增主任赢得了当地政府与人民群众的一致好评。

个案 5－1　爱国、爱民、爱教的好主任
——访敏竹林寺民管会主任江白坚增同志

被访人：江白坚增

采访人：郑　洲

记录人：郑　洲

翻　译：仁青旺堆（扎其乡党委书记）

访谈时间：2007 年 4 月 7 日中午

访谈地点：扎囊县扎其乡敏竹林寺

1. 寺庙发展简介

1982～1995 年，政府先后投入 30 多万元对敏竹林寺予以维修，1996 年政府又投入了 4 万多元安装寺庙电线。自己以前听说过政府先维修桑耶寺，待桑耶寺维修好之后就转移到敏竹林寺，但是，至今仍然没有落实。1996 年，拉萨发生骚乱，西藏自治区全区就只有敏竹林寺庙稳定，因此，1997 年，敏竹林寺被评为"爱国爱教基地"。敏竹林寺现在实行民主管理，民主管理委员会由 7 人组成，现有僧人 54 人（政府编制 55 人）。敏竹林寺现有房屋建筑面积 3 万多平方米，现有耕地 9 亩，用于寺庙自己种植农作物，如青稞、土豆、油菜等，寺庙自给一部分所需。

2. 寺庙收支情况分析

（1）收入部分：首先是敏竹林藏香生产收入，现在每年可以达到80万元左右。据仁青旺堆书记讲，敏竹林藏香生产配方是寺庙秘传的，生产是由雇工进行，工人知道生产流程，但是不知道配方。江白坚增主任希望未来能够把敏竹林藏香生产做大做强，但目前不具备这个能力。其次是朝拜人员及旅游参观者的各种施舍、进贡等，每年大约在10万元左右。再次是寺庙拥有的200亩林卡，其木材主要用于寺庙的维修、扩建，以及寺庙柴火等，其价值大约在10万元左右。寺庙总收入在100万元左右。此外，每年有近万人来敏竹林寺朝佛、观光，在旅游旺季，仅港澳游客平均每天有2~3辆大巴车进来，可以再适当增加一点门票收入，如外国游客门票可定为每人25~30元，这样还可以增加寺庙收入。（2）支出部分：江白坚增主任认为，寺庙每年的开支也在100万元左右，主要是寺庙僧人的基本生活支出，如寺庙定编54个宗教人员的饮食起居等；另外，寺庙还办了一个学经班，为每个学员提供衣食住行，其开支也不少，大概每年支出7万元左右。

3. 目前寺庙发展存在的一些困难

（1）寺庙维修问题。敏竹林寺建寺以来，规模比较宏伟，共有5处，但是由于"文化大革命"期间的人为破坏，现在只剩下3处，有2处人为破坏较为严重。有很多观光旅游者恰好对这2处特别感兴趣，拍照，录像，显得很不协调。江白坚增主任现在正在向政府申请维修资金，尽快予以维修。（2）道路硬化问题。101国道到寺庙间的道路仍然是机耕道，路基较窄，汽车往来非常不方便，同时由于灰尘太大，给参观者留下不好的印象，希望早日实现道路硬化。（3）寺庙人员定编问题。1959 年民主改革前，寺庙僧人达到 315 人，如果是现在肯定供养不起，不过，现在寺庙人手的确有点少了，不能满足当地老百姓基本的宗教需求，希望政府在寺庙人员编制上予以考虑。2006 年 6 月 10 日，敏竹林寺被定为全国重点文物保护单位，希望政府在寺庙的维修及扩建等方面投资力度再大一点。

4. 爱民、惠民活动

敏竹林寺民管会每年还将收入的一部分用于帮助当地贫困家庭，改善贫困家庭生产、生活条件，如每年藏历年与春节前，江白坚增主任都会组织寺庙僧人为本地一些贫困户送些大米、牛羊肉及现金等，尽量使他们也能够过上幸福快乐的节日。同时，他还对本乡部分农村进行一些基础设施建设投入。当他了解到塔巴林村扎其乡饮水东干渠一段出现渗水、垮塌等现象，严重影响了农作物的灌溉时，随即向扎其乡政府赞助了现金 5340 元。随后由乡政府组织 13 名党员干部与 356 名当地群众一起对长约 5 公里的扎其乡东侧水渠进行了全段维修，兑现务工群众人均现金补贴每天 15 元。他每年还组织寺庙僧尼对 101 国道至敏竹林寺之间的道路进行 3 ~ 4 次维修，在一定程度上保障了乡村道路的畅通无阻，为当地群众的生产、生活带来了不少便利。笔者曾对江白坚增主任建议，敏竹林寺能否一次性投入对道路进行水泥硬化？他说他也曾经想到过这样做，而且也纳入民管会讨论过，但是民管会没有通过。江白坚增惠民、爱民行为赢得了当地政府与人民群众的一致好评。

第六章　德吉新村各项社会事业全面发展

第一节　农牧区基础教育发展

一　基础教育与成人教育

（一）基础教育发展概述

德吉新村现代基础教育是在原朗赛岭小学的基础上发展而成的。朗赛岭小学始建于 1968 年，当初是距离 101 国道 3 公里处的一所教学点。1994 年，在西藏自治区政府"县县建中学，乡乡建小学"政策的指导下，扩建成为朗赛岭完全小学。1997 年朗赛岭乡合并到扎其乡之后，朗赛岭小学改名为扎其乡第二小学（简称扎其二小）。2001 年，随着德吉新村扶贫搬迁村的建立，西藏自治区政府重点投资 180 万元，扎囊县政府一些部门领导筹措资金 36 万余元，正式动工建立新学校，2003 年底迁至现址。扎其二小距离拉泽公路仅 10 米远，位于德吉新村西边。

扎其二小占地面积 32480 平方米，其中，学校建筑面积 2154 平方米。校园干净舒适，布局合理，校园分四区，即教学区、生活区、运动区及种植基地。扎其二小教育资源

144

丰富，开设有德育室、计算机教室、会议室、办公室等设备较为先进的师生工作和学习活动场所。扎其二小校委会由正副校长、教务、总务、妇联、少先队、学生会、各科教研组等组成。学校现有 17 名专职教师，其中：1 名本科学历、9 名大专学历、7 名中专学历，全校教师学历合格率达 100%。

扎其二小建有一个德育室，每周四下午第三节课是全校学生的德育课。通过德育课的学习，学生增长了知识，提高了思想道德素质。德育室教学资源比较丰富，大到对国家大政方针的初步了解，如对西藏从和平解放到现在所发生的翻天覆地变化这段历史的了解；小到学生个人学习行为习惯的培养，如小学生日常生活中应该做什么，不应该做什么。德育课起到了对学生进行政治思想素质教育的作用。2007 年 4 月 5 日，笔者在参观扎其二小德育室后，也深受启发。

扎其二小还建有一个计算机网络教室，并配备了 20 台计算机，基本实现了现代远程教育技术授课。扎其二小所有教师都能够掌握计算机基本操作技术并能够进行多媒体教学，提高了教学手段，丰富了教学内容，增强了学生的学习兴趣。扎其二小还建有一个图书室（见图 6-1），尽管图书室里所储藏的书并不多，学生每次可外借的书也不多，每次借一本，借书时间为一周。但是，图书室每周开放两次，学生可以在图书室阅读自己喜欢的书籍。相对于西藏其他农村学校甚至包括内地一些农村小学而言，条件已经是比较好的了。这在西藏农村基础教育发展来看，已经是很不错的了。

扎其二小每间教室还配备了一台彩色电视机，每天晚

图 6 – 1　扎其乡第二小学图书室
（2007 年 4 月 9 日　郑洲摄）

上 7 点准时播放新闻联播，让学生了解国家大政方针。据拉巴次仁校长讲，如果周六不放假，还会让学生看看动画片等电视节目，这类节目深受学生喜欢，丰富了学生的课外知识。扎其二小还建有一个校园广播站，每天早上 7 点、中午 1 点准时广播，每次播放时间约为半个小时。广播站除了用于每周一升旗仪式与平时早操与课间操外，其余时间还会对学生播放一些诗歌朗诵、讲故事等专题节目，以增强学生听说能力与语言表达能力。

（二）成人教育发展概述

2005 年，扎囊县中学开始建立农教基地以来，已初步形成传统绘画、农机维修、卡垫编织、信息技术等几个相对稳定的专业类型，同时也尝试增加裁缝、泥工、高效种养殖等专业内容，基本形成"订单式"办学格局。尤其是在传统绘画方面，以初三学生分流为主，先后开办了 5 期，共有 150 人顺利结业，其中有部分学生自发组建了藏式装饰队奔赴内地及西藏自治区各地（市），开展民族绘画工程承包业务，并取得了良好的经济效益。

职业教育是扎囊县教育事业与经济社会发展联系最为直接、最为密切的部分。扎囊县职业教育实施"四大工程"，即实施技能型人才培养工程、农牧区劳动力转移工程、农牧区实用人才培养工程、农牧区劳动力再就业培训工程。职教班学生实行双证制，在完成初三分流的同时，还必须承担再就业培训、岗前培训、实用技术培训、劳动力转移培训等任务，让学生掌握一技之长，真正做到"就业有技能、回家能致富"。同时，面对待业青壮年开展各种短期培训，为农牧区剩余劳动力转移提供支持。

扎囊县还以各完小、教学点为中心，充分利用远程资源及光盘播放设备，将专业教育同扫盲教育结合起来，向各校所辖生源区内的农牧民群众宣传党的政策、路线、法规及致富经验，打造全县一体化的职业教育体系，提高农牧民群众的政策知晓度及农牧业生产的科技含量。

扎囊县政府还积极调动扎其二小全体教师，以乡（镇）、村为单位，采用办扫盲班和扫盲夜校的办法，对德吉新村 15～50 周岁、有学习能力的青壮年文盲进行"扫盲"教育，保证有一个脱盲一个，提高了农牧民群众的科学文化素质，为农牧民群众增收打好基础。扎囊县政府通过加强基础教育、职业教育、社会教育等，全面提高农牧民群众的文化水平，增强农牧民群众的职业能力，改善农牧民群众的思想素质，更新农牧民群众的思想观念，改变农牧民群众的陈规陋习，尽快培养懂科学、会技术、善经

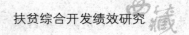

营的新型农牧民群众，让农牧民群众自觉走上致富道路。

二 村民子弟就学情况

扎其二小共开设 1~6 年级阶段全部教育，共有 8 个授课班，并按照国家"义务"教育大纲标准开齐了全部课程，办学模式基本达到西藏自治区政府"合格学校"办学条件。学校招生范围内有 4 个行政村、1 个教学点，管辖农牧民人口 2562 人，其中，7~12 岁适龄儿童 329 人，入学 329 名，入学率达到 100%。

自扎囊县实施"两基攻坚"目标以来，扎其二小学生入学率一直保持在 99% 以上。2003 年，扎其二小通过校内机制改革，实行了"二制四书两确保"制度，即在校生管理制度、辍学生罚款制度；适龄儿童入学通知书、保学合同书、流动生转学证书、辍（休）学报告书；确保给学生一个平等的学习环境，确保学生在学校吃住舒心。学校真正树立以质量留生的宗旨，加强教育教学质量，通过严格的把关措施，学生入学率达到了 100%。2005 年，经过扎囊县政府和教育局验收，获得了"县级无辍学学生学校"称号，率先在扎囊县各级学校中开创了无辍学生的先河，也为扎囊县各级学校树立了学习的榜样。

扎其二小现有在校学生 278 人，其中，享受"三包"优惠政策学生 167 名，占全校学生总人数的 60.07%；享受奖助学金学生有 111 人，占全校学生总人数的 39.93%（见表 6-1）。据拉巴次仁校长讲，全校有 3~4 个学生由于家庭贫困原因而面临辍学处境，主要是因学生父母死亡或者父母离异等因素造成的。

表 6 - 1　扎其二小学生享受"三包"及奖助学金一览

单位：人，%

项目名称	享受"三包"优惠政策	享受奖助学金	样本数
人　数	167	111	278
所占百分比	60.07	39.93	100.00

资料来源：扎其二小文件资料《扎其二小学生"三包"及奖助学金实施情况》（打印稿）。

根据西藏自治区人民政府 108 号文件，享受"三包"优惠政策的小学生每个月生活补贴 70 元，全年共 840 元。扎其二小拉巴次仁校长谈到，这还没有包括柴火费等费用，扎其二小食堂所用柴火几乎是由德吉新村村委会及部分富裕村民免费提供的，如果把这部分支出计算在内，扎其二小学生实际所享受"三包"优惠政策的经费还会提高。按每个学生每月柴火费 10 元计算，扎其二小享受"三包"优惠政策的学生实际享受"三包"经费可达 80 元。

目前，德吉新村基本没有适龄儿童辍学现象发生，对发生辍学行为的家庭，村委会还特别做出了一项不成文的规定，如果一个家庭有一个孩子辍学，便罚款 15 ~ 20 元，并劝其学生家长到学校进行义务劳动。笔者在德吉新村的调查进一步证实，由于"三包"优惠政策的实施，德吉新村的确还没有发现适龄儿童辍学现象。德吉新村德庆措姆农户因父母相继去世，剩下三姊妹，大女儿在家料理家务，两个妹妹读小学。由于家庭较为贫穷，不得不把一个妹妹送到邻乡亲戚家读书。根据"三包"优惠政策规定，德吉新村所有农牧民家庭距离学校较近，都在 2 公里之内，因此不能享受"三包"优惠政策。后来在笔者与扎其二小学校领导的积极协调下，学校领导当即答应准备于 2007 年下半年把德庆措姆妹妹接回扎其二小读书，并且解决生活吃住问题。后来，笔者还进一步给扎其二小学校领导建议，最好把她两个妹妹的生活问题全部解决，让其能够在农闲时外出打工，缓解家庭经济压力。

三　村民教育观念及教育投入

在笔者与德吉新村搬迁群众多次交谈中发现，他们对政府现行教育政策最为满意，特别是随着"三包"优惠政策的实施，这在很大程度上转变了德吉新村搬迁群众的教育观念。当地群众通过自身经历，感受到了教育对提高自身素质的重要性，尤其是德吉新村部分外出务工者，因其所接受的教育水平不高，给他们带来了诸多困难。首先，在语言交流方面存在很多困难。德吉新村外出务工者大多数在西藏本地务工，如果到内地其他省（市）务工，可能还会遇到更多的语言交流困难。事实上，在西藏本地务工收入并不高，基于此，他们还是希望到内地其他省（市）务工以增加收入，同时，他们也希望孩子在今后能够走出西藏，因此，他们非常重视正规学校教育对提高孩子素质的重要作用。其次，由于受教育水平不高，接受新鲜事物及掌握新技能的速度较慢。从德吉新村外出务工者的务工情况来看，大多数农牧民群众仍从事劳动强度较大的建筑行业工作，从事技能型工作的人数极少。然而，从事技能型工作不仅劳动强度小，而且所得收入也比较高。基于搬迁群众的自身经历，他们希望孩子不要再像他们一样，今后再继续从事体力型劳动工作。同时他们也深刻地认识到，要实现这些转变，只有转变教育观念，提高孩子受教育水平。

随着西藏自治区政府"三包"优惠政策的全面实施，

义务教育阶段学生不仅不用缴纳学费，而且享受"三包"优惠政策的农牧民子女寄宿生还可以享受到政府免费提供的一日三餐，这在很大程度上减轻了农牧民家庭经济负担。实事求是地讲，西藏农牧民对孩子的早期教育投入并不大。首先，西藏大部分农牧区还没有开办幼儿园，小学及初中阶段又不用缴学费，这与内地其他省（市）农村教育比较而言，西藏农牧民已经节省了很大一笔开支。其次，如果农牧区学生条件符合"三包"优惠政策，则孩子住读学校并由政府免费提供三餐，不用负担孩子的生活费；即使没有享受"三包"优惠政策的学生，还可以享受学校提供的奖助学金，这对减轻农牧民家庭经济负担具有积极作用。

从目前西藏农村基础教育发展现状来看，大多数农牧民孩子只上完了初中，便没有继续上学。但就西藏农牧区基础教育投入而言，由于政府大力扶持和帮助，农牧民对基础教育投入相对不多。西藏农牧民对教育的正式投入是高中及大学阶段的教育，在"三包"优惠政策还没有覆盖到高中阶段教育时，西藏农牧民不得不承担孩子的学费及生活费等相关费用，虽然也有政府提供的各种奖学金，毕竟受奖学金名额等因素的影响，在这一阶段西藏农牧民对教育投入相对要多一些。至于大学教育投入，对一般西藏农牧民家庭而言，的确是一笔不小的开支。

四　村民子弟读书观念

笔者在德吉新村调研期间，也专门采访了扎其二小部分教师和学生。当笔者问及这些小学生"为什么读书"时，他们普遍回答是为了考大学、当国家干部。由此可见，在孩子幼小的心灵中，带着一种淳朴的读书观念。可是，这种观念随着时间的流逝似乎也逐渐淡化，这也是为什么中央投入如此之大，而西藏教育水平却始终难以提高的根源所在。究其原因，可能与西藏大部分农牧民群众对孩子的读书观念有很大关系。正如前面分析指出，小学及初中阶段教育有政府的大力投入，农户自己投入相对较少，因而对孩子读书还比较支持。笔者在扎囊县调研期间也发现，尽管有政府各种优惠政策的帮助，还是有很多初中适龄学生辍学在家，并且学校老师及当地政府干部也曾多次劝学，但无济于事。一方面是由于这部分学生学习成绩不好，产生厌学情绪，孩子主动提出不去学校读书；另一方面还不得不正视西藏农村经济社会发展现状，在西藏农村经济发展水平普遍偏低的情况下，随着孩子年龄的增长，尤其是到了初三阶段，便已成为家庭劳动力的重要组成部分，可以帮助家庭种种地、看看牛羊等，这既可以减轻家庭经济负担，又能增加家庭收入。

其实，上面两个因素还只是表面原因。笔者在德吉新村实地调查时发现了影响西藏农村基础教育健康发展的一些深层次原因。我们知道，西藏农牧民也是一个个"理性经济人"，他们会对孩子接受教育的投入与产出进行比较：在国家对九年义务教育投入较大、家庭不需要投入的情况下，加上在这个阶段孩子还没有成为家庭劳动力的一部分时，他们对孩子免费接受学校教育的兴趣是非常高的。随着国家对高中及以上阶段教育投入减少、农牧民家庭对孩子教育投入相对增多的情况下，此时孩子已经逐渐成为家庭劳动力的一部分，他们就对孩子接受更高教育的兴趣逐渐减弱。这固然与西藏大部分农牧民目光短浅、只看重眼前现实经济利益有极大关系。笔者在调研期间也发现，在与当地农牧民群众谈及教育问题时，他们对国家在教育及就业政策改变方面存在一些看法，也就是说，政府的教育政策影响了他们的教育观念。从 2003 年起，西藏自治区也像内地其他省（市）一样，对新招收的大学生毕业时不再实行"包分配"制度，由大学生自主择业。这是顺应历史发展趋势的政策，但在西藏大部分农牧民群众看来，是难以理解和接受的。他们认为，在西藏对大学生不实行包分配制度，孩子读了大学还要自己找工作，在竞争日趋激烈的当今社会，孩子要找到一份理想工作的难度较大。与其大学毕业后自己还得找工作，不如现在就早点出来谋一份工作，或许对家庭和自己都要好一些。

同时，当地群众还谈及了西藏农村基础教育这样一个应该引起重视的现象：即使许多学生由初中顺利地考上了高中，由于大学招生名额及分数的限制，要实现每个高中生的大学梦想，对西藏农牧民子女来说是不太现实的。也就是说，西藏很多高中生即使读完高中，也不能顺利考上大学。对于这部分高考落榜生，回到农村后又不愿意干农活；到城市找工作，好一点的工作又竞争不过大学生，差一点的工作，自己又不愿丢下面子去干，形成了一种"高不成、低不就"的两难境地。这对学生家长来说，也是一件非常头痛的事情，这也直接影响很多家长的教育与读书观念，初中毕业后能够做一些简单计算、认识一些藏汉文字就可以了，用不着继续读书。

五　教育发展中存在的问题

（一）基础教育

（1）教学资源还有待丰富。尽管实现了现代远程教育技术，但是扎其二小全体教师希望能够尽快安装宽带，这样教师可以通过互联网学习到更先进的教学知识。扎其二小大多数教师的学历基本合格，能够掌握简单计算机操作技术，但是，还是希望扎囊县教育局组织学校教师到内地好一点的学校学习现代教育技术，提高教学水平。

（2）教学条件还有待改善。教师办公条件较差，全校只有两间办公室，实行集体办公，不利于教师自学。同时，教师宿舍、学生宿舍、学生食堂等还存在下雨漏水的问题，刮大风的时候还有可能把屋顶铁皮刮走。

（3）"三包"经费还有待提高。政府明确规定保证学生的一日三餐，每天至少为学生提供：早餐馒头、稀饭，中餐有肉菜、米饭，晚餐有酥油茶、馒头或面条、藏面等，并确保饭菜质量、分量及卫生等。在物价日渐上涨的情况下，每月70元的"三包"经费显然难以做到，如扎其二小享受"三包"优惠政策的学生每周只能吃上一个鸡蛋，这不足以保障学生的基本营养与健康所需。不过，学校也在积极想办法提高"三包"学生的生活待遇。如学校建立了一个小型养猪场，喂养了7头猪，养殖收入几乎全部纳入学生助学金范围。当地政府为学校拨了4亩地，原计划种植果树，现在准备种植蔬菜，建立两个大棚蔬菜基地，可以自给学校一部分蔬菜，以减轻学校"三包"经费开支的压力。但是，蔬菜基地的水源问题未能得到有效解决，学校希望政府能够建立一个机井。学校有时还得利用教师的社会资源，向社会募集一点，如德吉新村村委会副主任罗布随巴为学校捐助了7000元现金及几十袋大米。

（二）职业教育

从整体上看，职业教育还缺乏规模性、效益性和长效性，仍然没有形成一种能够"带动一方经济、造福一方百姓"的长效机制。农牧民群众对职业教育的认同远远达不到政府要求，仍然存在着"送子女入学就是为了当干部，学开手扶拖拉机、卡垫编织等可以在家学，没有必要送往学校"的传统观念。因此，无论初三学生分流还是其他类型的职业培训，群众参与率和支持率都非常低，生源问题就成了发展职业教育的又一瓶颈。为了打破这一僵局，应该通过各种会议、展板、广播、电视等媒体，借助乡（镇）、村级领导，向广大农牧民群众宣传职业教育的重要地位和作用，宣传优秀技能人才和高素质劳动者的劳动价值和社会贡献，进一步转变人们的求学观、择业观和人才观，提高全社会对职业教育的认识。

第二节　农牧业科技服务

一　农业科技部门与科技信息

扎囊县农业局负责全县农业科技推广与管理等工作，农业局内部还有一些具体业务部门，如种子站具体负责良种推广工作，畜牧站具体负责禽类养殖技术推广工作，等等。笔者在扎囊县调研期间发现，在扎囊县农牧局还有农业科技信息简报以及印发科技信息手册等资料，但是到了扎其乡政府便只能看见一些科技宣传画等资料了。至于在德吉新村农户家中，就很难看见与科技信息有关的资料，其原因有以下几个方面。

（1）扎囊县科技信息"自上而下"传达方式的特殊性。由于西藏大多数农牧民群众文化水平较低，很多农牧民群众连基本的藏文都不认识，更不用说对汉文的理解，然而很多农业科技信息知识都是用汉文表达的。基于这些原因，上级政府要传达科技信息知识，一般都采取"以会代训"的方式，先在各行政村选一名科技人员参加县里的集中培训，然后再由科技人员回到村里，利用村民大会和小组会议对村民进行科技信息知识培训。

（2）村民对科技信息知识接受方式的特殊性。即使政府向每家每户发放了农业科技信息资料，尤其是一些文字性资料，有可能到了大多数农牧民手中便成了一堆废纸，因为很多农牧民没有读书看报的习惯，此其一。即使有部分农牧民有读书看报的习惯，毕竟其文化水平较低，对农业科技信息知识的理解与接受可能还有一定难度，需要专业科技人员对其形象化讲述，这样更易于接受，此其二。值得肯定的是，德吉新村大多数农牧民都有参加科技培训的意愿，希望通过发展科技项目致富。

二 农牧业科技推广项目

2005 年，扎囊县被列为西藏自治区农业科技入户工程示范县。在全县范围内遴选科技示范户，建立农户档案，并把科技示范户分配到每个技术人员手中，实行科技承包责任制。加大了对农牧民群众农业科学种植的培训力度，通过以会代训、举办培训班、现场观摩等形式共举办科技入户专题培训班 11 期，计 3313 人次。以优质油菜种植技术的推广为主要内容，同时兼顾良种推广、优质大蒜种植、科学养殖等方面的技术。同时还为农牧民发放培训经费 6.6 万元，为 1000 户科技入户示范户发放喷雾器 1000 部。

2006 年，扎囊县政府依靠扎囊县中学职业技能培训基地，结合中加合作、科技入户等建设项目，加强对农牧民科学技术和职业技能的培训，大力推广先进实用技术，使广大农牧民群众就业有门路，致富有技能。2006 年，扎囊县共举办农牧民培训班 42 期，培训农牧民 8149 人（次），其中，科技入户示范项目 1000 个，先进实用技术入户率和到位率达到 95%，通过项目辐射带动 4800 户农户增收。据初步统计，扎囊县农牧民中掌握一门以上致富技术者约 8000 名（包括编织、驾驶、建筑施工、种养技术等在内），农牧民家庭中有一个以上科技明白人的有 1000 余户。

1. 优质油菜种植

扎囊县政府准备在德吉新村建立优质油菜种植基地，改变传统农业产业结构，增加搬迁群众收入。2002 年，在德吉新村示范种植油菜并取得初步成功，可是后来没有建立起优质油菜种植基地，其原因在于德吉新村所有耕地都是新开垦的，土壤贫瘠，粮食单产较低，而德吉新村搬迁群众当时最需要解决的就是口粮问题，因此，只有在保障基本粮食产量的前提下，即先解决搬迁群众的"生存"问题，然后才可能种植经济作物，增加搬迁群众家庭现金收入，即解决搬迁群众的"发展"问题。

2. 优质大蒜示范种植

为了确保大蒜示范种植成功，山南地区农业科技推广中心在扎囊县每个示范点派了 3 名技术人员，提供技术服务，并无偿提供种子、肥料、地膜、农药等生产资料，以及对项目区进行了网围栏防护。按 2006 年项目区大蒜产量与平均市场价格计算，平均每亩产蒜薹 180 斤，平均单价 1.20 元，亩收入为 216 元；平均每亩大蒜单产 1394 斤，平均单价 1.80 元，每亩收入为 2509.20 元。每亩大蒜总产值为 2725.20 元，每亩投入按 1000 元计算，包括种子、肥料、地膜、农药、网围栏、劳务投入等费用，每亩纯收入为 1725.20 元。大蒜一般在 7 月初收获，还可以抓住大蒜收获后的光、热、水资源，复种早熟青稞、饲料油菜、箭舍豌豆等，早熟青稞亩产约 350 斤，饲料油菜亩产约 3000 斤。优质大蒜示范种植成功，不仅为扎囊县耕作制度的改革探索了新途径，即"一年两熟"生产模式；还为扎囊县种植业结构调整注入了新的活力，对提高农业生产效益、提高单位面积经济收入找到了一条新的路子，对拓宽农牧民增产增收意义十分重大。

据扎囊县农发办一位主任讲，政府原准备在德吉新村建立一个优质大蒜种植基地，由于扶贫综合开发资金不足，加上政府又将扶贫开发重点转移到桑耶镇，因此，该计划未能实现。其实，据笔者在德吉新村调研得知，其根本原因还在于政府担心德吉新村搬迁群众种植技术缺乏，担心投入不见成效而放弃。

3. 以藏鸡为主的禽类规模养殖

2005 年，扎囊县建立了优质藏鸡、鸭养殖基地 7 个，其他养殖散户 400 户。年计划养殖规模 25 万只，其中，肉鸡 19.25 万只，藏鸡 7500 只，鸭养殖规模 5 万只。禽类规模养殖项目总投资 178.67 万元，其中，国家投资 55.40 万元，农牧民投资 123.27 万元。国家投资主要用于养殖基地的鸡、鸭舍建设，同时为散养户每户发放 800 元补贴。按 2006 年项目区禽类养殖数量与平均市场价格计算，肉鸡出栏 6750 只, 每只肉鸡纯收入按 4.50 元计算 (以养殖点调查平均纯收入计算), 肉鸡养殖纯收入 30375 元。肉鸭出栏 4818 只, 每只纯收入按 3.20 元计算, 肉鸭养殖纯收入 15417.60 元。目前, 扎囊县仅养殖业一项实现农牧民增收 45792 元。

2006 年, 以藏鸡为主的禽类养殖格局初步形成, 出现了一批年养殖禽类超过千只的养殖大户, 扎囊县全县饲养藏鸡 8 万多只, 由养殖基地集中养殖与散户分散养殖, 对带动周围农户大力发展养殖业、促进和壮大藏鸡产业的形成起到了典型示范、辐射带动的作用。

扎其乡加大以藏鸡为主的禽类养殖力度, 并把藏鸡养殖作为增加群众现金收入的重要途径。在山南地区农牧局和扎囊县农牧局的大力支持下, 扎其乡在西嘎学村和藏仲村建立禽类养殖小区 2 个, 养殖鸡、鸭共 1 万多只。西嘎学村除了集体养殖外, 村里已有 62 户建起了规划统一的鸡舍, 通过学习科学养殖技术, 存活率达到了 86%, 仅藏鸡养殖这一项一年可为农牧民人均增收 620 多元。但德吉新村藏鸡养殖基本上以农户分散养殖为主, 还没有形成规模养殖。

4. 沼气技术推广

2006 年, 扎囊县被西藏自治区政府列为沼气试点县, 在推广沼气技术入户的同时, 同步实施改厨、改厕、改圈。2006 年, 德吉新村建设 135 个沼气用户。德吉新村沼气项目属于山南地区行署主抓项目, 共计投资 39.60 万元, 其中, 国家投资 27 万元, 地区妇联和建筑总公司、团地委、地区编译室、地区人大、地区石油公司、地区党校、地区师校、地区消防支队 9 个扶贫联系单位投入资金 12.60 万元。

5. 农业科技培训

加大人才培训力度，加强常规农牧业技术培训，特别是加强农作物病虫害防治技术、科学施肥技术、优质农作物栽培技术、奶牛养殖技术、大棚蔬菜种植技术等培训，是确保开发区项目发挥效益、促进农牧民增收的现实途径。加大科技投入力度，坚持工程措施、生物措施和农艺措施相结合，大力推广普及应用先进适用技术，选用优良品种，提高科技含量，建设高标准的基本农田和经济林、防护林、草地等。

三　科技下乡活动

（1）藏鸡等禽类养殖规模逐步扩大，但技术人员缺乏，科学养殖技术跟不上，雏鸡、雏鸭等成活率不高，而且销售也有一些困难，经济效益不明显（见图6-2）。因此，解

图6-2　课题组在扎囊县德吉新村青年种养殖示范点调研

（2007年4月9日　次多摄）

决养殖技术问题、销售问题、效益问题就成为养殖户最重要的问题。藏鸡养殖还没有建立专门的孵化公司。同时，禽类养殖风险较大，主要是禽流感影响，必须加强禽类养殖防控体系建设。

（2）德吉新村养猪场基地建设。养猪还是存在技术问题，扎囊县团委曾计划组织基地负责人参加养猪技术培训，扎娃达西也非常希望参加培训，但是县团委始终未能落实培训计划。

（3）农村科技人员缺乏。德吉新村只有一名科技人员，虽然8个小组均有一个科技户，但这远远不能满足农牧业科技推广需要。笔者在德吉新村调查期间发现，也只有在这几个科技户家中才能看到燃烧的沼气，以及大棚里的各种蔬菜，其他农户家庭的沼气几乎没有用起来，尽管蔬菜大棚建立起来了，但是里面的蔬菜品种极少，长势也不甚好。笔者通过调查还发现，本村绝大多数村民都愿意参加农牧业科学技术培训，即使政府不给什么误工补贴都愿意，这与笔者在贡嘎县杰德秀居委会调查时遇到的情况相反，如果政府不发放误工补贴，杰德秀居委会大部分农牧民都不愿意参加。这本来是关系农牧区长远发展的大事，从某种程度而言也是农牧民自己的事情，有政府组织的科技培训已经是难能可贵，农牧民应该积极主动参加。

第三节　基层医疗卫生服务

一　农牧区医疗管理制度概述

2004年1月1日，扎囊县开始实施农牧区医疗管理制度，在此之前称为新型农村合作医疗制度，农牧区医疗管理制度是以政府主导、个人自愿参加，政府、集体和个人等多方筹资，是以家庭账户、大病统筹和医疗救助相结合的医疗互助合作制度。根据《西藏自治区农牧区医疗管理暂行办法》的规定，农牧民本着自愿的原则参加农牧区医疗制度，年人均缴费最低10元，医疗总基金的60%划入家庭账户，35%作为大病统筹基金，5%作为医疗救助基金的来源之一。（1）家庭账户基金占医疗总基金的60%，主要用于农牧民门诊医疗费用补偿；（2）大病统筹基金占医疗基金中的35%，主要用于农牧民大额医疗费用或住院医疗费用的补偿；（3）医疗救助基金占医疗总基金的5%，主要用于农牧区五保户和贫困农牧民家庭的医疗救助。

凡是缴纳个人筹资的农牧民，在各级医疗机构就医或核销的比例及具体结算办法是：（1）在乡（镇）医疗机构和村卫生所就医发生的门诊费用，凭《家庭医疗账户本》在其家庭账户基金中核销，在乡（镇）医疗机构所发生的住院费用，免收70%，在家庭账户基金中核销30%；（2）在县级医疗机构就医所发生的医疗费用，其门诊费用在家庭账户基金中核销，住院费用在大病统筹基金中报销70%，在家庭账户基金中报销30%；（3）在地（市）及以上医疗机构就医所发生的医疗费用，凭医疗机构转诊转院证明和医疗费用有效票据，在大病统筹基金中报销60%，在家庭账户中报销40%。

农牧区五保户、贫困农牧民家庭在各级医疗机构就医所发生的医疗费用，除享受上述报销政策外，并可视其家庭经济情况在医疗救助基金中予以补助。农牧区医疗管理制度规定，农牧民住院医疗报销费用补偿封顶线为每人每年 3000 元，对缴纳个人筹资的农牧民因患大病、重病发生的大额医疗费用或住院医疗费用超过补偿封顶线的，可根据患者家庭的经济情况从医疗救助基金中给予一定数额的再补偿。

二　扎囊县医疗制度实施情况

（一）扎囊县农牧民参与情况分析

2004 年，西藏开始实施农牧区医疗管理制度，农牧民免费医疗标准为年人均 40 元，其中，中央和西藏自治区财政承担 35 元，各地（市）财政承担 3 元，县（市）财政承担 2 元。这一惠民政策的实施，调动扎囊县农牧民参加农牧区医疗管理制度的积极性，参与人数约占全县农牧民总人数的 78.32%。

2005 年，西藏农牧民免费医疗标准调整为年人均 80 元，其中，中央和西藏自治区财政承担 75 元，各地（市）财政承担 3 元，县（市）财政承担 2 元。2005 年，扎囊县农牧民总数为 34068 人，总户数 6676 户。参加农牧区医疗制度的人数为 21259 人，占全县农牧民总数的 62.4%；参加农牧区医疗制度的总户数为 4679 户，占全县农牧民总户数的 70%。

2005 年底，扎其乡 18 个村委会共有农牧民群众 1756 户，计 9298 人，其中，参加合作医疗的有 1401 户，占全乡总户数的 79.8%；参加合作医疗的有 7011 人，占全乡总人数的 75.4%。相对而言，扎其乡农牧民参加合作医疗的情况比全县平均水平要好些。然而，从表 6-2 可以看出，尽管 2005 年农牧民免费医疗标准提高了，但农牧民参与比例却比 2004 年降低了。其原因在于：（1）医疗费用报销时间间隔较长。实施农牧区医疗管理制度以来，县乡医管会因专职人员不足、兼职人员较多、经费短缺等诸多因素影响，规定农牧民医疗经费报销为每季度报销一次，有的乡还是半年报销一次，这样时间相隔较长，影响了农牧区医疗管理制度这一惠民政策的及时兑现。（2）医疗经费报销程序繁杂。农牧民医疗经费报销先是县医管会下发通知，然后再由各乡镇医管会转发通知，并着手收集农牧民已经发生费用的票据及家庭账户本，然后一起送往县医管会，在此过程中难免发生票据遗漏等，对农牧民切身利益产生影响；农牧民每次报销都要等接通知后，往返医管会两次（交票据一次、领取资金一次），有的路途十分遥远，当报销金额不多时，常常产生一种得不偿失之感。

2006 年，西藏农牧民免费医疗标准再一次提高，调整为年人均 100 元，其中，中央和西藏自治区财政承担 95 元，各地（市）财政承担 3 元，县（市）财政承担 2 元。2006 年，扎囊县农牧民总人数为 33944 人，参加筹资达 31362 人，约 92.4%，除长期外出的农民工外均参加。新型农牧区医疗制度覆盖率已经达到 100%，比 2005 年提高了 30%。

从 2005 年开始，西藏自治区政府又提出解决农牧区预防保健经费问题。《西藏自治区农牧区卫生事业补助政策意见》明确规定，疾病控制和妇幼保健等公共卫生事业机构向社会提供公共卫生服务所需经费和乡卫生院、民办卫生机构或乡村医生、个体医生承担预防保健任务所需经费，由县财政根据其承担的具体事务给予解决。按照本县人口数和免费医疗经费人均 10% 的比例，合理安排预防保健经费预算；按照本县人口数和免费医疗经费人均 2% 的比例，落

表 6 – 2　扎囊县 2004～2006 年农牧民群众参加合作医疗情况统计

年度	参加率 （％）	乡镇名	农牧民 总户数 （户）	农牧民 总人数 （人）	参加 户数 （户）	参加 人数 （人）	个人 筹资 （元）	未参加 户数 （户）	未参加 人数 （人）
2004	84.78	扎塘镇	—	7582	—	6428	64280	—	1154
	73.62	吉汝乡	—	10669	—	7855	78550	—	2814
	78.99	扎其乡	—	9448	—	7463	74630	—	1985
	79	桑耶镇	—	4032	—	3186	31860	—	846
	74.83	阿扎乡	—	2249	—	1683	16830	—	566
	78.32	合　计	—	33980	—	26615	266150	—	7365
2005	66.48	扎塘镇	1727	7926	1231	5269	52690	496	2657
	39.55	吉汝乡	1892	10569	892	4180	41800	1000	6389
	75.4	扎其乡	1752	9298	1479	7011	70110	273	2287
	83.9	桑耶镇	839	4021	754	3374	33740	647	647
	63.22	阿扎乡	466	2254	323	1425	14250	829	829
	62.4	合　计	6676	34068	4679	21259	212590	1997	12809
2006	92.8	扎塘镇	1840	8022	1797	7447	74470	43	575
	91.82	吉汝乡	1858	10403	1807	9552	95520	51	851
	92.6	扎其乡	1754	9265	1690	8538	85380	64	727
	92.02	桑耶镇	916	3998	756	3679	36790	160	319
	92.6	阿扎乡	471	2256	448	2089	20890	23	167
	92.22	合　计	6839	33944	6498	31305	313050	341	2639

　　资料来源：扎囊县卫生局文件资料《2004～2006 年度扎囊县农牧民群众参加合作医疗情况总结》（打印稿）。

实农牧区医疗管理经费，加大对农牧区医疗管理工作的支持力度。

（二）德吉新村搬迁群众参与情况分析

　　由表 6 – 3 可以看出，2006 年，扎其乡各行政村农牧民参与农牧区医疗制度比例较 2005 年大幅度提高，农牧区医疗管理制度基本覆盖了整个农村。而德吉新村农牧民参与农牧区医疗管理制度的户数竟高达 100%，即德吉新村所有农户都参加了农牧区医疗管理制度。尽管参加人数还没有达到 100%，但从这 24 名未参加者的情况来看，"五种人"就达 16 名。根据西藏农牧区医疗管理制度，有"五种人"是不用缴纳个人集资款的，是由政府代为缴纳，除了与其他缴集资款农牧民同样享受报销政策，即享受免费报销政策外，还可以享受特殊的医疗救助。实际上，德吉新村真正未参加农牧区医疗管理制度的人数仅有 8 名，据笔者在德吉新村调研得知，这 8 位当地农牧民群众均是常年在外务工者，只在藏历年或春节回家待上几天，其中还有 3 名未婚女青年，据说已经在外找到了对象。显然，这几名常年在外打工者不愿意缴纳个人集资款，因为，他们在外面生病了，一般就在附近的医院或卫生所看病，尽管不能报销，相比回村看病的车费与误工损失而言，其报销比例是微不足道的。况且这些打工者都比较年轻，身体素质还比较好，得病的概率也比较低，所以，他们暂时选择不缴个人集资款。

表 6 - 3　2006 年扎囊县扎其乡各村农牧民合作医疗一览

项目/ 行政村	农牧民 总户数 （户）	农牧民 总人数 （人）	参加 户数 （户）	参加 人数 （人）	个人 筹资 （元）	"五种人" 人数 （人）	未参加 户数 （户）	未参加 人数 （人）
宗嘎村	88	536	78	443	4430	16	10	77
朗赛岭	140	760	135	710	7100	24	5	26
孟嘎如	111	540	110	531	5310	10	1	—
新　村	158	719	158	695	6950	16	0	8
阿雪村	66	316	59	273	2730	13	7	30

项目/ 行政村	农牧民 总户数 （户）	农牧民 总人数 （人）	参加 户数 （户）	参加 人数 （人）	个人 筹资 （元）	"五种人" 人数 （人）	未参加 户数 （户）	未参加 人数 （人）
充 堆	106	447	106	431	4310	15	0	1
藏 仲	71	328	65	309	3090	15	6	4
西嘎学	135	611	122	524	5240	18	13	69
沃 藏	87	456	79	394	3940	14	8	48
罗 堆	108	561	95	484	4840	20	13	57
桑珠普	55	330	51	266	2660	10	4	54
塔巴林	96	526	90	409	4090	20	6	97
久 村	125	742	125	623	6230	24	0	95
申藏村	61	334	54	285	2850	20	7	29
羊加村	114	593	112	527	5270	23	2	43
热瓦村	77	518	76	462	4620	15	1	41
民主村	109	606	108	545	5450	28	1	33
扎加村	69	357	67	308	3080	18	2	31
合 计	1761	9281	1690	8219	82190	319	64	743

资料来源：扎囊县卫生局文件资料《2006 年扎囊县扎其乡各村农牧民群众参与合作医疗统计表》（打印稿）。

三 德吉新村医疗卫生设施

随着搬迁群众 2001 年底入住德吉新村后，上级政府也随即在德吉新村配套建设村卫生所一个，即朗赛岭卫生所，以解决当地群众日常生活中的一些小病问题。朗赛岭卫生所位于扎其二小与村委会之间，地处德吉新村中央位置，当地群众就医非常方便。朗赛岭卫生所位于村内主干道与 101 国道旁，交通十分便利。用德吉新村多吉书记的话来说，即使村民发生了紧急医疗情况，也能够迅速送往县医院及地（市）医院治疗。朗赛岭卫生所还配备了一名专业医生。布琼现在是一名主治医师，中专文化，从1986年起就开始从事医疗卫生工作，1986～1996年期间还在扎囊县人民医院工作过，有着较强的医务工作经验。2006年底，布琼同志被扎囊县政府派往朗赛岭卫生所工作。

西藏农牧民群众最常使用的医疗服务是村级服务，一方面在于农牧民群众疾病发生率最高的多半是小病，也是村级医疗点就能处置的常见病；另一方面在于农牧民群众就近求医既能节约时间，又能节省体力；再加上村级医疗服务价格低于县乡医疗机构，患者为了节约医疗支出和降低就诊机会成本，自然会首选村级医疗服务。德吉新村搬迁群众经常在朗赛岭卫生所就医。

与西藏其他农牧区不同的是，德吉新村没有一名乡村个体医生，村民日常发生的一些小病都是到朗赛岭卫生所找布琼医生诊治。2007年4月5日上午，笔者采访布琼医生时，便看见朗赛岭卫生所三间病房都住满了病人，基本上都是因感冒原因到卫生所输液。朗赛岭卫生所只有布琼医生一个人，连助手都没有，加上布琼医生有时还得下乡去为一些不能到卫生所看病的病人服务。有鉴于此，布琼医生特别忙，他非常希望政府能够再安排一个医生或者助手到朗赛岭卫生所帮助他开展医疗服务工作，以便更好地为村民们服务。由此可以看出，朗赛岭卫生所与布琼医生在当地群众生活中的重要地位（见图6-3）。

朗赛岭卫生所在当地群众生活中固然重要，但它只能解决当地群众日常小病如感冒、痢疾等病症的治疗。如果村民们得了一些较复杂的病需要先进仪器检测与专业医生

图6-3　村民在德吉新村卫生所就诊实景
（2007年4月6日　郑洲摄）

诊治，朗赛岭卫生所与布琼医生是不能解决的，因而需要到一些大医院接受门诊治疗，如到扎其乡卫生院或者到扎囊县人民医院接受门诊治疗。由表6-4可以看出，扎其乡各行政村村民大多数是在扎其乡卫生院接受门诊治疗的。从补偿人次数来看，扎其乡农牧民门诊就诊多选择在乡卫生院，占门诊就诊总人次数的73.5%；从补偿金额来看，乡卫生院门诊就诊补偿金额占门诊就诊总补偿金额的比例更高，达79.6%。德吉新村相对扎其乡其他村而言，距扎其乡卫生院更近，交通更方便，由此也可以推测，德吉新村村民到扎其乡卫生院接受门诊治疗的补偿人次数与补偿金额比例可能还会高于扎其乡门诊补偿人次数与补偿金额平均水平。

表 6 – 4　扎囊县 2006 年门诊补偿情况一览

单位：人，元

乡镇名	补偿人次数				补偿金额			
	合计	县级	乡镇	村级	合计	县级	乡镇	村级
扎塘镇	11246	5452	4197	1597	366828.3	199132.8	138247.4	29448.1
吉汝乡	16959	950	14028	1981	416369.8	52245.1	309512	54612.7
扎其乡	11423	1204	8393	1826	379032	37516.8	301811	39704.2
桑耶镇	1362	107	1255	—	40415.60	1959.7	38455.9	—
阿扎乡	1635	184	610	841	64656.51	8657.4	30215.4	25783.71
合　计	42625	7897	28483	6245	1267302.21	299511.8	818241.7	149548.71

　　资料来源：扎囊县卫生局文件资料《2006 年扎囊县合作医疗门诊补偿情况统计表》（打印稿）。

　　如果村民们得了一些需要住院治疗或者手术治疗的病症，更要到一些大的医院去接受治疗，如到县级医院、地（市）级医院及省级医院接受治疗。按理而言，村民需要住院治疗或者手术治疗的病症，为了降低健康风险，应该选择到级别更高的医院接受治疗。然而，由表 6 – 5 可以看出，除了扎塘镇外，其他乡镇农牧民住院治疗仍然是以乡（镇）医院为主。扎塘镇是扎囊县政府所在地，因距扎囊县人民医院较近的缘故，如果以路程远近等因素来解释扎塘镇农牧民住院情况，似乎还有点道理，但这还不足以解释扎囊县其他乡（镇）农牧民住院情况。其原因还在于，西藏农牧区医疗制度规定，随着农牧民住院的医院级别越高，相应的报销比例会降低。随着农牧民所住医院级别越高，医疗开支就越大。在这一高一低两重因素的影响下，大多数西藏农牧民也就只有选择乡（镇）医院接受住院治疗。以扎其乡为例进行分析，就住院补偿人次数来看，大多数村民还是选择扎其乡卫生院接受住院治疗；其比例高达

64.1%；就补偿金额来看，乡（镇）级医院农牧民住院补偿金额占农牧民住院总金额的一半以上，达55.1%。笔者在德吉新村调研时也发现，当地农牧民群众住院治疗多以扎其乡卫生院为主，由此看来，朗赛岭卫生所与扎其乡卫生院便成了德吉新村搬迁群众身体健康的重要"守护神"。

表 6 – 5　扎囊县 2006 年住院补偿情况一览

单位：人，元

乡镇	补偿人次数				补偿金额			
	合计	县以上	县级	乡镇	合计	县以上	县级	乡镇
扎塘镇	274	93	179	2	298160.76	163991.50	133940.26	229
吉汝乡	287	56	74	157	203157.74	86662.50	47478.72	69016.52
扎其乡	493	65	112	316	320286.37	81771.62	62075.49	176439.26
桑耶镇	202	46	53	103	135069.90	49873	49187.90	36009
阿扎乡	109	7	14	88	44161.98	7027.50	7833.80	29300.68
合　计	1365	267	432	666	1000836.75	389326.12	300516.17	310994.46

资料来源：扎囊县卫生局文件资料《2006 年扎囊县合作医疗住院补偿情况统计表》（打印稿）。

四　村民就医情况

（一）门诊就诊情况

2007 年 4 月 5 日上午，笔者在与朗赛岭卫生所布琼医生交谈时得知，德吉新村搬迁群众经常发生的病症有感冒、痢疾、胆囊炎、肾炎、肺炎、心脏病等，同时也还有少量的肺结核病人。其中，小孩患感冒、痢疾等病症较多；中年人患胆囊炎、肾炎等病症较多；老年人患心脏病、肺炎等病症比较多。对于像感冒、痢疾等日常小病，德吉新村村民多选择在朗赛岭卫生所看病，据布琼医生讲，政府对朗赛岭卫生所配备的药品还是比较齐全的（见图6-4），基本能够应对德吉新村村民的日常病症。一般来说，如果德吉新村村民病情较轻，就在卫生所拿药吃；如果病情严重，就先在朗赛岭卫生所输液。如果输液后患者病情还没有减轻，布琼医生就会建议患者到扎其乡卫生院或县人民医院就诊。从德吉新村医疗服务的总体情况来看，基本做到了小病不出村的要求。

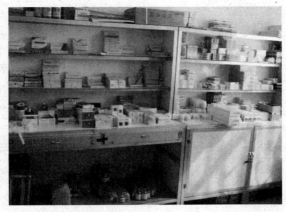

图6-4　德吉新村卫生所药房实景（2007年4月6日　郑洲摄）

对于像胆囊炎、肾炎等慢性病，德吉新村村民多选择到扎其乡卫生院就诊。这种慢性病不仅长时期折磨病人，给病人带来身体上的痛苦；而且病人因长期吃药，家庭医疗账户本上的钱远远不够门诊医药支出，这也给患者家庭带来了不小的经济压力。对于像肺炎、心脏病、肺结核等稍微严重的病症，德吉新村村民多选择到扎囊县人民医院就诊，因为这需要一些先进的仪器进行诊断，扎其乡卫生院还没有达到这一条件。从德吉新村村民近几年生病的具体情况来看，中老年人得慢性病的较多，到乡卫生院看病的人相对多于在村卫生所看病的人。从表 6 - 6 中的 2006 年扎囊县农牧区医疗制度门诊补偿费用的总体情况来看，全县农牧民群众发生的门诊费用全都给予补偿。不过，还应注意，这并不意味着扎囊县农牧民群众门诊费用是 100% 报销，这只是就全县农牧民群众医疗账户本上实际应得的门诊费用而言，减去全县农牧民群众已经发生的门诊费用，如果全县农牧民群众已经发生的门诊费用没有超过应得的部分，当然就会全部予以补偿。

在农牧民群众总医疗基金中，家庭医疗账户基金所占比例较高，门诊费用补偿相对较多些。其中，又以乡（镇）一级医院的门诊费用补偿最多，为全县农牧民群众发生的门诊总费用的 65%。农牧民群众到村级卫生所与县级医院看门诊的并不多，二者发生的总费用仅占 35%。由表 6 - 6 可以看出，扎其乡卫生院门诊补偿金额已经占到全乡农牧民群众发生的门诊总费用的 79.6%，由此可以看出，当地农牧民群众日常小病多选择到扎其乡卫生院看门诊。

表 6 - 6　2006 年扎囊县农牧区医疗制度门诊补偿情况一览

单位：元

乡镇名	总　费　用			
	合 计	县 级	乡 镇	村 级
扎塘镇	366828.3	199132.8	138247.4	29448.1
吉汝乡	416369.8	52245.1	309512	54612.7
扎其乡	379032	37516.8	301811	39704.2
桑耶镇	40415.6	1959.7	38455.9	—
阿扎乡	64656.51	8657.4	30215.4	25783.71
合　计	1267302.2	299511.8	818241.7	149548.7

乡镇名	补偿金额			
	合 计	县级	乡镇	村级
扎塘镇	366828.3	199132.8	138247.4	29448.1
吉汝乡	416369.8	52245.1	309512	54612.7
扎其乡	379032	37516.8	301811	39704.2
桑耶镇	40415.60	1959.7	38455.9	—
阿扎乡	64656.51	8657.4	30215.4	25783.71
合 计	1267302.21	299511.8	818241.7	149548.71

资料来源：扎囊县卫生局文件资料《2006年扎囊县农牧区医疗制度门诊补偿情况统计表》（打印稿）。

（二）住院就诊情况

从2006年扎囊县农牧区医疗制度住院补偿情况来看，由表 6 - 7 可以看出，2006 年全县总住院费发生额1862165.10 元，总补偿额 1151393.38 元，平均补偿标准达61.8%。其中，地区以上住院费发生额 892201.09 元，比例为47.9%；补偿464441.75 元，比例为40.34%。县级住院费发生 523297.10 元，比例为 28.11%；补偿 375957.17 元，比例为32.66%。乡级住院费发生 446666.10 元，比例为23.99%；补偿310994.46 元，比例为27%。从全县住院费用发生情况来看，基本上是县级以上医院（即地市及以上医院）发生的费用最多，县级医院居中，乡镇卫生机构住院发生费用最少，这基本符合了西藏农牧民群众生病住院的总体趋势。根据生病情况，一般需要住院的病症都是比较严重的，患者需要到一些大医院就诊，大医院的住院费用当然比小医院的住院费用高得多。不过，从扎其乡住院补偿情况来看，似乎与全县总体趋势不大一样，到乡（镇）

卫生机构住院发生的费用超过了县级及以上医疗机构发生的住院费用。这表明扎其乡 2006 年农牧民群众发生重病、大病的患者不多，全乡农牧民群众总的身体状况好于全县农牧民群众平均身体状况，这无疑是一件好事。

笔者在扎其乡实地调研时也进一步证实了以上推测。以德吉新村为例，全村 158 户、743 人中，2006 年仅有一人生病住院。患者是德吉新村科技人员达娃扎西，2006 年春季，他经常出现头痛症状，偶尔还发生昏厥现象。起初他只是在村卫生所拿点头痛的药，以缓解症状；后来病情越来越严重，只得住进县医院输液，最终还是没有诊断出病因，到患者病症已经危及生命的情况下，才转院到山南地区人民医院，也没有查出病因所在。最后还是在家人的强烈要求下，才转院到拉萨市人民医院查出病因，并立即进行手术，最终解除病人的生命危险。但高昂的手术费用一直是他的一块心病，2 万多元的手术费用没有报销，其原因在于他从山南地区医院转院到拉萨市人民医院时，由于当时情况十分紧急，没有来得及办理正式的转院手续，按照农牧区医疗管理制度相关规定，必须自下而上、层层办理转院手续后，其转院行为才算有效，也才可能得到相应补偿。由此可以看出，农牧区医疗管理制度有待进一步完善，以便更好地符合西藏农村实际情况，解决农牧民生病后的实际困难。

2007 年 4 月 7 日中午，笔者到扎其乡民主村调研，在与村支部书记贡堆同志交流时也进一步证实扎其乡农牧民群众身体状况较好这一推测。该村 106 户、657 人中，2006 年没有一个人生病住院，村民日常发生的一些小病在村卫生所——民珠卫生所就能解决，严重患者也只到扎其乡卫生院看看门诊。

表 6 - 7 2006 年扎囊县农牧区医疗制度住院补偿情况一览

单位：元

| 乡 镇 | 住院总费用 | | | |
	合计	县以上 医疗机构	县级 医疗机构	乡镇 卫生机构
扎塘镇	603633.77	369511.27	233795.3	327.2
吉汝乡	384906.55	199770.25	85906	99230.3
扎其乡	570245.26	205844.25	109577	254824
桑耶镇	231252.24	103779.54	78999.5	48473.2
阿扎乡	72127.28	13295.78	15020.1	43811.4
合 计	1862165.1	892201.09	523297.1	446666.1
乡 镇	住院补偿金额			
	合计	县以上 医疗机构	县级 医疗机构	乡镇 卫生机构
扎塘镇	350135.27	188150.81	161755.46	229
吉汝乡	228461.31	95312.17	64132.62	69016.52
扎其乡	368647.33	108039.68	84168.39	176439.26
桑耶镇	154575.25	64328.25	54238	36009
阿扎乡	49574.22	8610.84	11662.7	29300.68
合 计	1151393.38	464441.75	375957.17	310994.46

资料来源：扎囊县卫生局文件资料《2006 年扎囊县农牧区医疗制度住院补偿情况统计表》（打印稿）。

（三）免费住院分娩政策

西藏农牧区医疗管理制度还做出了一些特殊规定，对西藏农牧民群众在本县医院发生的住院分娩费用全部予以补偿。在县级以上医院发生的住院分娩费用，尽管不能全部予以补偿，但补偿比例还是相当高的。2006 年，扎囊县住院分娩 135 人次，总费用 155863.21 元，补偿 150556.63 元。其中，地区 43 人，发生住院费 80422.21 元，补偿 75115.63 元，补偿比例为 93.4%；县级 92 人，发生住院费 75441 元，补偿 75441 元，补偿比例为 100%（见表6-8）。西藏农牧区住院分娩费用报销开通了绿色通道，为国家妇女儿童基金会的两个死亡率下降目标作出了极大贡献。

就德吉新村 2006 年住院分娩情况来看，2006 年全村共出生婴儿 11 名，没有一名婴儿出生时意外死亡。据布琼医生讲，村民一般都是先来到卫生所，请他先诊断一下婴儿大概在什么时间出生，然后他会根据产妇身体情况，建议村民及时到扎囊县人民医院住院分娩。

表 6-8　扎囊县 2006 年住院分娩补偿情况一览

单位：人，元

乡镇名	补偿人次数			补偿金额		
	合计	县以上	县级	合计	县以上	县级
扎塘镇	46	12	34	51974.51	24159.31	27815.20
吉汝乡	27	7	20	25303.57	8649.67	16653.90
扎其乡	43	16	27	48360.96	26268.06	22092.90
桑耶镇	13	7	6	19505.35	14455.25	5050.10
阿扎乡	6	1	5	5412.24	1583.34	3828.90
合　计	135	43	92	150556.63	75115.63	75441

资料来源：扎囊县卫生局文件资料《2006 年扎囊县农牧区医疗制度住院分娩补偿情况统计表》（打印稿）。

西藏农牧区医疗管理工作运行良好，县乡医疗机构住院结算单及费用核销处方统一，收费规范化，各项经费落实到位，住院费用按时补偿，门诊费用及时核销。根据西藏农牧区医疗制度的要求，基本做到了"小病不出村、常见病不出乡、大病不出县"。扎囊县农牧民因病致贫、因病返贫现象得到缓解，特别是住院分娩费用报销开通了绿色通道，为国家妇女儿童基金会的两个死亡率下降目标作出了极大贡献。德吉新村搬迁群众高兴地对我们讲，自己得了病，党和国家来补偿，他们发自内心地感谢共产党对西藏农牧民群众的关心。

五　医疗卫生下乡

为了加强扎囊县妇女同胞的生殖健康意识，提高妇女同胞的健康水平。扎囊县计划生育委员会组织医务专业技术人员 5 名，其中县计划生育干部 2 名、县人民医院妇产科医师 1 名、B 超医师 1 名、吉林村卫生院计划生育工作人员 1 名，对扎囊县德吉新村和扎塘村的已婚育龄妇女进行了为期 9 天的免费生殖健康技术服务，加强了妇女生殖健康知识宣传和咨询工作。2006 年 5 月，扎囊县医疗卫生服务组织在德吉新村与扎塘村下乡服务期间，扎囊县计生委免费服务了 268 名已婚育龄妇女，其中，B 超检查 268 人、上皮埋 1 人、取皮埋 5 人、查环 63 人、查孕 6 人、产前检查 8 人，并免费发放了价值 1000 多元的常用药品，发放知情选择宣传单 300 余份、生殖健康宣传单 300 余份，发放口服避孕药 30 人、避孕针 20 人、避孕套 10 人，医疗下乡活动深受农牧区广大育龄妇女的欢迎。

维护公共健康安全需要全体社会成员的积极参加，健康教育和健康促进活动尤其如此。西藏农牧区健康教育依然薄弱，有关预防疾病、地方病和生活方式疾病的知识传播有效性不高。因此，不但需要政府协调制定公共卫生政策和教育政策，还需要公共卫生机构和教育机构合作设计和实施行动计划，针对不同年龄、性别和职业群体所面临的主要健康问题，把现代卫生知识融入已有的地方知识，以不同群体所偏好的方式传播到农牧区人口中去，从而提高西藏农牧区的公共卫生环境。

第四节　基层文化体育事业建设

一　文化信息设施建设

（一）德吉新村文化体育建设现状

正如德吉新村党支部书记多吉所言，搬迁前，德吉新村大多数搬迁群众生活在偏远的山沟里，交通较为落后，搬迁群众与外地接触少，信息十分闭塞；许多群众生活中没有通电，有些地方至今仍没有通电，更不用说通过电视这个渠道来了解外面的信息。许多地方没有通广播，而广播在中国内地农村已经成为农民重要的文化信息设施，这使得德吉新村搬迁群众在搬迁前又丧失了一条重要的外界信息获得渠道。大多数地方没有村文化活动室，没有图书，即使村委会订阅了《西藏日报》、《半月谈》等党政报刊，由于大多数村民都不识字，这些报刊至多放在村委会做个摆设，只有极少部分识字的村干部阅览一下。总之，德吉新村村民在搬迁前接受的文化信息极为有限。在西藏大部分农村地区，现代通信技术也还比较发达，拥有电话、手机等现代通信工具的农牧民在西藏农牧区已不算是新鲜事情了，这也是现代市场经济发展的结果，这会给西藏农牧民带来更多的现代市场信息，但是，德吉新村大多数搬迁群众在搬迁前的生活都处于贫困状态，拥有电话、手机等现代通信工具的农牧民几乎没有，因此，德吉新村搬迁群众在搬迁前无法通过这一现代手段获得更多的文化信息；在搬迁前，由于搬迁群众大多数生活在偏远的山沟里，搬迁群众子女就学在教学点，极为不便。（1）教学点的任课教师由于长期生活在相对封闭的环境里，自身对外界新知识接受的并不比本地村民多，因而也就谈不上发挥对本地村民进行新知识传播的桥梁与纽带作用；（2）搬迁前教学点没有什么现代教学工具，基本停留在一支粉笔、一块黑板擦的传统教学模式上，对学生学习兴趣培养作用不高，当然也就谈不上对家长进行知识扩散与补充。以上这些因素限制了德吉新村搬迁群众在搬迁前文化及信息设施都相对匮乏，现代市场信息的获得极为困难，导致搬迁群众因信息不畅而致贫。

2001 年，搬迁群众搬迁到德吉新村后，因德吉新村地处 101 国道，交通十分便利，搬迁群众与外界接触日益增多，信息资源相对丰富。随着搬迁群众入住德吉新村，政府为每户都实行了农网改造，搬迁群众用上了充足的电，不仅可以保证每户照明所需，还可以保证一部分家庭使用农机加工。同时，政府还为德吉新村农牧民群众安装了电视光纤，笔者在德吉新村入户调查时发现，就连最贫困的五保户——拉珍家里都有一台黑白电视机，其他农户家庭至少有一台电视机，稍富裕的农户还有两台电视机，这样，较大程度地保证了搬迁群众通过电视媒体渠道获得更多的现代信息。随着搬迁群众入住德吉新村，政府在德吉新村建立了一个文化活动室（见图 6 – 5），尽管文化活动室的书籍并不多，而且还很陈旧，据多吉书记讲，这些书籍还是一些政府机构与社会团体赠送的，与农牧民实际生产、生

图 6 – 5　多吉书记、罗布随巴副主任在村文化活动室
（2007 年 4 月 7 日　郑洲摄）

活结合紧密的书籍较少，加上搬迁群众文化程度普遍较低，因此，到德吉新村文化活动室看书的农牧民非常少。据笔者调研得知，德吉新村现有农户中，大概有 70% 左右的农户家中都安装了无线电话，而且还有 10 来户农户购买了手机，这样，德吉新村大多数农牧民真正做到了"足不出户"就可以了解外面的信息，增强了现代文化及信息资源。而且，值得称赞的是，新建立的扎其乡第二小学，不仅开设了学科门类齐全的课程，还使用上了现代远程网络教育，增强了学生的学习兴趣，带动了家长学习文化知识的兴趣。据扎其二小拉巴次仁校长讲，有时他们还会利用现代远程教育资源，结合德吉新村农牧民文化程度低、科技知识缺乏、增收困难的现状，对农牧民进行种养殖适用技术培训，以增强其劳动技能。

（二）德吉新村文化建设存在的问题

搬迁群众入住德吉新村后，文化及信息设施相对较为完备，当地群众获得文化及信息的方式也非常多，特别是电视媒体在当地群众生活中发挥了至关重要的作用。不过，就德吉新村文化及信息资源设施发展现状来看，也还存在以下一些问题：（1）德吉新村文化室没有单独分开，基本上是挂靠在村委会办公室，这不便于当地群众开展文化活动；而且文化室里储藏的书籍非常少，适用性也不强，对丰富当地群众文化生活的实际作用不大。农牧民群众急需的种养殖书籍，因村委会办公经费紧张而无力购买，不能满足当地群众文化生活实际需要。（2）据多吉书记讲，搬迁后，由于村委会办公经费不足，几乎没有订阅什么报刊，就连《西藏日报》（藏文版）都还没有订阅，更别提《西藏科技报》等适用性较强的报刊了，他希望上级政府应该着力解决这一问题。（3）尽管德吉新村每户都能够看上电视，能够更全面地了解外面所发生的事情，但德吉新村大多数村民还是希望组建一支藏戏队，这样既能传承西藏传统文化，又能够丰富本地农牧民群众的文化生活。（4）尽管德吉新村大多数农户家庭安装了电话，也有部分富裕农户购买了手机，但这毕竟不能代替广播在当地群众生产、生活中的重要作用。因此，德吉新村大多数农户都希望能够建立一个村广播站，村民每天都可以听到党中央的声音，了解国家大事。

二 体育设施建设

据笔者在德吉新村调研得知，虽然德吉新村搬迁群众住上了干净整洁的住房，但居住小区暂时还没有安装任何体育设施，村民也没有开展过任何体育活动，这有可能与德吉新村搬迁群众从事纯体力劳动有很大关系，不像城镇居民社区那样安装了体育设施以锻炼身体。不过，在笔者看来，在德吉新村安装体育设施是非常有必要的，可以大力促进全民健身活动，增强村民身体素质，这也是西藏社会主义新农村建设的重要内容。

三　文化下乡活动

德吉新村与西藏其他农牧区一样，也接受过上级政府举行的文化下乡活动，相比其他行政村而言，德吉新村作为一个扶贫开发示范村，文化下乡的机会多一些。但在多吉书记来看，文化下乡活动的次数还是有点少，活动内容的实效性也不强，对提高村民文化素质实际效果不大。因此，他希望政府多开展一些文化下乡活动，并形成制度，或许这样效果要好得多。其次，他希望多开展与村民生产、生活密切相关的文化活动，或许村民学习的积极性要高得多，效果也明显得多。最后，他希望政府能够适当增加村委会的活动经费，让村委会结合村民实际需要来开展文化工作，建立提高村民文化素质的长效机制。

个案6-1　西藏农村基础教育发展中的现代化学校
——访扎其乡第二小学校长平措顿珠同志

被访人：平措顿珠

采访人：郑　洲

记录人：郑　洲

翻　译：达娃卓玛、小多吉（扎其乡政府干部）

访谈时间：2007年4月4日下午

访谈地点：扎囊县扎其乡德吉新村扎其二小校长办公室

被访人基本情况：平措顿珠，男，现年 34 岁，系西藏自治区扎囊县扎其乡扎其二小校长。山南师范学校毕业，经过自学，现已取得大专学历。拉巴次仁 1993 年开始从事小学教学工作，以前在朗赛岭完小任教，2003 年至今，德吉新村扎其二小任教，2003 年被选为学校副校长。

1. 学生就学情况

扎其二小现共开设了 1~6 年级全部课程，有 8 个班，在校学生 278 人。其中，享受"三包"优惠政策的有 167 人，享受助学金的有 111 人。学生入学率已经达到 100%。一般每年暑假学校都要对 1~6 岁的儿童进行初步统计，到了入学年龄时期，就由扎其乡政府和学生家长签订保学合同书。9 月，由学校发放入学通知书。如果还有辍学情况发生，先由班主任劝学，再请示乡政府督促检查。现在学校有 3~4 名学生面临辍学，主要是父母离异、去世等因素造成的。

2. 教育"三包"政策落实情况

根据西藏自治区政府 108 号文件，农村小学享受"三包"政策的学生，每年可得"三包"经费 840 元，每个学生平均每月 70 元。其中，扎其二小还没有把柴火费计算在内，做饭所需柴火全部由本地村民及村委会免费提供，如果把这部分计算在内，扎其二小学生实际所享受的"三包"经费可能还要高一点。"三包"学生三餐就餐情况：（1）早餐，一般是每个学生 2 个馒头、1 碗稀饭，另外保证每周让每个学生能够吃上 1 个鸡蛋；（2）午餐，大米干饭，外加一个荤菜，干饭管学生吃饱；（3）晚餐，每个学生 2 个馒头、1 碗酥油。

3. 扎其二小现代教育设施简介

（1）学校建有一个德育室，每周四下午第三节课是全校学生的德育课。通过德育课的学习，学生增长了知识，提高了思想道德素质。德育室教学资源比较丰富，大到对国家大政方针的了解，如对西藏从和平解放到现在所发生翻天覆地变化的这段历史的了解；小到学生个人学习行为习惯的培养，如小学生日常生活中应该做什么、不应该做什么，起到了对学生进行政治思想素质教育的作用。

（2）学校还建有一个计算机网络教室，配备了20台计算机，基本实现了现代远程教育技术授课。扎其二小所有的教师都能够掌握计算机基本操作技术并能够进行多媒体教学，提高了教学手段，丰富了教学内容，增强了学生的学习兴趣。

（3）学校还建有一个图书室，尽管图书室里所储藏的书并不多，学生每次可外借的书不多，每次借一本，借书时间为一周。图书室每周开放两次，学生可以在图书室自由阅读。相对于西藏农牧区其他学校而言，包括内地一些农村小学，可能还没有图书室，而扎其二小便有一个图书室，尽管规模不是很大，但这在西藏农村来看，已经是很不错的了。

（4）学校每间教室还装备了一台彩色电视机，每天晚上7点准时播放新闻联播，让学生了解国家大事。据拉巴次仁校长讲，如果周六不放假，还会让学生看看动画片等学生喜欢的电视节目，以丰富学生的课外知识。

（5）扎其二小还建有一个校园广播站，每天早上7点、中午1点准时广播，每次广播时间均为半个小时。除了专门用于周一的升旗仪式与平时的早操与课间操外，其余时间还会对学生播放一些诗歌朗诵、讲故事等专题节目，以增强学生听说能力与语言表达能力。学校还成立了安全领导小组，由学校校长、各班班主任组成，负责学生的交通、饮食等安全问题。

特别值得一提的是，学校还充分利用远程资源及光盘播放设备，将学校教育同扫盲教育结合起来。首先，采取开办扫盲班和扫盲夜校的办法，对德吉新村 15～50 周岁、有学习能力的青壮年文盲进行"扫盲"教育，保证发现一个脱盲一个，为农牧民群众增收打好基础。其次，向所辖生源区内的农牧民群众宣传党的政策、路线、法规及致富经验，打造全县一体化的职业教育体系，提高农牧民群众的政策知晓度及农牧业生产中的科技含量。

4. 学校发展中需要改进的地方

（1）学校教师学历基本合格，能够掌握简单的计算机操作技术，但是还是希望扎囊县教育局多组织本校教师到外面的学校学习现代教育技术；（2）学校教学资源还有待丰富，尽管实现了现代远程教育技术，但是还是希望能够安装宽带，这样教师就可以更加方便地学习更先进的文化知识；（3）学校经费较为紧缺，基本维修及电费开支等后续开支很大，学校资金有限，感觉支付困难；（4）尽管现在"三包"经费有所上调，但物价上涨得更快，所以始终感觉到"三包"经费不足。

个案 6－2 德吉新村搬迁群众身体健康的保护神——朗赛岭卫生所

——访德吉新村朗赛岭卫生所医生布琼

被访人：布　琼

采访人：郑　洲

记录人：郑　洲

翻　译：达娃卓玛、小多吉（扎其乡政府干部）

访谈时间：2007 年 4 月 4 日上午

访谈地点：扎囊县扎其乡德吉新村朗赛岭卫生所医务办公室

被访人基本情况：布琼，男，现年 43 岁，系西藏日喀则人，中专文化，取得医师资格。布琼于 1986 年开始从事医疗卫生工作；1986～1996 年，在扎囊县人民医院工作；1996～2006 年底，在扎其乡卫生院工作；2006 年底被政府派到德吉新村朗赛岭卫生所工作至今。

1. 德吉新村搬迁群众日常生病情况分析

德吉新村搬迁群众经常发生的病症有感冒、痢疾、胆囊炎、肾炎、肺炎、心脏病等，同时还有少量肺结核病人。患病人群结构是：小孩患感冒居多，中年人患胆囊炎、肾炎居多，老年人患心脏病、肺炎等比较多。德吉新村村民致病原因分析：首先，村民的饮食卫生习惯较差；其次，与扎囊县气候条件有关，气候干燥，风沙大；再次，可能与本地水质有一定关系。2006 年，德吉新村共出生婴儿 11 名，没有一名死亡。

2. 朗赛岭卫生所发展现状

朗赛岭卫生所只有一位医生，加上德吉新村又没有乡村医生，故医务人员非常紧缺，希望上级政府能够再安排一名护士做助手。卫生所现有医疗设备有血压器、氧气筒、输液器、吊针等，可是连最基本的体温表都没有，同时还缺乏处理日常小手术的一些机械设备，布琼外出看病时没有药箱等基本设备，更缺乏应对突发性疾病的处理设施，幸好德吉新村交通便利，到乡医院及县医院都非常方便。卫生所药品配备还是非常齐全，能够应对本村群众的日常小病。

3. 培训及就诊情况

扎囊县卫生局每年都要对他们进行医务培训，一年大概培训6次左右，其中主要是农牧民群众结核病防治。不过，德吉新村村民中结核病人并不多。布琼医生要下乡为山沟里的村民看病，每年出诊次数大概在10次左右，主要是对山沟里的村民进行卫生保健，如打预防针等。他希望政府能够为其配备一辆摩托车，以方便下乡为村民看病。

西藏农牧民群众最常使用的医疗服务是村级服务，一方面在于农牧民群众疾病发生率最高的多半是小病，也是村级医疗点就能够处置的常见病；另一方面在于农牧民群众就近求医既能节约时间，又能节省体力；再加上村级医疗服务价格低于县乡医疗机构，患者为了节约医疗支出和降低就诊机会成本，自然会首选村级医疗服务。德吉新村搬迁群众经常就医的地点在朗赛岭卫生所。

与西藏其他农牧区不同的是，德吉新村没有乡村个体医生，因而，村民日常所得的一些小病都是到朗赛岭卫生所找布琼医生诊治。2007年4月5日上午，笔者采访布琼医生时，便看见朗赛岭卫生所三间病房都住满了病人，基本上都是因感冒原因到卫生所输液的。朗赛岭卫生所只有布琼医生一个人，而布琼医生有时还得下乡为一些不能到卫生所看病的病人服务。布琼医生特别忙，他非常希望政府能够再安排一位医生或者助手到朗赛岭卫生所工作，以更好地为村民服务。由此可以看出，朗赛岭卫生所与布琼医生在当地群众生活中的重要地位。

个案 6 - 3　发展中的扎囊县德吉新村青年养殖示范基地

——访德吉新村科技人员达娃扎西

被访人：达娃扎西

采访人：郑　洲

记录人：郑　洲

翻　译：达娃卓玛、小多吉（扎其乡政府干部）

访谈时间：2007 年 4 月 4 日上午

访谈地点：扎囊县扎其乡德吉新村青年养殖示范基地

被访人基本情况：达娃扎西，男，现年 35 岁，现系扎囊县德吉新村村民，从扎囊县扎塘镇扎塘沟里搬迁而来。小学文化，现为德吉新村科技示范户、德吉新村第八村民小组组长。

2005 年 6 月，德吉新村村委会副主任罗布随巴同志积极争取到山南地区团委扶贫开发建设项目资金 5000 元，然后再与达娃扎西各出资 1.5 万元，共投资 3.5 万元建立了德吉新村青年养殖示范基地。德吉新村青年养殖示范基地建筑面积 846 平方米，其中包括猪圈 9 间、饲料储备室 2 间，另修建有一个大型的大棚蔬菜基地与一个小型的温室蔬菜基地，以生产一部分饲料。

自建立养殖基地以来，先从内地引进种猪 2 头，支出 1650 元；然后在扎囊县农贸市场购买了 8 头小猪，支出 1200 元；在贡嘎县农贸市场购买了 4 头猪，支出 800 元；从扎囊县中学购买了 2 头猪，支出 300 元；从本地村民手中购买了 2 头猪，支出 700 元；加上这期间买饲料、兽药等，他们两人各支出现金 24000 元。截止到 2007 年 1 月，养殖基地总共出栏 15 头猪，获得现金收入 6000 元。这期间养殖基地陆续死亡了 17 头猪，价值损失在 2400 元左右。可见，目前养殖基地仍处于入不敷出的境地。2006 年，德吉新村村委会为其解决了部分饲料，其价值大概在 400 元左右，山南地区农牧局补贴了 9000 元现金。2007 年 3 月，由于罗布随巴忙于商业经营，暂时没有精力来经营养殖基地，把养殖基地全部承包给达娃扎西经营。目前养殖基地仅仅养殖 2 头母猪、2 头小猪。

目前养殖基地存在的困难：首先是猪饲料严重短缺，很希望得到村委会的支持，能够在本村承包一些荒地，多种植一些青饲料，解决猪饲料短缺问题。其次是周转资金非常缺乏，以前修建养殖基地的时候已在银行贷款，加上在资金周转不灵时也到银行借了一部分款，由于目前没有能力还清以前的贷款，故目前在银行贷款非常困难。再次是养殖技术还存在问题，扎囊县团委曾经计划组织养殖技术培训，达娃扎西自己也非常希望参加培训，但是，培训工作始终未能落实下来，因此，养殖技术一直得不到提高，也不敢扩大养殖规模，当然也就谈不上养殖的规模效益了。最后是销售存在问题，猪生产出来后，还得自己外出找销路，如果市场价格不好，有时还得忍痛低价出售，希望能够和扎囊县农牧局签订生产合同，实行订单生产，解除养殖销售的后顾之忧。

除了达娃扎西上面所提出的几个问题之外，笔者还发现该养殖基地存在以下一些问题亟须改进：（1）没有结合扎囊县的气候条件，合理安排养殖时间。笔者建议他最好在每年 3 月购买小猪，抓紧时间饲养，争取在当年 10 月出栏。也就是说，必须要运用"产品生命周期"理论，合理安排养殖时间，轮换养殖，这样既可以解决猪饲料紧缺问题，又可以解决资金周转困难问题。（2）猪圈卫生较差，没有及时进行清扫，猪很容易得病死亡，这也许是养殖基地前期阶段小猪死亡率居高不下的一个重要因素。（3）饲养方法比较落后，亟待改进和提高，很多时候都是使用传统的干饲料在喂养，没有配合使用青饲料，更没有使用现代科技饲料。

附录一　德吉新村专题调研报告

专题调研报告一
扎囊县德吉新村扶贫综合开发绩效研究
——基于公共产品供给的分析视角

西藏自治区成立以来,特别是在第四次西藏工作会议召开之后,西藏经济社会发展取得了举世瞩目的成就。但是,由于西藏独特的自然、地理环境以及历史、社会等因素的影响与制约,与内地其他省区相比,西藏经济社会发展尚显落后,至今仍然是全国最为贫困落后的地区之一,区域性贫困现象还没有得到根本性改变,并且西藏贫困问题还呈集中趋势。不过,21世纪的西藏农村贫困问题,不再简单地表现为农牧民生活资料的直接匮乏,而更主要表现为农牧业生产的基础性条件较差,满足农牧民生产、生活需要的农村基础设施较为欠缺,等等。就世界各国扶贫开发经验而言,贫困地区和贫困人口一般不具备在短时期内自我改变贫困状态的能力,只有在政府和社会等外在力量的作用下并结合贫困地区人民的自力更生,才有可能使贫困状况在短时期内逐步得以改善。当然,西藏扶贫开发也不例外，并且政府也已经将加强西藏农牧区基础设施建设等作为西藏扶贫综合开发的重点工程，以解决支撑农牧民基本生产与生活的"基础结构"。这些"基础结构"，从经济性质上讲就是"农村公共产品"。

目前，学术界对西藏农村公共产品供给问题研究较少。朱玲认为，基本公共服务的供给水平由政府可支配的财政资源与政治意愿两个因素决定，并在西藏表现得更加明显。喻廷才认为，政府应进一步加大对西藏"三农"工作的投入，逐步实现公共产品由"重城市轻农村"向"城乡并重"转变。李锦认为，中央决定把"三农"发展中属于政府职责的事务逐步纳入各级财政支出范围，其实质就是解决农村公共产品供给中的财力不足问题。杨明洪认为，西藏农村公共产品供给是西藏农村和谐社会建设的突破口，而西藏农村公共产品供给的关键是建立长效机制，并从制度上解决西藏农村公共产品不足问题。尽管目前学术界对西藏农村扶贫开发问题研究相对较多，但从农村公共产品供给的角度考察西藏农村扶贫综合开发绩效问题，尚不多见。下面拟从农村公共产品供给的角度研究扎囊县德吉新村的扶贫综合开发绩效问题。

一　公共产品有效供给：一种理论解析

最早对公共产品理论进行分析的是大卫·休谟，他认为，某些对每个人都有益的事情，只能靠集体行动来完成。因此，后来有的学者有时也将其称为集体消费品。亚当·斯密也对公共产品做过分析，他认为，那些对整个社会都有益处的公共设施，就其性质而言，若是由个人或者少数人办理，那么就很难筹集到足够的资金进行建设，因此，应该由政府出面予以提供。萨缪尔森认为，公共产品是这样一些产品：每个人对这种产品的消费，都不会导致其他人对该产品消费的减少。公共产品相对于私人产品的特征来说，具有消费的非排他性、取得方式的非竞争性及效用的不可分割性等特征，因此，公共产品供给主要由政府提供。

由此看来，提供公共产品，满足人民群众日益增长的公共需要是政府义不容辞的责任，应该由政府提供公共产品，但这并不意味着政府的经济行为本身是完美无缺的，尤其是在中国现行多级政府体制下，各级政府在公共产品供给上如何进行分工？即一项公共产品应该由哪一级政府提供？从而使得公共产品供给更加有效。莱布特－马斯格雷夫财政分权理论认为，公共部门的稳定和分配职能必须由中央财政执行，地方政府主要从事资源配置职能，并认为低一级政府有着效率更高的资源配置能力，因为它们提供的公共产品最能反映个人的偏好和实际需求（见附图 1 - 1）。

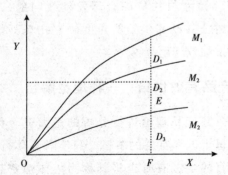

附图 1 - 1　中央与地方政府公共产品供给比较

在附图 1 - 1 中，横轴 X 表示对农村公共产品需求的农民人数，纵轴 Y 表示农民对农村公共产品的需求偏好。假设有 1、2、3 三个农村地区，它们对农村公共产品 P 的需求曲线分别为 M_1、M_2 和 M_3。同时又假设这三个地区的农民人数都为 F 时，他们对农村公共产品 P 的需求量分别为 D_1、D_2 和 D_3。如果由中央政府统一为这三个地区提供农村公共产品 P，那么就极有可能取这三个地区对农村公共产品 P 需求量的平均值，即附图 1 – 1 中的 E。由附图 1 – 1 看出，E 距 D_2 很近，说明第二个地区农民对农村公共产品供给的满足程度就比较高；但是，E 还没有达到 D_1，这就表明在很大程度上还不能满足第一个地区农民的实际需求；与此同时，E 却又大大超过了 D_3，表明第三个地区的农村公共产品供给远远超过了需求量，从而造成资源浪费。如果由了解本地区农民实际需求的各级地方政府提供农村公共产品 P，则地方政府可能会更有针对性地、高效地提供农村公共产品，其原因在于地方政府往往能够更好地、更全面地了解本地农民对农村公共产品的实际需求偏好。结合附图 1 – 1 分析，如果由地方政府提供农村公共产品 P，则地方政府就可以根据本地农民的实际需求分别提供出 D_1、D_2 和 D_3 水平的农村公共产品，充分满足这三个地区农民的实际需求。由此可见，明确公共产品供给主体，是公共产品有效供给的前提条件。

经济学意义上的公共产品有效供给，还包含着以适度的生产成本尽量满足消费者实际消费需求与消费偏好的深层次内容。政府对农村公共产品的供给是一种经济活动，因而也就必须按照增强效率、满足农民实际需求的原则行事。

这里所研究的西藏农村公共产品，是指介于纯公共产品与私人产品之间的农村混合公共产品，即农村生活保障、农村中低产田改造与农业科技成果推广、农村水利灌溉设施建设等。本文以政府在德吉新村所提供的农牧民住房建设及一系列配套设施建设、农业科技成果推广与中低产田改造、朗赛岭提灌站修建等农村公共产品为例进行分析，其供给分析重点是基于德吉新村农牧民的实际需求角度，以期全面考察政府提供的农村公共产品在德吉新村扶贫综合开发中的绩效问题。

二 德吉新村扶贫综合开发：政府供给农村公共产品

1. 扶贫搬迁群众搬迁前生产、生活现状考察

德吉新村扶贫搬迁项目实施以前，各搬迁群众大都生活在偏远的山沟里，搬迁群众的贫困大多是由生产、生活条件差所造成的。2007 年 3 月 31 日下午，笔者在采访德吉新村党支部书记多吉同志时得知，搬迁群众搬迁的主要原因有两点：（1）搬迁群众住房条件差，基本上都属于危房，人畜混居，搬迁群众生命财产安全得不到有效保障；（2）人均耕地面积少，土壤贫瘠，粮食产量有限，搬迁群众生活中最基本的口粮问题都难以解决（见附表 1 - 1）。

附表 1 - 1　搬迁前部分搬迁群众生产生活现状一览

户主姓名	家庭人口（人）	原居住地	原有耕地面积（亩）	原有住房面积（平方米）
格桑卓嘎	4	错那县	2	无（借住别人家）
洛　　桑	4	错那县	2	48（人畜混居）
罗布随巴	2	扎囊县吉汝乡	2.7	无（借住别人家）
次旺旺堆	4	扎囊县朗赛岭沟	3	30（人畜混居）
扎西巴珠	6	扎囊县吉汝乡	2	40
白玛丹增	4	扎囊县民主村	2	无（借住别人家）

续附表 1-1

户主姓名	家庭人口（人）	原居住地	原有耕地面积（亩）	原有住房面积（平方米）
扎西达娃	4	扎囊县扎塘镇	3	8
岗竹	5	错那县	2	8
察施	6	扎囊县扎其沟	3.6	24（人畜混居）
索罗多布吉	5	扎囊县扎其沟	2	8
泽张	3	扎囊县扎其沟	2	24（人畜混居）
益西卓嘎	4	扎囊县扎其沟	2	8
德庆错姆	5	扎囊县民主村	2	8

资料来源：2007 年 3 月 28 日～4 月 11 日笔者在扎囊县德吉新村实地调查所得。

除了上述两个主要原因之外，还有以下一些因素导致搬迁群众在搬迁前生产、生活困难而处于贫困状态：通信设备极为落后，信息闭塞，与外地接触少，使人们接受外界新鲜事物的机会相对较少，导致人们的整体素质偏低；交通不便，当地土特产品、手工业产品等运输不便，农牧民急需物资得不到畅通运输，致使搬迁群众增收困难；卫生条件差，生病就医难，老人、妇女、儿童等健康高风险人群死亡率高，因病致贫现象较为普遍；学校距离较远，教学设施落后，学生接受教育水平不高，人力资本积累偏低；大部分搬迁群众饮水困难，并且水质较差，人畜混饮现象仍没有得到根本改变，由此而导致的地方病现象较为突出；大部分搬迁群众生产、生活中缺电，至今仍有一些地方还没有通电，如扎其乡民主村至今仍然没有通电；自然条件差，主要是干旱缺水，农作物得不到及时有效灌溉，导致粮油产量偏低，牲畜缺乏饲草，制约农牧业的长期发展；自然资源贫乏，搬迁群众无法投资一些规模型产业走致富之路，使得搬迁群众收入普遍偏低；等等。

　　搬迁群众在搬迁前基本上都属于人均收入不足 500 元、现金收入不足 300 元的特困人群，对于这些确实没有发展潜力的，但在生产、生活条件改善后能够依靠自己的劳动，积极投身发展生产而改变现状的贫困群众，政府决定对其进行集中搬迁。德吉新村扶贫搬迁建设，是针对扎囊县及错那县部分群众存在"一方水土养活不了一方人"的客观实际，西藏自治区在扎囊县扎其乡朗赛岭区域所开展的集中跨县、跨乡扶贫搬迁建设。

2. 德吉新村扶贫综合开发：政府供给农村公共产品

　　德吉新村扶贫综合开发建设包括"扶贫开发"、"农业综合开发"和"一江两河"三项工程建设。其中，"扶贫开发"建设主要是指解决搬迁群众住房建设和水、电、路等配套设施建设；"农业综合开发"建设主要是指解决搬迁群众耕地及实施中低产田改造与推广农业科技成果，从而增加农牧民收入问题；"一江两河"建设主要是指修建朗赛岭提灌站以解决搬迁群众农田灌溉问题。这三项建设都是在上级政府及相关部门的领导下进行的，从而解决支撑农牧民基本生产、生活的"基础结构"，这些"基础结构"从经济性质上讲，就是农村公共产品，即政府供给农村公共产品。

　　（1）住房建设及一系列配套设施建设。由于搬迁群众大多是贫困户，受自身经济条件的制约，住房问题有可能是他们自己永远难以解决的一个现实问题。考虑到西藏农村的特殊性，其农村公共产品也应有其特定的内涵。如农民住房，在内地其他省区，完全是农民自己私人的事情，更多地体现了私人产品的特征；而在西藏，农民住房建设问题或许更具有公共产品的一些特定内涵。本文所考察的德吉新村搬迁群众住房建设完全是由政府投资修建，并免费送给搬迁群众居住，同时还配套建设自来水、农村电网改造、村道路建设、学校、村卫生所及村委会等，因此，从满足农牧民最基本的生活保障的角度来看，德吉新村住房建设更体现了农村公共产品的特定内涵。特别是与住房配套建设的水、电、路、学校、卫生所等产品的供给，则更体现了农村公共产品的内涵。

德吉新村扶贫综合开发的首要问题就是搬迁群众住房建设问题。政府在德吉新村共建住房 148 套，所需建设资金全部是由政府投资，搬迁群众只是投入了部分劳动力。住房面积分配标准是：按照 1~3 人 150 平方米、4~7 人 300 平方米、8 人及以上 340 平方米的标准进行免费分配。同时还对一些特困户免费发放床柜、藏被、卡垫等。与此同时还配套完成了下列建设项目：①人畜饮水：完成进水池 1 座、接水台 148 座、饮水管道安装 8540 米的工程任务，每户都用上了自来水，而且还不用缴水费，彻底解决了人畜饮水困难问题。②农用输电线路：完成 148 户入户线路及电表、灯泡等的安装，解决了搬迁群众生产、生活中用电难问题。③道路建设：尽管德吉新村紧邻 101 省道，交通便利，但还是配套完成村级道路整治 1.1 公里，修建农道桥 6 座、人行桥 3 座。④基本医疗卫生建设：随着大量搬迁群众入住德吉新村，政府也配套建设了村卫生所一个，配有专业医生一名，基本上能够应对搬迁群众日常的生病与医疗保健问题。⑤基础教育建设：德吉新村新建立了一所小学，开设了 1~6 年级全部课程，还配备了现代远程教育实施，学生能够就近接受现代基础教育。

（2）农村中低产田改造与农业科技成果推广。自 1981 年西藏实施土地承包责任制以来，由于总耕地面积有限，随着人口的逐年增加，1981 年以后出生的人口便分不到土地了，人多耕地少且土壤贫瘠，粮食收成有限。搬迁群众因口粮问题难以解决而长期处于贫困状态。上级政府及相关部门选择在朗赛岭开发区实施集中扶贫搬迁，是因为朗赛岭开发区地势平坦，有着大量可供开发利用的土地。此外，朗赛岭开发区交通便利，紧邻 101 省道，距离扎其乡政府不到 10 公里，距离扎囊县政府与山南地区行署也分别不到 20 公里。

政府在朗赛岭开发区实施农业综合开发建设，首要任务就是解决搬迁群众耕地面积偏少问题。随着住房建设及一系列配套设施建设的进行，政府也同时在朗赛岭开发区实施农业综合开发建设，共完成新增耕地 1700 亩、林地 6000 亩、草场 2500 亩。通过农业综合开发建设，德吉新村人均土地都达到 2 亩。尽管搬迁群众所分到的土地亩数增加了，由于大多数土地十分贫瘠，土壤沙化严重，粮食单产与总产并不高。以白玛丹增农户为例，搬迁后，他共分到土地 12 亩，收成最好的年份也不过 5600 斤，最差时只收到 1400 斤，这还是笔者在德吉新村调查时发现收成较好的农户。其他农户粮食收成则更差一些，如德庆措姆农户，在收成年份最差的时候，8 亩地只收到 280 斤粮食。因此，实施中低产田改造是德吉新村搬迁群众走出贫困的先决条件。自 2002 年起，政府开始投入一定的资金在朗赛岭开发区实施中低产田改造，逐年在沙性较重的土壤中添加一些黏土，增施有机肥等以改良土壤结构，迄今为止，共完成中低产田改造 6000 亩。

为增加搬迁群众收入，政府也曾在德吉新村推广农业科技成果，并取得了一定成效。2002 年，政府在朗赛岭开发区引进玉米和油菜种植，试图增加农牧民的收入，并获得初步成功。笔者在扎囊县农发办采访时，有幸看到了 2002 年德吉新村油菜和玉米等农作物丰收景象的纪录片。同时，笔者在与当地农牧民交谈中得知，当初也的确种植过油菜及玉米等农作物，但现在基本上没有农户种植。其次，政府当初准备在德吉新村建立大棚蔬菜基地，在他们当时看来是由于水源没有得到很好的解决，所以未能推广下去。不过，现在德吉新村大多数农户在自家庭院里建立了小型的温室基地，以自给一部分生活所需。

（3）朗赛岭提灌站建设。政府选择在朗赛岭开发区实施集中扶贫搬迁，其原因还在于朗赛岭开发区紧邻雅鲁藏布江中游地段，水源十分充足，有利于农牧业综合开发。尽管朗赛岭扶贫开发区紧邻雅鲁藏布江中游，但朗赛岭开发区大多数耕地与雅鲁藏布江水源平均距离在 3 公里左右。在朗赛岭提灌站修建之前，朗赛岭开发区农牧业生产基本上是靠天吃饭，因此，朗赛岭开发区也经常遭受自然灾害特别是旱灾的严重影响。针对这一基本现状，如果不能从根本上解决朗赛岭开发区农田水利灌溉这一"命根子"问题，即使搬迁群众"安居"了，但也还可能最终摆脱不了贫困的命运。

德吉新村扶贫综合开发的重点项目之一就是朗赛岭提灌站的修建。朗赛岭提灌站工程早在 1996 年就开始修建，于 2001 年 1 月正式投入使用，这标志着朗赛岭开发区内的 1.9 万亩耕地、荒地、沙地、河滩等土地，可以得到充分开发和利用。朗赛岭提灌站工程的修建，不但解决了朗赛岭开发区大部分耕地的灌溉问题，使朗赛岭开发区农作物产量大幅度提高，而且还可有效改善和保护该区的生态环境，植被覆盖率明显提高，有效地防止和减少水土流失与自然灾害的发生。同时还为朗赛岭开发区进一步开发林、草地资源提供了丰富的水资源，从而为更好地发展畜牧业、增加搬迁群众的收入奠定了基础。

三 德吉新村农村公共产品供给绩效分析：基于搬迁群众实际需求的视角

西藏自治区政府决定在朗赛岭区域实施集中扶贫搬迁：（1）政府希望通过增加农村基础设施建设的投入，增加农村公共产品供给，改善制约农牧民生存质量与权利实现的基本条件与环境的贫困，从基础设施条件着手解决搬迁群众生产、生活困难的外部制约因素；（2）政府希望通过借德吉新村扶贫开发之机，加大扶贫综合开发力度，推广农业科技成果，调整农业产业结构，从科技成果推广着手解决搬迁群众生产、生活困难的内部制约因素，努力增加农牧民收入，最终实现搬迁群众脱贫致富。

德吉新村的扶贫综合开发建设，其实质是政府供给农村公共产品。政府通过不断增加农村公共产品供给，改善了农牧民生产、生活条件，基本达到了扶贫综合开发的预期目标。随着德吉新村住房及一系列配套设施建设工程的完成，搬迁群众于2001年底顺利入住，解决了搬迁群众的住房问题，搬迁群众"安居"了；随着朗赛岭开发区农业综合开发建设的顺利进行，农牧业生产基本步入正轨，搬迁群众土地得到保障，在朗赛岭开发区这片热土上"乐业"了；特别是随着朗赛岭提灌站的运行，朗赛岭开发区农牧民群众的生产、生活条件得到明显改善，为实现搬迁群众"搬得出、留得住、富得起"的最终目标奠定了坚实的基础。在德吉新村采访期间，笔者通过与当地农牧民交谈得知，他们对德吉新村的大多数农村公共产品供给表示满意，如住房及一系列配套设施建设、中低产田改造等项目的完成，大大改善了搬迁群众的生产、生活条件。

不过，搬迁群众也还对德吉新村部分农村公共产品供给现状及供给方式不甚满意。笔者在德吉新村调查时也发现，的确还存在着部分农村公共产品供给不是根据当地农牧民的实际需求来提供的，而是根据上级政府及相关部门决策者的"政绩"和"利益"的需要而做出的。因此，上级政府及相关部门领导比较热衷于投资一些见效快、容易出政绩的短期公共项目；以及热衷于投资新建公共项目，而不愿投资维修存量公共项目；等等。由于完全是基于上级政府的意图在提供农村公共产品，几乎没有考虑当地农牧民群众的实际需求，因而也就难以避免西藏农村公共产品供给低效率情况的发生。现以朗赛岭提灌站的新建与维修效应为例进行重点分析，附带论及农业科技成果推广效应，从而全面考察政府所提供的农村公共产品在德吉新村扶贫综合开发中所取得的成效。

在事关德吉新村扶贫开发长远发展的农田水利灌溉问题上，朗赛岭提灌站发挥了至关重要的作用，在很大程度上解决了当地农牧民自认为是"命根子"的农田灌溉问题。也正是由于朗赛岭提灌站在德吉新村农牧民生产、生活中的重要作用，一旦其功能丧失之后，农村公共产品供给效率问题也就凸现出来，特别是应该如何基于当地群众的实际需求来提供农村公共产品，也就显得尤为重要了。

2006 年 5 月，朗赛岭提灌站 5 台机组因长期磨损而全部报废。为切实解决好德吉新村农田水利灌溉问题，扎囊县人民政府曾多次组织有关部门进行协商解决，在与吉林生产厂家联系时得知，现在该厂已不生产同一型号的水泵及配件，如果需要原装水泵及配件，还得重新制作，这样不但等待时间长，而且维修费用也比较高。现在看来，对于当初投入的近 1800 万元的朗赛岭提灌站建设工程，我们不得不重新反思这项工程的经济与社会效益。笔者在德吉新村调查期间也从当地乡镇干部与农牧民口中得知，该工程不仅耗资巨大，而且整个工程建设完全是基于上级政府及相关部门的决策进行。因此，朗赛岭提灌站的修建完全没有征询当地政府与群众意见，是一种典型的"自上而下"的农村公共产品供给方式，因而也难以从当地群众心目中消除该工程是"形象工程"这一认识。

朗赛岭提灌站 5 台机组全面报废之后，政府在其维修态度上，更凸现了脱离农牧民实际需求而供给农村公共产品这一矛盾。由于朗赛岭提灌站是由上级政府与相关部门组织建设的，因此，现在不可能要求上级政府及相关部门来解决朗赛岭提灌站的维修问题，故扎囊县政府首先想到的就是积极争取资金维修朗赛岭提灌站。

其实，朗赛岭提灌站的维修，不仅仅是资金的问题，而且还有技术方面的问题。笔者于 2007 年 4 月 2 日下午在与扎囊县一位县长采访时也获悉，如果继续采用原有的机械设备，几乎每 5 年就得更换一次，每一次更换费用就高达 50 万元。该县长也还谈到，幸好以前 5 台机组及 2006 年临时安装的 2 台水泵所耗用的电费还没有向农牧民收取，由政府代为缴纳。不过，他也在猜测，说不定有一天这个优惠政策被取消了，那么当地群众的生产与生活负担肯定还会加重。2007 年 8 月 4 日，笔者再一次来到德吉新村，听次仁朗杰村长讲，2006 年临时安装的 2 台机组由于超负荷运转，其中 1 台已经报废。由此看来，朗赛岭提灌站的维修与否问题，不得不再次从"成本"与"费用"的角度慎重考虑。

对于朗赛岭提灌站维修与否问题上，笔者也做过问卷调查，发现大约仍有 60% 左右的农牧民希望政府出资迅速维修朗赛岭提灌站，只有 40% 左右的农牧民希望通过其他办法，如修建机井、建设小型蓄水池等来解决德吉新村的农田水利灌溉问题。前者所占比例较高，这可能跟笔者在采访过程中遇到的家庭户主为妇女及老年人较多有很大关系。尽管后者所占比例不及前者高，但这 40% 左右的农牧民是非常具有代表性的，如德吉新村党支部书记多吉同志、村委会副主任罗布随巴同志以及德吉新村几个村民小组组长。他们也曾经多次向笔者谈到，解决德吉新村水利灌溉问题，目前最为迫切的是修建三个机井、一个蓄水池，以彻底解决农牧民农田生产灌溉问题。在他们看来，机井的初建成本并不高，不需要一次性投入多大的资金，而且机井运营及维修成本也不高，即使机井坏了，本地技术人员就可以维修，既方便，成本又低。同时还可以充分利用本村富余的劳动力资源，节约一定的建设资金，缓解资金不足的压力。特别是能够随时满足当地群众生产用水需要。这或许应该从《小水利、大效益》报道中得到一些启示。

扎囊县水利基础设施薄弱，水资源利用率极低，加之生态脆弱，长期以来，"少雨则旱、多雨则涝"的现象十分突出。2004 年，扎塘镇吉林村的个体户旺堆带领当地的 20 户贫困户，开发了 500 亩撂荒地，主要以种植优质大蒜为主。但由于缺乏灌溉水源，当年只种了 100 余亩。为改善生产条件，旺堆自筹资金 7 万余元，在县政府解决 3 万元和县水利局筹措 5 万元资金的帮助下，新打了一眼机井，配套放渗水渠 1 公里，解决了灌溉问题，扩大了种植面积。2005 年，实现收入 54 万元，成为全县农牧民致富的领头羊，激发了全县农牧民群众自发投资兴建小型水源工程的热情。

由扎塘镇吉林村旺堆经验来看，修建一眼机井，其初始建筑成本也就在 10 万元左右，所需资金的确不算大，便能够长期解决 500 亩农田灌溉问题，这或许是扎囊县政府及相关部门领导从旺堆经验中获得的一些启示。此外，还应特别注意的是，扎囊县德吉新村地处雅鲁藏布江中游河谷地带，水资源十分丰富。尽管年均降雨量只有 420 毫米左右，但地下水资源特别丰富，并且地下水埋藏较浅，天然资源量在年季时空分布上不具有明显的季节特征，而德吉新村几乎与雅鲁藏布江处于同一海拔高度，只有部分农田比雅鲁藏布江略高出 50 米左右。因此，地下水应该成为德吉新村农田灌溉、人畜饮水的主要供水水源。在笔者看来，扎囊县德吉新村农田水利灌溉问题要得到永久性解决，恐怕更应该充分利用其丰富的地下水资源。由此看来，德吉新村多吉书记与罗布随巴主任等所提出的修建机井的建议，是完全符合德吉新村实际情况的，也真正反映了德吉新村搬迁群众的真实偏好。

朗赛岭提灌站的维修现在由扎囊县政府出面积极解决，

农村公共产品供给主体发生转移，由更了解农牧民实际偏好的地方政府——扎囊县政府供给农村公共产品，但这只是为农村公共产品有效供给提供了前提条件。从农村公共产品有效供给可以看出，政府要有效地提高农村公共产品，必须以尽量满足农牧民的实际消费偏好为基本目标，而德吉新村农牧民的真实偏好是修建机井，而不是继续维修朗赛岭提灌站。由此看来，一些政府及相关部门热衷于投资新建公共项目，而不愿投资维修存量公共项目，这或许是德吉新村朗赛岭提灌站的维修迟迟未能得以解决的主要原因。现在假设政府有心解决朗赛岭提灌站的维修，如果从"成本"与"费用"的角度考察，再结合考虑德吉新村的地理位置、当地群众的实际需求与长期承受能力等，其农村公共产品供给效率也是低下的。

在改善德吉新村农业产业结构方面，上级政府及相关部门也做出了一些努力，如在 2002 年就曾经在德吉新村试引进油菜和玉米种植，不但种植取得初步成功，而且收成也还不错。但是，笔者在德吉新村调研期间发现，现在德吉新村 80% 以上的农户仍然从事的是传统种植业：青稞、小麦及土豆，很少有人从事油菜及玉米的种植，其原因在于油菜及玉米的种植不适合德吉新村农牧民的实际需求。油菜是经济作物，通过种植油菜可以改变传统的农业产业结构，适当增加农牧民的收入，按理说是一件好事，可是为什么未能推广下去呢？正如前面分析指出的那样，尽管搬迁群众在搬迁后，土地数量增加了，平均每个人有 2 亩土地，但由于土壤贫瘠，粮食单产不高，如果再把有限的土地分一部分种植油菜，那么粮食总收成无疑又会大大减少，农牧民的"肚子问题"自然也就成为一个现实亟须解决的问题了。就玉米种植而言，也存在着类似的问题。

正如一位农发办副主任谈到的那样，农发办准备在德吉新村建立一些大棚蔬菜基地，以增加搬迁群众收入，在他看来当初没有建成的主要原因在于水利灌溉问题没有得到很好解决，其实，当时朗赛岭提灌站还在发挥作用，灌溉问题已基本解决。在笔者看来，更多的还在于农发办担心资金投入太大、农牧民种植技术不高等原因而搁置，不愿承担过多的风险而已。多吉书记也曾经多次向笔者谈到，德吉新村科技人员十分缺乏，全村只有一个科技人员，但这远远不够。笔者在德吉新村调研期间得知，当地群众都希望通过项目致富，其中谈得最多的就是希望种植大棚蔬菜增加收入，但同时又深感大棚蔬菜种植技术的缺乏。笔者在德吉新村调研时发现，也只是在这位科技人员的庭院里看见了长势良好的大棚蔬菜，其他农户尽管也在庭院里种植了大棚蔬菜，不仅大棚里面的蔬菜品种极少，而且长势也不甚好。由此看来，当地群众急需的农村公共产品却又得不到有效解决，这样也自然会使德吉新村的扶贫综合开发成效不大。

四　提高西藏农村扶贫综合开发成效的政策建议：提高农村公共产品供给效率

由于受西藏独特的自然与地理环境影响，西藏农牧业仍然是相对效益低、风险大的弱质产业。特别是西藏农村基础设施"瓶颈"制约较为严重，对农村经济发展难以形成有力的支撑，西藏农牧民生活仍然普遍处于贫困阶段。因此，必须加大西藏农村扶贫综合开发力度，加大对西藏农村基础设施建设的投入，同时还应加大农牧业综合开发力度，逐步改善农牧民生产、生活条件。但是，政府在有限的财政投入条件下，在增加西藏农村公共产品供给的同时，更应注重提高西藏农村公共产品供给效率，尽量控制脱离西藏农村实际的"形象工程"建设。德吉新村扶贫综合开发案例表明，为了提高扶贫综合开发成效，就必须提高公共产品供给效率。基于此，笔者拟提出以下政策建议。

（1）要提高农村公共产品供给效率，首先必须明确农村公共产品供给主体，这是实现农村公共产品有效供给的前提条件。一般而言，行政级别较低的地方政府能够更好地、更全面地了解本地农牧民对农村公共产品的真实消费偏好，从而会更有针对性地、高效地提供地方性农村公共产品，进而满足农牧民的实际需求。因此，地方性农村公共产品的供给主体应该是各级地方政府。政府要提高农村公共产品供给效率，还应努力控制公共产品供给成本。政府在有限的财政投入条件下，除了有增加农村公共产品供给的意愿与热情之外，更应控制农村公共产品供给的"成本"与"费用"，使有限的资金投入发挥最大的经济与社会效益，尽量避免一些"形象工程"建设。

（2）加大对西藏农村公共产品供给，逐步解决制约农牧民发展的基本条件与环境的贫困。在长期的二元经济结构体制下，西藏实行的是城乡二元公共产品供给体制，政府对西藏农村公共产品供给数量总体不足。加上西藏自然条件的恶劣、农牧业生产的特殊性及农牧产品市场的风险性，决定了西藏广大农牧民的生产、生活对农村公共产品具有强烈的依赖性。因此，必须建立西藏农村公共产品供给的长效机制，进一步加大对西藏"三农"的财政投入，增加西藏农村公共产品的供给，逐步改善农牧民生产、生活条件。特别应加大对西藏农村中低产田改造的资金投入，实施改良土壤结构、增强土壤肥力等措施，实施沃土工程建设。在改造中低产田的同时，还应充分推广农业科学技术，努力提高粮食单产。只有在提高粮食单产、解决农牧民的基本口粮问题后，更多的农业科技成果推广也才可能为农牧民所接受，从而实现农业产业结构调整，增加农牧民收入，最终实现贫困人群脱贫致富。

（3）要提高西藏农村公共产品供给效率，需建立正确的西藏农村公共产品供给决策机制——"自上而下"与"自下而上"相结合的决策机制。目前西藏农村公共产品供给方式上是采取"自上而下"和"局外人"决策机制："自上而下"的农村公共产品供给决策程序，主要不是由乡、村社区内部的需求决定，而是由社区外部即上级政府的指令决定；"局外人"的农村公共产品供给决策程序，使农牧民被排斥在农村公共产品供给的决策、运作和监督之外，无法在农村公共产品的供给决策中体现自己的意志。由于缺乏规范的农村公共选择机制，西藏农村公共产品大多是由各级政府和部门"自上而下"决策，进行强制性供给。结果是农村公共产品供给结构不适合农牧民的需求结构，在总量供给不足的同时，又出现了供给结构失衡和有效供给不足的深层次矛盾。因此，要结合西藏农牧区的实际情况，建立一个"自上而下"与"自下而上"相结合的决策机制。所谓"自下而上"，就是要突出西藏农牧民的实际意愿与需求；"自上而下"就是要体现上级政府特别是中央政府对治理西藏的意图及对西藏自然与历史文化环境的尊重。

（4）要提高西藏农村公共产品供给效率，需建立西藏农村公共产品供给的农牧民需求与需求偏好表达机制。随着西藏农村社会经济的发展，广大农牧民对农村公共产品有着强烈的需求冲动，农村公共产品或服务有着巨大的需求空间。然而，在利益多元化的当今社会，农牧民始终处于弱势地位，农牧民的社会组织缺乏，缺少自己的利益代言人。这些因素导致了农牧民表达自己需求和偏好的渠道不多，有时候还不通畅。农牧民对于自己这种强烈的需求，又普遍缺乏表达，或者说，他们知道自己的需求，但他们不知道向谁表达和怎样表达，处于一种近乎失语的状态。因此，应从农牧民的实际需求角度出发，建立这样一个机制：对农牧民的需求与需求偏好提供什么样的渠道表示出来，以及对农牧民的需求与需求偏好用什么样的方式表达出来，只有建立起这样的表达机制，才能做到政府对西藏农村公共产品的供给与农牧民对公共产品的实际需求相一致，从而提高西藏农村公共产品供给效率。

专题调研报告二
德吉新村朗赛岭提灌站维修问题的调查分析
——基于农村公共产品供给效率问题的研究

农村公共产品，是指在农村地域范畴内，用于满足农村公共需要，私人不愿提供或者不能提供的，在消费上具有排他性、非竞争性的社会产品。农村公共产品是农业生产与农村社会经济发展的重要条件。西藏，由于独特的自然地理环境等因素的影响与制约，其农牧业也就显得异常脆弱，这决定了广大农牧民对农村公共产品的严重依赖性；同时，由于受社会历史及经济发展等因素的影响与制约，西藏农村公共产品供给普遍不足，影响农牧业生产和农村社会经济的发展。进入 21 世纪后，政府为改善农牧民生产、生活条件，增加农牧民收入，加大了对西藏农村基础设施建设投入，即不断增加农村公共产品供给。不过，政府在有限的财政投入下，在增加农村公共产品供给的同时，更应注重提高农村公共产品供给效率。然而，在现有的研究文献中，很多学者把农村公共产品供给等同于政府对农村公共产品的提供。农村公共产品的供给固然包括了政府对农村公共产品的提供、生产及形成后的管理，但是农村公共产品供给更应包括现实消费者的需求表述。对于此，学界鲜有论述。本文以西藏扎囊县德吉新村朗赛岭提灌站的建设与维修为例，拟重点从西藏农牧民实际需求的视角研究农村公共产品供给效率问题。

一 农村公共产品有效供给：一个理论解析

最早对公共产品理论进行分析的是大卫·休谟，他认为，某些对每个人都有益的事情，只能靠集体行动来完成。因此，后来有学者将其称为集体消费品。亚当·斯密也对公共产品做过分析，他认为，那些对整个社会都有益处的公共设施，就其性质而言，若是由个人或者少数人办理，那么就很难筹集到足够的资金进行建设，因此，应该由政府出面予以提供。萨缪尔森认为，公共产品是这样一些产品，每个人对这种产品的消费，并不会导致其他人对该产品消费的减少。公共产品相对于私人产品的特征来说，具有消费的非排他性、取得方式的非竞争性及效用的不可分割性等特征，因此，公共产品供给主要由政府提供。

由此看来，提供公共产品，满足人民群众日益增长的公共需要是政府义不容辞的责任，应该由政府提供公共产品，但这并不意味着政府的经济行为本身是完美无缺的，尤其是在多级政府体制下，各级政府在公共产品供给上如何进行分工？即一项公共产品应该由哪一级政府提供，从而使得公共产品供给更加有效？莱布特－马斯格雷夫财政分权理论认为，公共部门的稳定和分配职能必须由中央财政执行，地方政府主要从事资源配置职能，并认为低一级政府有着效率更高的资源配置能力，因为它们提供的公共产品最能反映个人偏好和实际需求。

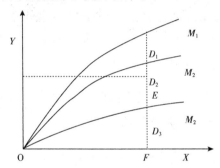

附图 2－1 中央与地方政府公共产品供给比较

在附图 2－1 中，横轴 X 表示农民对农村公共产品 P 的需求数量，纵轴 Y 表示农民对农村公共产品 P 的需求偏好。假设有三个农村地区，它们对农村公共产品 P 的需求曲线分别为 M_1、M_2 和 M_3，同时又假设这三个地区的农牧民数量都为 F 时，他们对公共产品 P 的需求量分别为 D_1、D_2 和 D_3。如果由中央政府统一为这三个地区提供农村公共产品，那么就极有可能取这三个农村地区对农村公共产品 P 需求量的平均值，即 E 点。由附图 2－1 可以看出，E 距 D_2 很近，表明第二个地区农民对农村公共产品供给的满足程度比较高；但是，E 还没有达到 D_1，这就表明在很大程度上还不能满足第一个地区农民的实际需求；而与此同时 E 却又大大超过了 D_3，表明第三个地区的农村公共产品供给远远超过了需求量，从而造成资源浪费。如果由了解本地农民实际需求的各级地方政府提供农村公共产品，则地方政府可能会更有针对性地、高效地提供农村公共产品，因为地方政府往往能够更全面地了解本地农民对农村公共产品的需求偏好。结合附图 2 - 1 分析，地方政府就可以根据本地农民的实际需求，有针对性地、高效地向这三个农村地区分别提供出 D_1、D_2 和 D_3 数量的农村公共产品，满足农民的实际需求。由此可见，地方性农村公共产品供给的有效主体应该是各级地方政府。

二　朗赛岭提灌站的修建与农村公共产品供给效率问题初现：基于政府供给分析

西藏自治区政府在扎囊县朗赛岭开发区开展集中跨县、跨乡扶贫搬迁建设，基于以下原因：（1）朗赛岭开发区的区域优势十分明显。地势平坦，有着大量可供开发利用的土地；交通便利，紧邻 101 省道，距扎其乡政府 12 公里左右，距扎囊县政府与山南地区行署也分别在 20 公里左右；紧邻雅鲁藏布江中游地段，水源十分充足，有利于农牧业综合开发等。（2）朗赛岭开发区发展现状亟待改进。朗赛岭开发区生态系统极为脆弱，水土流失也较为严重，大多数土地因缺水而弃，高低不平，沟壑纵横，荒地、沙地、河滩等土地所占面积较大，土地十分贫瘠，即使原有耕地也因沙化、干旱、大风等自然条件的影响，特别是干旱缺水严重影响了朗赛岭区域农牧民群众生产与生活，制约了朗赛岭区域农牧业与农村经济可持续发展。

　　针对朗赛岭开发区紧邻雅鲁藏布江中游，但又时常遭受严重干旱影响的基本现状，如果不能从根本上解决朗赛岭开发区农田水利灌溉这一根本问题，并且这在当地群众中被认为是"命根子"问题，不仅仅搬迁群众难以摆脱贫困处境，朗赛岭区域原有农牧民也难以脱贫致富。因此，在当时无论从朗赛岭开发区原有农牧民实际需求来看，还是从搬迁群众的实际需求来看，其生产、生活中迫切需要解决的问题，就是农田水利灌溉问题。而朗赛岭开发区原有农牧民因受自然条件和经济发展水平的制约，基本处于贫困状态，搬迁群众绝大多数都是贫困户。基于此，朗赛岭开发区农田水利灌溉问题的解决，需要政府出面予以解决，以提供农村水利灌溉设施这一农村公共产品。

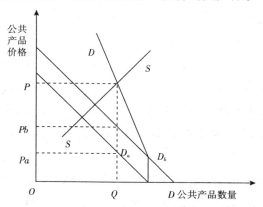

附图 2 - 2　公共产品有效供给：局部均衡分析

　　从局部均衡的角度分析，任何一种产品的市场均衡量与均衡价格由其供给曲线与需求曲线的交点决定，而需求曲线应该与消费者的边际效用曲线相一致，供给曲线应该与生产者的边际成本曲线相一致，这样社会边际效用等于社会边际成本，帕累托最优效应得以实现。在附图 2 - 2 中，D_a 和 D_b 分别代表朗赛岭原有农牧民 a 和搬迁群众 b 对农村公共产品的需求曲线，这是与人们消费农村公共产品所得到的满足，即边际效用相一致的。把朗赛岭区域现有农牧民的需求曲线纵向相加，即得到农村公共产品的总需求曲线，表现为 DD 曲线。总供给曲线用 SS 表示，表示政府对农村公共产品的供给，并且与公共产品的边际成本相一致。公共产品产出的均衡水平便位于总需求曲线和总供给曲线的交点上，即均衡产出为 OQ，在这个均衡点上，总收入等于提供农村公共产品所需的总成本，当达到均衡产出水平 OQ 时，此时的农村公共产品供给是有效供给。

经济学意义上的公共产品有效供给，包含着以适度的生产成本尽量满足消费者的消费需求与消费偏好的深层次内容。政府对公共产品的供给是一种经济活动，因而也必须按照增强效率、满足居民消费偏好的要求行事。附图 2 - 2 中所给定的这一均衡产出水平，其前提条件是假设每个人都能够准确表露自己的真实偏好。因此，政府提供农村公共产品，无论在质量上还是数量上，都应该以尽量满足农民的消费偏好为基本目标，并力求控制"成本"和"费用"。

结合公共产品有效供给局部均衡分析可以看出，朗赛岭提灌站建设之处便已经出现了一些问题：（1）朗赛岭提灌站工程是由上级政府组织建设的，是一种典型的"自上而下"的农村公共产品供给行为，而较低一级地方政府如扎囊县政府与扎其乡政府未能参与工程建设，更别论整个工程建设有效地反映了朗赛岭开发区农牧民的真实偏好。（2）假设朗赛岭提灌站在当时满足了朗赛岭开发区农牧民的真实消费偏好，解决了当地群众自认为是"命根子"的农田水利灌溉问题，但该工程总耗资达 1800 万元之巨，其运行时间不到 6 年便全面报废，如果从"成本"与"费用"的角度考察，朗赛岭提灌站工程建设成效便值得进一步考察了。笔者在德吉新村采访期间也从当地乡镇干部与农牧民口中得知，朗赛岭提灌站工程不仅耗资巨大，而且在整个工程建设中既没有完全征询当地农牧民群众意见，让当地农牧民群众参与工程建设，更没有充分考虑当地农牧民群众实际需求与德吉新村扶贫综合开发建设的实际情况。

三　朗赛岭提灌站失效与农村公共产品供给效率问题凸现：基于农牧民实际需求分析

2006 年 5 月，朗赛岭提灌站 5 台机组因长期磨损而全面报废。朗赛岭提灌站运行不到 6 年时间便全部失效，上面初步探讨朗赛岭工程建设成效问题，即农村公共产品供给效率问题，此时也就进一步凸现。2006 年西藏又遭遇严重干旱，德吉新村 1700 亩农作物发生不同程度的旱灾，其中绝收的有 400 亩，大部分农户粮食收成是远远不够解决口粮问题的，当年该村靠政府救济的占 60% 左右。为切实解决好德吉新村朗赛岭提灌站的维修问题，扎囊县政府也曾多次组织有关部门协商解决。但由于朗赛岭提灌站是由上级政府组织建设的，碍于行政压力，现在不可能要求上级政府维修朗赛岭提灌站。因此，扎囊县政府首先想到的就是积极争取资金维修朗赛岭提灌站。从扎囊县政府《关于解决朗色岭提灌站维修资金的报告》中也可以看出这一倾向。

　　　扎囊县朗赛岭提灌站，2000 年由农发项目建设并投入使用，工程主要担负着德吉新村 1400 亩耕地和 2620 亩林草地灌溉，运行六年来为德吉新村农业综合开发与扶贫搬迁起着至关重要的作用。2006 年 5 月底，朗赛岭提灌站 5 台机组全部因长期磨损损坏。为尽快解决好德吉新村 1400 亩农田灌溉问题，在山南地区水利局的大力支持下，共计筹措 10 万元，于 2006 年 6 月 19 日在现有的厂房外临时重新安装 2 台离心泵，解决了当年该村农牧业生产燃眉之急。德吉新村是扎囊县乃至西藏自治区扶贫搬迁和农业综合开发的重点，该村主要依靠朗赛岭提灌站灌溉，加之土壤沙性强，风沙严重，灌溉次数多，需水量大，如果不彻底解决好该村灌溉问题，将直接造成因水返贫现象。为此，我县决定对朗赛岭提灌站进行全面维修，更换 5 台离心泵及管道改造安装的资金，共计 50 万元。由于我县财政十分困难，请求上级有关部门给予解决 50 万元维修朗赛岭提灌站。

事实上，朗赛岭提灌站维修不仅仅是资金问题，而且存在着技术方面的问题。2007 年 4 月 2 日下午笔者在与扎囊县一位县长交谈时获悉，如果继续采用原有的机械设备，几乎每五年就得更换一次，每一次更换费用就高达 50 万元，且还不说其他相关支出。同时，该县长也谈到，朗赛岭提灌站以前五台机组及现在两台临时水泵所耗电费还没有向农牧民收取，不过，他也在猜测，这个优惠政策有可能很快会被取消。如果取消这个优惠政策，当地群众生产与生活负担肯定还会加重。因为朗赛岭提灌站原有五台机组功率较大，耗电量也较多，农牧民生产与生活成本也会相应增加。由此看来，在朗赛岭提灌站维修与否问题上，不得不再次从"成本"与"费用"的角度慎重考虑。

其实，扎囊县政府更应该从德吉新村当地农牧民群众的实际需求出发，并结合德吉新村的实际情况来提供农村公共产品，以进一步提高农村公共产品供给效率。笔者于2007年4月对德吉新村搬迁群众进行了入户调查，统计结果表明，大约有60%左右的农牧民希望政府出资迅速维修朗赛岭提灌站，40%左右的农牧民希望采取其他办法，如修建机井、建设小型蓄水池等来解决德吉新村的农田水利灌溉问题。前者所占比例较高，这可能跟笔者在采访过程中，遇到的家庭户主为妇女及老年人居多有很大关系。尽管后者所占比例不及前者高，但这40%左右农牧民是极具代表性的，如德吉新村党支部书记多吉同志、村委会副主任罗布随巴同志以及德吉新村几个村民小组组长。他们也曾经多次向笔者谈到，解决德吉新村水利灌溉问题，目前最为迫切的是修建三个机井、一个蓄水池，以彻底解决农牧民农田生产灌溉问题。在他们看来，机井的初建成本并不高，不需要一次性投入多大的资金，而且机井运营及维修成本也不高。同时还可以充分利用本村富余的劳动力资源，节约建设资金，缓解资金不足的压力。最为关键的是能够随时满足当地群众生产与生活用水需要。

这或许应该从《小水利、大效益》报道中得到一些启示[1]。

扎囊县水利基础设施薄弱，水资源利用率极低，

---

[1]　2006年12月22日《中国水利报》第35版。

加之生态脆弱，长期以来"少雨则旱、多雨则涝"的现象十分突出。2004 年，扎塘镇吉林村的个体户旺堆带领当地的 20 户贫困户，开发了 500 亩撂荒地，主要以种植优质大蒜为主。但由于缺乏灌溉水源，当年只种了 100 余亩。为改善生产条件，旺堆自筹资金 7 万余元，在县政府解决 3 万元和县水利局筹措 5 万元资金的帮助下，新打了一眼机井，配套放渗水渠 1 公里，解决了灌溉问题，扩大了种植面积。2005 年，实现收入 54 万元，成为全县农牧民致富的领头羊，激发了全县农牧民群众自发投资兴建小型水源工程的热情。

由扎塘镇吉林村旺堆案例来看，修建机井的初始建筑成本也就在 10 万元左右，所需资金的确不算多，便能够长期解决 500 亩农田灌溉问题，扎囊县政府及各部门领导应该从旺堆案例中获得一些启示。此外，还应特别注意的是，德吉新村地处雅鲁藏布江中游河谷地带，水资源是十分丰富的。尽管年均降雨量只有 420 毫米左右，但地下水资源特别丰富，并且地下水埋藏较浅，而德吉新村几乎与雅鲁藏布江处于同一海拔高度，只有部分农田比雅鲁藏布江面略高出 20 米左右。地下水天然资源量在年季时空分布上不具有明显的季节特征，因此，地下水应该成为德吉新村农田灌溉、人畜饮水的主要供水水源。在笔者看来，德吉新村农田水利灌溉问题要得到永久性解决，其实更应该充分利用其丰富的地下水资源。由此看来，德吉新村多吉书记与罗布随巴主任等所提出的修建机井的建议，是完全符合德吉新村实际情况的，真正反映了德吉新村农牧民的真实偏好。

朗赛岭提灌站维修问题现在由扎囊县政府出面积极解决，农村公共产品供给主体发生转移，由可能更加了解农牧民实际偏好的地方政府——扎囊县政府供给农村公共产品，这只是为农村公共产品有效供给提供了前提条件。不过，从前面农村公共产品有效供给局部均衡分析图可以看出，政府要提高农村公共产品供给效率，还必须以尽量满足农牧民的消费偏好与实际需求为基本目标。从本文分析来看，德吉新村农牧民的真实偏好是修建机井，而不是继续维修朗赛岭提灌站，因此，扎囊县政府要提高农村公共产品供给效率，首先必须了解德吉新村农牧民的真实偏好。同时，从朗赛岭提灌站维修的"成本"与"费用"角度考察，如果扎囊县政府还在积极努力争取维修资金，其精神是可嘉的，但不是民智之举。总之，政府在努力增加农村公共产品供给的同时，还应该努力控制农村公共产品供给的"成本"与"费用"，提高农村公共产品供给效率。

四　提高农村公共产品供给效率：政策与建议

由于受社会历史及经济发展水平的影响与制约，西藏农村公共产品供给数量总体不足，对西藏农村经济发展难以形成有力支撑。因此，必须加大西藏农牧业基础设施建设投入，增加农村公共产品供给，逐步改善农牧民生产、生活条件，繁荣西藏农村经济。不过，在有限的财力条件下政府在增加西藏农村公共产品供给数量的同时，更应注重提高农村公共产品供给效率。朗赛岭提灌站的建设与维修案例经验表明，为了提高农村公共产品供给效率，实现农村公共产品最优供给，笔者拟提出以下政策建议。

（1）要提高农村公共产品供给效率，首先必须明确农村公共产品供给主体，这是实现农村公共产品有效供给的前提条件。一般而言，行政级别较低的地方政府往往能够更好地、更全面地了解本地农牧民对农村公共产品的真实消费偏好，从而会更有针对性地、高效地提供地方性农村公共产品，进而满足农牧民的实际需求。因此，地方性农村公共产品有效供给主体应该是各级地方政府。

（2）要提高农村公共产品供给效率，政府还应努力控制农村公共产品供给成本。政府在有限的财政投入条件下，除了有增加农村公共产品供给的意愿与热情之外，更应控制农村公共产品供给的"成本"与"费用"，使有限的资金投入发挥最大的经济与社会效益，尽量避免一些"形象工程"。

（3）要提高农村公共产品供给效率，就必须充分考虑农牧民对农村公共产品的实际需求状况。从目前西藏农村公共产品供给情况来看，存在着无视广大农牧民对农村公共产品实际需求的现象，农村公共产品大多是由上级政府和相关部门"自上而下"决策，进行强制性供给。结果是农村公共产品供给结构不适合农牧民的实际需求结构，在总量供给不足的同时，却又出现了有效供给不足的深层次矛盾。因此，要结合西藏农牧区的实际情况，注重从农牧民的实际需求出发，建立一个"自上而下"与"自下而上"相结合的决策机制。

（4）要提高农村公共产品供给效率，就要求农牧民显示自己的真实需求偏好。从西藏目前农村公共产品供给情况来看，农牧民需求偏好显示机制尚存在诸多问题，如村民自治体制不完善，投票制度不健全，农牧民社会组织缺乏等，导致了农牧民表达自己需求与需求偏好的渠道并不多，有时还不甚通畅。要建立西藏农村公共产品供给的农牧民需求与需求偏好表达机制，应从农牧民的实际需求角度出发，建立这样一个机制：对农牧民的需求与需求偏好提供什么样的渠道表示出来，以及对农牧民的需求与需求偏好用什么样的方式表达出来。只有建立起这样的表达机制，才能做到政府对农村公共产品的供给与农牧民对农村公共产品的实际需求相一致，进而提高西藏农村公共产品供给效率。

专题调研报告三
西藏农村剩余劳动力转移问题研究
——基于扎囊县德吉新村的调查分析

近年来，随着西藏农牧区人口快速增长与农业机械化水平不断提高，农牧区出现了大量剩余劳动力。大量剩余劳动力滞留在农牧区，不仅造成劳动力资源闲置与浪费，而且还会形成社会不稳定的隐患，不利于当前构建西藏农村和谐社会。从西藏经济发展整体情况看来，农牧区经济发展相对滞后，农牧民自我发展能力还比较弱，如何有效转移农村剩余劳动力？一直是西藏自治区各级政府的工作重点，也是学术界普遍关注的重点。有学者研究指出，政府在西藏农牧区投资的各种经济发展项目，为当地农牧民提供了就业机会，劳务输出逐渐成为农牧民家庭现金收入的重要来源，但随着市场化程度日益提高，农村剩余劳动力转移也面临严峻挑战。当然，市场机制在为当地农牧民带来机遇的同时，也在很大程度上排斥了当地没有竞争力的农牧民群众参与，必须尽快研究西藏农村剩余劳动力转移的市场和机制问题。随着西藏市场化进程日益加快，追求利益最大化的市场经济环境迫使农村劳动力进行全面提升，以实现农村剩余劳动力的有效转移。从目前学术研究现状来看，多从宏观研究视角对西藏农村剩余劳动力的转移进行分析，与西藏农牧区实际情况联系不够，所得出的结论也多半缺乏针对性和可操作性。基于此，2007 年 3 月至 4 月，笔者在扎囊县、贡嘎县、那曲县等地实地调查时，便对西藏农村剩余劳动力的转移问题进行了重点调查。本文是笔者对扎囊县德吉新村剩余劳动力转移问题的一个微观考察，通过个案微观分析，以期探索西藏农村剩余劳动力转移的有效途径。

一　对德吉新村剩余劳动力的一个初步估算

德吉新村扶贫搬迁建设，是西藏自治区政府于 1998 年在扎囊县朗赛岭开发区实施"一江两河、扶贫开发、农业综合开发"三大开发建设的重点项目，也是西藏自治区政府重点建设的扶贫开发新村。政府希望在德吉新村进行扶贫搬迁建设，着力解决搬迁群众生产、生活中的两大难题：住房困难与耕地短缺。经过近三年的扶贫开发建设，2001年底，政府在德吉新村共建住房 148 套，人均住房面积达40 平方米，超过全区农牧民住房面积的平均水平。同时，经过近三年的农业综合开发建设，政府在德吉新村共完成新增耕地 1700 亩（其中 300 亩耕地用于果树林基地建设），人均耕地面积达到 2 亩，也超过全区农牧民人均耕地面积的平均水平。通过扶贫搬迁建设，初步实现了政府实施扶贫搬迁项目的部分预期目标，即搬迁群众在德吉新村基本实现了"安居"。然而，从笔者实地调查情况来看，搬迁群众要在德吉新村真正实现"乐业"，政府仍有很多工作要做。目前，最重要的工作或许就是如何有效转移德吉新村大量剩余劳动力，让他们真正实现"乐业"，从而增加家庭现金收入。搬迁后，随着人口快速增长，越来越多的人生活在这片土地上，有限的耕地面积承担了过多的劳动力。与此同时，部分搬迁人口也逐渐成长为主要劳动力，德吉新村剩余劳动力的转移问题日益突出。正如一些学者研究指出，如果大量农村剩余劳动力继续留在农村从事农业生产，不仅使农业劳动力的边际产量和边际贡献率持续下降，也会导致农村人口的福利水平整体下降。

在本文研究中，笔者利用劳动经济学的一些理论和方法，并结合笔者在德吉新村的实地调查资料，从农村劳动力人均耕作面积的研究角度，对德吉新村剩余劳动力作了一个初步估算。

本文利用农村剩余劳动力的一般测算公式进行计算：$L = I - (S \div s)$。其中，L 为剩余劳动力数量，l 为现有劳动力的实际数量，S 为现有耕地面积的实际数量，s 为一个中等劳动力一年中尽最大努力所能负担的耕地面积数量。在本文拟采用我国种植业中劳动力的人均负担耕地面积标准，即 9.9 亩。但同时考虑到西藏农牧区特殊的自然地理环境、高寒缺氧对机械能及人的体能损耗程度等因素影响，相对于内地农民人均耕地面积而言，西藏农牧民人均耕地可能会减少 30% 左右，即西藏农牧区一个中等劳动力一年中尽最大努力所能负担的耕地面积数量大约为 6.93 亩，即公式中的 s 为 6.93。2007 年底，德吉新村实有耕地面积为 1400亩，即公式中的 S 为 1400。相对于 2001 年全村实有耕地面积而言，既没有增加也没有减少，然而，近 6 年来德吉新村人口数量却一直处于增长态势，全村农牧民群众数量由 2001 年底的 712 人增加到 2007 年底的 743 人，其中，男女劳动力共 350 人，6 年时间净增 30 人左右，即公式中的 I 为 350。

将上述数字带入公式并进行计算，计算结果是 $L=148$，即通过理论计算得出，2007 年，德吉新村实际剩余劳动力数量为 148 人。

事实上，上面所计算出的德吉新村剩余劳动力数量，是以西藏全区一个中等劳动力一年中尽最大努力所能负担的耕地面积平均水平而得出。然而，我们再结合德吉新村的实际情况进行分析，该村实际剩余劳动力可能会远远高于 148 人。首先，德吉新村经过农业综合开发建设，农业生产条件得到显著改善。搬迁群众所分到的耕地不仅地面平整，而且距离农户家也较近，大多数耕地与农户家庭之间的距离在 1000 米左右。与此同时，政府还为搬迁群众建设了路面平坦的机耕道与良好的灌溉系统。对于西藏其他地区农牧民而言，他们往往要到很远的山地耕作，农业生产所消耗的机械能与体能会明显增加，而德吉新村农牧民群众从事农业生产所消耗的机械能及体能消耗显然会大大降低。其次，在政府及社会各界的帮助下，德吉新村基本实现农业机械化生产。政府为德吉新村 8 个村民小组无偿提供了 8 辆六轮拖拉机，主要用于当地群众农业生产。此外，还为德吉新村搬迁群众无偿提供了播种犁 17 部、柴油机 9 台、扬场机 8 部、脱粒机 8 部等，德吉新村搬迁群众依靠这些农业机械设备基本实现了农业机械化生产。再次，德吉新村搬迁群众至今在农业生产中仍保持着良好的互助合作习惯，然而，这种习俗在内地农村已不多见。2007 年 8 月，笔者再次来到德吉新村时，正遇到一年的秋收季节。在德吉新村的农田里、机耕道上、村委会旁边的晒场上，几十个劳动力分工合作，分别从事收割、运输、打场、晒粮等农活。按照经济学的一般原理，分工合作可以提高农业劳动生产效率，减少实际劳动生产人数。综合考虑德吉新村上述实际情况，该村一个中等劳动力在一年中尽最大努力所能负担的实际耕地面积数量不仅可能远远高于全区平均水平，而且还可能高于全国种植业中劳动力人均负担耕地面积的标准。即使考虑到高寒缺氧对机械能及人的体能损耗这一负面影响，笔者认为，德吉新村一个中等劳动力一年中尽最大努力所能负担的耕地面积数量至少不会低于 10 亩。如果仅以 10 亩计算，则德吉新村全村所需劳动力数量仅为 140 人，这样德吉新村实际上有 210 名剩余劳动力需要转移。

以 2007 年底德吉新村全村农牧民 167 户、男女劳动力 350 人计算，平均每户约有劳动力 2.1 人。按照上面计算结果分析，德吉新村所需劳动力数量为 140 人，平均每户约需要劳动力 0.84 人，这样平均每户约有 1.26 名剩余劳动力需要转移。也就是说，在一般农牧民家庭的两个主要劳动力中，至少有一名劳动力需要转移。

二 政府的组织引导与德吉新村剩余劳动力的转移现状

德吉新村扶贫搬迁建设，不仅使搬迁群众获得了良好的生存空间，也使搬迁群众获得了更多外出务工的机会。然而，随着德吉新村人口的快速增长与部分搬迁人口逐渐成长为主要劳动力,德吉新村出现了大量剩余劳动力并需及时转移,这是不争的事实,也同样引起了扎囊县各级政府的高度重视,将德吉新村剩余劳动力的转移作为政府当前一项重要而紧迫的工作。2007年4月2日下午,笔者在与扎囊县普布县长交谈时也印证了这一事实。普布县长谈到,从扎囊县"两镇三乡"的总体发展情况来看,扎塘镇为县政府所在地,具有优越的地理位置,当地群众可以发展商贸业和服务业增加收入。桑耶镇旅游资源丰富,不仅有著名的桑耶寺,还有极具开发潜力的桑耶溶洞,当地群众可以发展旅游服务业增加收入。吉汝乡是著名的氆氇之乡,氆氇编织历史悠久,当地群众可以发展民族手工业增加收入。阿扎乡草场资源优势明显,当地群众可以发展养殖业增加收入。唯独扎其乡发展难度最大,除了农村人口数量众多、劳动力资源丰富外,几乎没有任何资源优势,需要政府重点加以关注。基于扎其乡农村人口数量多、劳动力资源丰富这一实际情况,扎囊县政府将扎其乡定位于劳动力输出大乡,希望通过发展劳务输出增加当地群众收入。早在2005年初,扎其乡政府就专门成立了由21名当地乡村领导干部组成的"扎其乡劳务输出领导小组",积极引导全乡农村剩余劳动力转移,德吉新村剩余劳动力的转移也由此成为当地政府关注的重点。

然而,德吉新村作为一个新建扶贫搬迁村,大多数搬迁群众在搬迁前属于特困人群,生活自理能力较差,尤其是从错那县搬迁过来的部分群众较为典型。还在搬迁前,政府就对他们给予扶贫救济。搬迁后,这部分搬迁群众仍希望政府继续给予帮助,不仅生产、生活自理能力差的状况没有得到根本转变,而且在搬迁后外出务工的主动性也不强。在当地政府领导看来，德吉新村部分搬迁群众的思想观念存在问题，"等、靠、要"思想观念仍比较严重。笔者在德吉新村与当地干部及部分群众的访谈中也证实了这一看法。如果说在搬迁前搬迁群众因生产、生活条件差，导致他们长期难以摆脱贫困状态，这是他们长期难以脱贫的客观因素。那么在搬迁后，随着生产、生活条件的显著改善，搬迁群众就应该迅速摆脱贫困状态、走上富裕之路。但从目前德吉新村搬迁群众的生活现状来看，并没有完全实现政府扶贫搬迁的初衷。对此，我们不得不从搬迁群众自身找原因，分析他们难以迅速脱贫致富的一些主观因素。首先，大多数搬迁群众没有接受过正规的学校教育，又缺乏主动学习科学文化知识的动力，在掌握新知识、新技能、捕捉新信息等方面的确存在很多困难。其次，大多数搬迁群众受自身素质低与劳动技能差的影响，即使他们搬迁到德吉新村后，交通更加方便了，接受外界信息更加迅速了，外出务工的机会也随之增加了，但大多数外出务工者从事的是收入不高的建筑行业，外出务工对增加家庭收入的作用也就非常有限。

基于德吉新村搬迁群众这些实际情况，相对于西藏其他农牧区而言，扎囊县政府解决德吉新村剩余劳动力的转移问题，其难度可能要大得多。不过，当地政府并没有因为这些特殊原因而退却，相反，却一直在努力为德吉新村剩余劳动力的转移寻找出路。2006年，当地政府就组织德吉新村部分剩余劳动力近距离参与江北公路建设、朗赛岭庄园维修、桑耶农发建设项目等工程建设，同时还组织部分剩余劳动力远赴那曲、阿里等地参与农牧民安居工程建设。从政府组织引导的行为来看，德吉新村剩余劳动力的转移基本上是以建筑行业为主，从扎其乡政府统计的农村剩余劳动力转移资料也可以看出这一转移特点。

附表 3 – 1　2006 年扎其乡剩余劳动力转移统计

村名/项目	人次		劳务创收		主要从事行业及创收情况							
					建筑业		运输业		服务业		其他行业	
	合计	女性	合计	女性	人次	收入	人次	收入	人次	收入	人次	收入
朗色林村	40	10	24000	6000	40	24000	—	—	—	—	—	—
孟嘎如村	10	3	12000	3600	10	12000	—	—	—	—	—	—
德吉新村	150	50	270000	90000	150	270000	—	—	—	—	—	—
宗嘎村	15	4	9000	2400	15	9000	—	—	—	—	—	—
西嘎雪村	100	50	9000	4500	100	9000	—	—	—	—	—	—
瓦藏村	30	15	900	450	30	900	—	—	—	—	—	—
罗堆村	70	25	6300	2250	70	6300	—	—	—	—	—	—
羊加村	293	139	175800	83400	293	175800	—	—	—	—	—	—
扎加村	177	89	106200	53400	177	106200	—	—	—	—	—	—
民主村	286	131	171600	78600	286	171600	—	—	—	—	—	—
热瓦村	238	117	36000	70200	238	36000	—	—	—	—	—	—
塔巴林	60	25	24000	15000	60	24000	—	—	—	—	—	—
桑珠普村	40	10	6000	6000	40	6000	—	—	—	—	—	—
申藏村	10	10	105600	6000	10	105600	—	—	—	—	—	—
久村	35	13	12000	7800	35	12000	—	—	—	—	—	—
充堆村	20	5	20000	3000	20	20000	—	—	—	—	—	—
阿雪村	15	3	10000	1800	15	10000	—	—	—	—	—	—
合计	1589	699	998400	439195	1589	998400	—	—	—	—	—	—

资料来源：扎其乡人民政府文件资料《2006 年扎其乡剩余劳动力转移统计表》（打印稿），2007 年 8 月。

从附表 3 – 1 看来，扎其乡 18 个村的剩余劳动力转移都集中在建筑行业，德吉新村剩余劳动力的转移也不例外，由此可以看出，全乡农村剩余劳动力的转移类型较为单一。

由于剩余劳动力的转移去向基本集中在劳动强度大、劳动技能要求低、工作时间长的建筑行业，故劳动收入普遍偏低。以德吉新村为例，2006 年，全村共转移剩余劳动力 150人，通过劳务输出仅实现年人均创收 1800 元，这仅相当于内地一个农村剩余劳动力外出务工的月收入。即使在剩余劳动力外出务工收入普遍偏低的情况下，政府也未能完全转移该村剩余劳动力，前面的计算结果表明，德吉新村仍有 60 名剩余劳动力滞留在农村。当然，也不排除德吉新村有部分剩余劳动力认为建筑行业工资收入低，不愿意参加政府组织引导的劳动力就业工作。但从笔者与当地群众的访谈来看，如果在没有找到其他更高收入工作的情况下，在建筑行业工作未必不是转移当地剩余劳动力的一条较好出路。事实上，搬迁后德吉新村大多数劳动力外出务工都是在建筑行业工作。

附表 3 - 1 数据来源于扎其乡政府的统计资料，如果仅从附表 3 - 1 进行分析，是难以准确把握扎其乡农村剩余劳动力转移的实际情况。从附表 3 - 1 看来，扎其乡农村剩余劳动力外出务工仅仅在建筑领域工作，没有人在运输业、服务业以及其他行业工作，显然，这不符合扎其乡剩余劳动力转移的实际情况。只不过农村剩余劳动力在这些行业就业没有在政府引导下进行而已，故统计资料相对缺乏。然而，从笔者在德吉新村实地调查情况来看，德吉新村剩余劳动力转移的主要去向，除了在政府组织引导下的建筑业外，还有部分剩余劳动力从事挖虫草、跑运输、作服务员等工作，只不过在这些领域就业的人数相对较少而已。

附表 3－2　2006 年德吉新村部分剩余劳动力外出务工收入一览

单位：元

户主姓名	家庭外出务工者	从事行业	劳动收入
洛　桑	丈夫	挖虫草	10000
次旺多吉	自己	挖虫草	10000
白　玛	儿子	挖虫草	10000
达娃卓玛	丈夫	挖虫草	1000
多吉平措	儿子	挖虫草	1000
央　宗	儿子	运输业	8000
格桑卓嘎	丈夫	运输业	20000
次仁白玛	女儿	服务业	4000
久美一西	女儿	藏画制作	6000
次旺旺堆	自己	建筑代班	20000
扎西巴珠	儿子	建筑行业	4000
曲　扎	儿子	建筑行业	5000
松　觉	丈夫	建筑行业	5000
白玛旦增	自己	建筑行业	2000
卓　玛	丈夫	建筑行业	1000
次仁扎西	儿子	建筑行业	1000
次仁拉吉	儿子	建筑行业	3000
泽　张	丈夫	建筑行业	2000
拉巴卓玛	儿子	建筑行业	800

资料来源：笔者于 2007 年 3 月 31 日～4 月 15 日在德吉新村调研记录。

从附表 3－2 可以看出，德吉新村约有 53％的剩余劳动力在建筑行业工作，即有一半以上的剩余劳动力转移到建筑行业。从收入情况来看，除了次旺旺堆农户收入相对较高外，其他劳动力外出务工收入普遍偏低。在建筑行业工作，一年最高收入也不过 5000 元，平均每月收入仅为 400 余元，而德吉新村外出务工者收入水平达到这个标准的人数仅为 20%。一年最低收入者还不到 1000 元，每月劳务收入更微不足道了，而德吉新村外出务工者收入水平达到这个标准的人数就高达 30%。德吉新村剩余劳动力转移的又一途径是外出挖虫草。挖虫草的收入普遍高于在建筑行业工作，外出务工者年人均收入一般可达 10000 元左右。挖虫草不仅需要一定的体力，更需要一定的经验与技能。这或许有助于解释为什么有的农牧民群众挖虫草一年收入可以达到万元左右，然而有的农牧民群众才千元左右。德吉新村还有部分剩余劳动力外出从事运输行业与服务业，并且其收入也普遍高于建筑行业，当然，这更需要一定的专业技能。

三　德吉新村搬迁群众的实际转移意愿与转移中存在的问题分析

从前面的分析可以看出，在当地政府与农牧民群众的共同努力下，德吉新村部分剩余劳动力得到转移。然而，该村还有部分剩余劳动力没有得到有效转移。在此，我们不能过多地批评当地政府努力程度不够，也不能过多地归咎于当地群众思想观念存在问题、劳动技能差等原因。在笔者看来，其主要问题还在于当地政府的组织引导与德吉新村农牧民群众的实际转移意愿结合不够紧密。政府的组织引导对德吉新村剩余劳动力的转移固然重要，但其前提应该建立在当地群众的实际转移意愿的基础上，或许才可能实现德吉新村剩余劳动力的有效转移。本文下面将结合笔者在德吉新村的实地调查，从当地群众的实际转移意愿出发，分析德吉新村剩余劳动力转移的有效途径。

近年来，政府在德吉新村实施了一系列扶贫综合开发项目，这些项目在迅速改变当地群众生产、生活条件的同时，也迅速改变了当地群众的思想观念。在现代市场经济的影响下，他们更加积极主动地寻找富裕之路。搬迁到德吉新村后，就有部分群众充分利用便利的交通运输条件在当地从事运输行业。2007年，德吉新村就有4户搬迁群众专职从事运输行业，并且家庭纯收入均超过万元。同时还有5户群众在本村经营商业，如开设零售商店、台球馆、甜茶馆等，当年这3户群众的家庭纯收入也超过万元。由此可以看出，德吉新村并没有因为是一个新建扶贫村而成为市场经济的孤岛，搬迁群众也并没有被市场经济所遗忘，相反，他们在市场经济的大潮中更加积极探索当地剩余劳动力转移的有效途径。

德吉新村罗布卓玛农户向笔者谈到，由于丈夫常年在外打工，自己便成为家庭主要劳动力，农牧业生产的重担自然落到了自己身上。平时还得忙于照顾两个孩子和一个老人的日常生活等家务事，特别是每当家庭发生紧急情况时，她真有一种茫然无助的感觉。因此，她特别希望当地政府就在德吉新村投资建设一些致富项目，如建立养殖基地、大棚蔬菜基地等，丈夫在本村可以就近实现劳动力转移，这既增加了收入，又照顾了家庭。同时她也深有感触，尽管丈夫在外打工多年，却一直处于自发盲目性务工状态，丈夫外出务工而找不到活干的情况时有发生。为此，她更希望政府能够在德吉新村组建一个农民施工队，把当地农发项目及其他工程建设项目尽量交给本地施工队，使德吉新村剩余劳动力能够得到就近转移。其实，在德吉新村有这些想法的农户不只罗布卓玛一家，久美益西、次旺多吉、曲扎、松觉、扎西达娃、次旺旺堆等农户均有同样的想法，占被调查农户总数的 80% 以上。由此可见，德吉新村农牧民群众对如何有效转移本村剩余劳动力这一问题，自己还是作过深入思考的。在笔者看来，这些思考是建立在他们实际转移意愿的基础上，也完全符合德吉新村的实际情况。

关于德吉新村剩余劳动力转移问题，笔者曾与德吉新村次旺旺堆农户进行过深入交谈。这位头脑灵活，曾经在建筑行业打拼多年，目前已成为当地小有名气的包工头的农牧民，其思想和观点或许具有一定代表性。

附案例 3 - 1

次旺旺堆，男，44 岁，小学文化，2001 年底从扎囊县朗赛岭沟搬迁到德吉新村。搬迁前，曾经开过商店及录像馆。政府在朗赛岭实施扶贫综合开发项目时，他便贷款买了一辆四轮车拉石料。三年后，不仅还清了银行贷款，还得到了一万多元的现金收入，家庭生活处境从此大大改善。目前，主要在外面从事建筑行业带班管理工作，同时也承包一些小型工程，一年纯收入在 2 万元左右。当然，自己外出务工的同时，还顺便带村里一部分剩余劳动力外出打工。经过多年的打拼，他积累了一定资金和工作经验，因此，现在他很想组建一个农民施工队，带领本村剩余劳动力共同致富。但需要政府审批，自己也曾经向当地政府打过报告，不知道是否因乡党委书记换届而搁置下来。

他在德吉新村开了一个农产品加工坊，自己外出务工时就由妻子在家经营，一年能够为家庭创收 3000 多元。他还请人做氆氇，一年能够为家庭创收 3000 多元。他还在朗赛岭沟老家养殖了 17 头牦牛、30 只山羊，请人帮助饲养，一年能够为家庭创收 8000 元。他看到自己住房旁边有一块空地，很想建立一个水磨糌粑加工坊，但仍需要政府批示。他希望政府能够批示这块土地，自己为当地群众提供服务的同时，也可以为家庭带来一部分收入。他还希望政府能够在德吉新村实施一些致富项目，如建立养殖基地、大棚蔬菜基地等，不过，当地群众种养殖技术较为落后，因此，他希望政府能够对当地群众多组织一些农业技术培训活动。

由次旺旺堆的案例看来，他在对自己未来生活充满希望的同时，也对本村群众的未来生活给予了高度关注和期盼。当然，他在对本村群众未来生活的高度关注与期盼中，也略为透露出他对本村剩余劳动力转移的担忧。次旺旺堆本人还接受过小学教育，头脑比较灵活，思想观念也较为先进，自己本身感觉到在外务工实属不易。这对德吉新村其他剩余劳动力来说，外出务工就更为困难了。首先，他们基本没有接受过正规的学校教育，文化知识水平低，又很少接受专门劳动技能培训，自身素质与劳动技能始终难以提高，这是德吉新村剩余劳动力难以实现有效转移的根本制约因素。其次，他们的思想观念存在一些问题，普遍形成"转移农村剩余劳动力就是外出务工"这样一种观点。实际上，德吉新村剩余劳动力也可以在当地找到就近转移的途径与出路。以次旺旺堆为例，他就在本地找到了就近转移劳动力的有效出路，较为成功地实现了从就业到创业观念的转变。再次，正如次旺旺堆农户多次谈到，他们外出转移是要付出很大成本，这也在一定程度上制约了德吉新村剩余劳动力的有效转移。这些转移成本除了政府通常关注的交通成本、时间成本外，还有他们必须付出的心理成本、感情成本等，而且后者往往被政府所忽视。在次旺旺堆看来，德吉新村很多剩余劳动力不愿远出，感情成本也可能是主要因素。他曾经向笔者谈到，很多时候他不得不放下手中的工作回家看望妻子、孩子及老人，共享天伦之乐。特别是每当农忙时候，他都要回家帮助家人播种与收割。从罗布卓玛农户的言语中同样可以看出，感情成本也是她不希望丈夫外出的重要因素，只不过她不好意思向笔者表达而已。

扎囊县还是西藏自治区著名的"氆氇之乡"，当地群众纺织氆氇历史悠久，并且纺织技术精良，几乎形成了全民纺织氆氇的格局，德吉新村搬迁群众也不例外。然而，全县除"阳光氆氇厂"一家私营企业稍具生产规模外，其余均是以家庭纺织为主。笔者在德吉新村实地调查也发现，该村每家至少有一台氆氇机，多者三五台。德吉新村大多数劳动力会纺织氆氇，然而多数劳动力均是利用农闲时间纺织，氆氇生产数量不仅偏少，而且生产质量也难以提高，氆氇生产对当地群众的增收作用甚微。如德吉新村卓玛等农户希望政府在本村成立一个氆氇生产企业，把"扎囊氆氇"品牌进一步做强，既可增加当地群众收入，又能有效解决本村剩余劳动力的转移问题。

四 结语

西藏80%以上的人口生活在农牧区，农牧民人口数量多，劳动技能差，农村剩余劳动力转移问题较为突出。尽管西藏农牧区各地农村剩余劳动力在转移过程中有共同的特征，但也存在一定差别，因此，更应紧密结合农牧区各地的实际情况，政府在充分了解农牧民群众实际转移意愿的基础上，再紧密结合他们的实际转移意愿并有针对性地提出转移对策与思路，农村剩余劳动力的转移也才能取得实实在在的成效。以德吉新村剩余劳动力的转移为例，笔者认为应该从以下几个方面着手进行。

（1）结合扎囊县政府提出的"生态固县"建设目标，充分发动德吉新村搬迁群众大力植树种草，特别是加强101省道以南、雅鲁藏布江以北的大量河滩地带的植树种草工作，提高植被覆盖率。这既可就近转移本村剩余劳动力，又为德吉新村农牧业长期可持续发展提供良好的生态环境。

（2）坚持生态环境建设与建立先进畜牧业相结合的原则，综合利用德吉新村现有林草地资源优势，重点安排本村部分群众加强对300亩村集体林的建设与管护工作，提高林草地的产草量与理论载畜量，为德吉新村建立奶牛基地奠定基础。随着奶牛饲养基地的成功建设，又可为本村剩余劳动力转移提供有效途径。

（3）大力推进德吉新村种植业结构调整，加强经济作物种植，特别应以大棚蔬菜种植作为增加当地群众家庭现金收入的重要途径。蔬菜种植所需要的劳动力数量不仅大于青稞、小麦等传统农作物种植所需要的劳动力数量，并且蔬菜的运输、销售等也需要大量劳动力，这为德吉新村剩余劳动力转移提供了新的渠道。

（4）充分发挥当地群众氆氇生产技术优势，采取当地政府投入一部分资金、当地群众以入股的形式投入一部分资金的方式，积极筹建"德吉新村氆氇厂"。这既可就近转移德吉新村剩余劳动力，又推动了农村工业发展，为德吉新村城镇化奠定坚实的产业基础。

（5）充分利用扎其乡第二小学的现代远程教育资源优

势，在加强对当地剩余劳动力扫盲教育的同时，还应加强农牧民对劳动技能、农业科技、法制教育等专业知识的学习，努力提高德吉新村剩余劳动力的自身素质与劳动技能，为德吉新村剩余劳动力的有效转移提供坚实的人力资源基础。

专题调研报告四
需求不足对西藏农牧区基础教育影响的
经济学分析
——基于农牧民实际需求的视角分析

　　西藏和平解放后，在中央政府的大力投入、内地省市的无私援助、西藏自治区政府与全区人民的共同努力下，农牧区基础教育得到快速发展，取得了举世公认的成就。但是，由于独特的自然地理环境、传统宗教文化观念以及经济发展水平等因素的影响与制约，西藏农牧区基础教育发展还相对滞后。目前，多数学者将西藏农牧区基础教育发展滞后的缘由主要归结为供给不足，即学校数量总体偏少，分布也不够均衡，特别是偏远农牧区仍会出现"无学可上"现象；政府对农牧区基础教育发展资金投入不够，学杂费及生活费用等经济负担相对于农牧民收入过重，一般农牧民家庭因支付能力有限而导致"上不起学"。因此，政府需要进一步加大农牧区基础教育发展资金投入，增加农牧区基础教育供给。诚然，在中央财力十分有限的条件下，中央政府对西藏农牧区基础教育发展的支持力度也就非常有限，供给不足的确是制约西藏农牧区基础教育发展滞后的一个因素。即便今日，此问题仍或多或少地影响西藏农牧区基础教育健康发展。不过，相比全国其他地区而言，中央政府对西藏农牧区基础教育投入是最多的，只不过西藏农牧区基础教育发展投入大、产出小，需要进一步提高农牧区基础教育投资效益。

基于笔者近年来在西藏农牧区实地调查，特别是在与西藏农牧民长期近距离接触后发现，近年来中央政府对西藏农牧区基础教育发展进行了强势扶持，无论在增加供给数量、提高供给质量与改善供给方式等方面均作出了巨大努力，政府对西藏农牧区基础教育供给应该是相当充足的。然而，除了各级政府要求西藏农牧民接受基础教育的强制性需求外，作为需求者的农户对于供给方式的改变并未做出迅速和较强的自发性反应，更多地表现为对基础教育的实际需求不足。因此，有学者提出从提高公众需求的角度推动西藏农牧区基础教育发展。但从目前学术研究现状来看，从农村公共产品供给的视角来研究西藏农牧区基础教育发展，尚付诸阙如。本文拟从农村公共产品供给的视角，特别是从农牧民的实际需求视角研究西藏农牧区教育发展相对滞后的原因，究竟是供给不足而导致学生上不了学？还是因为其他原因，农户没有这样的需求或者实际需求不足，不愿送子女上学？

一 政府供给教育：公共产品供给的一个理论分析框架

当代著名经济学家曼昆认为，教育作为一种公共产品，在很大程度上教育的利益是私人的，即受教育者成为生产率较高的工人，个人以高工资的形式获得了教育的大部分利益。但同时，在这些私人利益之外，教育也产生了大量的正外部性，这主要表现在：（1）受教育更多的人更能成为理智的选民，这对每个人来说意味着更好的政府；（2）受教育更多的人意味着更低的犯罪率，人人可以阅读的社会比很少有人能够阅读的社会运行更加平稳；（3）受教育更多的人更能成为经济发展所需的高素质劳动力，促进技术进步的开发与扩散，提高社会劳动生产率。由此看来，教育作为一种公共产品，具有很多正外部性，即没有反映在价格中的除买卖双方之外的第三方所获得的收益。

根据需求定理，在纯私人市场上，通常是由家庭来决定家中子女是否要上学、读多少年书？与其他经济活动支出一样，这一决策取决于家庭收入、教育与其他相关产品的价格以及家庭对教育的未来预期收益。以教育产品购买为例，如果教育产品价格下降，必将拉动消费需求；反之，如果教育产品价格上涨，必将抑制消费需求。现假设教育产品不存在正外部性，市场均衡是有效率的，即附图 4-1 中的 Q（市场）点对农户家庭与个人的需求而言，是最有效的。

事实上，教育作为一种公共产品，通常会导致广泛的外部效益。当存在正外部性时，市场价格就不能准确地反映交易产品的所有边际社会收益。以教育需求而言，不同主体在教育需求上存在差别，如政府与社会、家庭与个人对教育的需求是不一样的。保证所有学龄儿童全部按时入学则反映了政府与社会对教育的需求。然而，家庭与个人对教育的需求则不同，个人的需求部分属于潜在需求，部分属于有效需求。在政府支持不足的条件下，并非所有家庭都愿意并且能够送子女上学，显然，家庭与个人对教育的有效需求之和就低于社会需求。由附图 4-1 可以看出，私人对教育的需求曲线并不反映该物品的社会价值，社会价值曲线位于私人需求曲线之上。教育的社会价值大于私人价值，产生了教育的外部效益，即附图4-1中的阴影部分。正是由于教育存在大量的正外部性，使得市场供给数量始终小于社会最适数量。实际上，社会价值曲线与供给曲线的交点才是社会对教育需求的最佳数量，即附图4-1中的Q（最适）点对政府与社会的需求而言，才是最有效的。

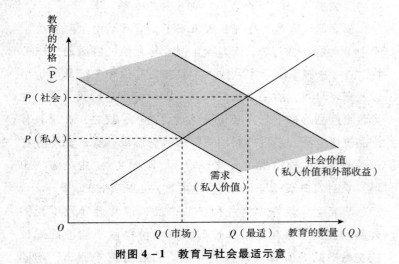

附图4-1　教育与社会最适示意

为了使点Q（市场）向点Q（最适）处移动，需要政府对教育发展给予适当价格补贴，使教育的外部性尽量内在化。政府对基础教育供给实行价格补贴后，降低了消费者的实际购买价格，使私人价值曲线向社会价值曲线移动，拉动家庭及个人对教育的购买需求。然而，政府在增加基础教育发展财政补贴资金的同时，更应努力提高本国人民收入。由附图4-1还可以看出，如果本国人民收入较高，对教育需求就会增加，使需求曲线发生移动，由私人需求曲线向社会价值曲线移动，教育的外部收益也同样得以实现。与此同时，政府还应提高家庭及个人对教育的未来预期收益，个人对教育的未来预期收益也会影响本国的教育需求。由附图 4－1 可以看出，即使政府对基础教育发展给予了大量财政补贴，使私人价值曲线移动到社会价值曲线处。如果本国人民对教育的未来预期收益下降，又会使社会价值曲线回落到私人价值曲线处或者更低的地方，从而使得政府对教育发展的财政补贴政策失效或者部分失效。

教育是正外部性的重要来源，基于此，人们普遍认为，政府应该用税收收入对其提供普遍的财政补贴，特别是对小学和中学阶段的基础教育更应实行全额补贴。事实上，当今世界上大多数国家都遵循这一原则，通过对公立学校进行大量财政补贴和发放政府助学金等手段来提高全民教育需求。如美国的小学与中学阶段教育主要由政府提供，政府对基础教育进行供给，以保证每个公民至少消费最低水平的教育服务。在接受基本的初等教育之后，他们有了更高的教育需求，进而会继续选择读高中及大学，其结果是国家的人力资本得以整体提高。人力资本是经济增长的关键，随着人力资本的提高，经济社会发展将取得全面进步。由此看来，教育作为一种公共产品，应该由政府供给，这是政府义不容辞的责任。

二　政府供给与西藏农牧区基础教育发展

政府为本国人民免费提供基础教育，在于政府有它自己的效用。在经济学研究中，效用被当做与欲望或需求有关的术语，是以一个人为了实现或满足他的愿望而愿意付出的价格作为衡量方法，也就是说，由此而得到的满足感大体上相当于购买东西时所希望获得的那种满足感。如果我们把国家看成单个人的集合，那么国家也有自己的效用，即努力提高本国人民的教育需求倾向与全民族科学文化素质。随着人力资本的提高，有利于提高劳动生产率和促进经济增长，获取更大的经济效益。当然，随着国民素质的整体提高，还有利于促进社会稳定，增强国家凝聚力，提升一个国家或者地区的国际形象，进而获取更大的社会效益，这一点在西藏农牧区表现得尤为重要。

西藏农牧区地域辽阔，农牧民教育文化水平普遍偏低，经济发展相对落后，长期面临反分裂斗争的艰巨任务。因此，促进西藏农牧区基础教育发展特别重要，是从根本上解决西藏农牧区经济发展和社会稳定的重大现实问题，是全面建设"团结、富裕、文明、和谐"西藏农牧区的重要战略措施。基于此，中央政府及西藏地方各级政府加大了对西藏农牧区基础教育发展供给力度，促进了西藏农牧区基础教育快速发展。本文主要以"十五"期间中央政府及西藏各级地方政府对西藏农牧区基础教育发展供给为例，分析政府供给下的西藏农牧区基础教育发展现状。

1. 供给数量不断增加

为了加快西藏农牧区基础教育事业发展，中央政府加大了基础教育发展资金投入力度。1985 年以来，中央财政支持西藏教育事业发展经费总额达到 143 亿元，其重点支持农牧区实施"两基"工程、中小学校寄宿制建设工程等。特别是"十五"以来，中央财政对西藏农牧区基础教育事业发展的支持力度明显增强，仅"十五"期间，中央财政对西藏农牧区中小学基础设施建设投资 15 亿元，新建校舍面积 125 万平方米，占全区新建校舍总面积的 83.3%。西藏全区校舍面积由 1985 年的 180 万平方米增加到 2006 年底的 477.5 万平方米。农牧区基础教育办学条件得到明显改善，基本结束了农牧区"无学可上"的历史。

为了减轻农牧民家庭经济负担，提高农牧民家庭送子女上学的积极性，从 1985 年起，中央政府开始对西藏农牧区中小学生正式实施"三包"政策和奖助学金制度。"十五"期间，国家累计投入"三包"及奖助学金经费 7.2 亿元，免费教材补助 1.45 亿元，20 多万农牧民子女直接从中受益。对农牧民子女实行"三包"、"两免"政策，也基本解决了农牧区"上不起学"的问题，充分调动了农牧民家庭送子女上学的积极性，促进了农牧区基础教育的普及与发展。

尽管西藏自治区经济发展总体水平还比较低，地区国民生产总值在全国各省区排名中也一直靠后，但西藏自治区政府还是逐年增加对农牧区基础教育发展资金投入，并且西藏地方财政对教育经费投入比例在全国各省区来看，也是比较高的。有资料表明，西藏教育经费总投入占全区 GDP 的比例是全国平均水平的近两倍。由附表 4-1 也可以看出，"十五"期间，西藏自治区预算内教育经费支出及预算内教育经费支出占 GDP 的百分比均在逐年上升。

附表 4-1　2001～2005 年西藏自治区教育经费增长一览

单位：亿元，%

年份 名称	2001	2002	2003	2004	2005
预算内教育经费支出	9.88	12.57	18.39	21.47	25.00
西藏全区 GDP 值	138.73	161.42	184.50	211.54	245.00
预算内教育经费支出占 GDP 比例	7.12	7.79	9.97	10.15	10.20

2. 供给质量逐步提高

在中央政府及西藏地方各级政府的共同努力下，西藏农牧区基础教育发展取得明显进步，中小学数量稳步增长，学校布局日趋合理，供给质量不断提高。由附图 4－2 可以看出，1985～1990 年，西藏全区小学教育基本处于稳定发展时期。1991～1995 年间，西藏全区小学教育处于迅速发展时期，学校数量增加较快。1996 年起，西藏自治区政府开始对全区小学布局进行合理优化，特别是对农牧区教学点进行了适当裁减合并，在各乡（镇）所在地及规模较大的行政村建立了完全小学。由于西藏农牧民居住比较分散，故农牧区还存在大量教学点，农牧区一至三年级小学生"离家不离村"，方便他们就近入学。"十五"期间，西藏全区小学数量基本保持在 890 所左右，基本实现了每一个乡（镇）拥有一所完全小学。

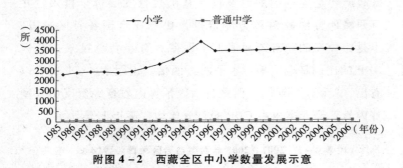

附图 4－2　西藏全区中小学数量发展示意

1985～2006 年间，西藏全区普通中学发展也取得明显进步。学校数量除个别年份有所下降外（1990～1992 年间），基本上逐年呈递增趋势，从 1985 年的 56 所逐年增加到 2006 年的 118 所，20 年间全区中学数量就增长了一倍以上。在全区中学数量稳步增长的条件下，学校布局日趋合理，基本实现了每一个县有一所全日制普通中学这一目标。随着全区中小学校布局结构逐渐优化，农牧民子女能够就近入学，基本解决了农牧民子女"上不好学"的问题。

3. 供给效益明显改善

随着农牧区基础教育学校数量的稳步增长与学校布局结构逐渐优化，加上"三包"优惠政策的实施，政府供给效益明显改善。以小学学龄儿童入学率为例，除了在20世纪90年代初的个别年份有所波动外，近年来小学学龄儿童入学率均处于逐年上升趋势。由附图4-3可以看出，从1991年起，西藏全区小学学龄儿童入学率一直处于不断上升趋势，从1991年的45.6%逐年上升到2006年的96.5%，学龄儿童入学率增长了一倍以上，这表明西藏农牧民家庭对基础教育的需求在逐渐提高。目前，西藏全区所有县都基本实现"普六"这一目标，所有学龄儿童都能够按时入学。然而，从附图4-3还可以看出，20世纪90年代西藏全区小学毕业升学率波动较大，2000年以来有所改变，全区小学毕业升学率基本处于上升趋势。近年来全区初中入学率波动也比较大，从总体情况来看，基本处于上升态势。2006年，西藏全区初中入学率达到82.2%。

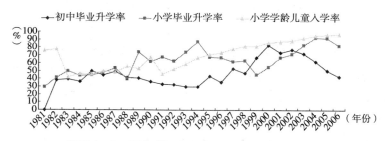

附图4-3　西藏全区中小学入学率、升学率示意

三　政府供给与农牧民对基础教育的实际需求

　　为了迅速提高西藏农牧民科学文化素质，中央政府与西藏自治区政府一直在不遗余力地推进农牧区基础教育发展，并采取了各种优惠政策。如从 1985 年起就开始在农牧区实施"三包"优惠政策。小学与初中教育阶段的学生不仅不缴学杂费，而且还对农牧区家庭离学校 2 公里以外的小学生、3 公里以外的初中生实施了"包吃、包住、包学习费用"的优惠政策。同时还对未能享受"三包"政策的中小学生实施奖助学金制度，对高中阶段教育的学生也给予一定的生活补助，较大地减轻了农牧民家庭负担，调动了农牧民子女上学积极性。

　　然而，即使政府在西藏农牧区实施了这些优惠政策，但仍有部分农牧民家庭不愿意送子女继续上学。为确保每个适龄学生受教育权利，政府还采取了一些行政措施，对西藏农牧区基础教育进行强制性供给。早在 20 世纪 80 年代，西藏自治区政府就制定并实施了《义务教育法》，西藏全区小学及初中阶段教育均被纳入义务教育，把农牧民家庭送子女上学上升到遵纪守法的高度，强制农牧民家庭必须让适龄儿童接受义务教育，满足政府供给基础教育的基本效用。笔者在扎囊县农牧区实地调查时也证实了这一点。大部分农牧民都这样认为，"九年制义务教育不上是不行的，既然国家给我们'义务'教育，我们也只好给国家尽个'义务'，争取让子女接受义务阶段全部教育"。由此看来，在国家强制性供给农牧区基础教育条件下，农牧民家庭送子女上学难免带有强制性需求的意味，并非全部来自农牧民家庭的实际需求。

按理而言，在中央政府免费供给基础教育条件下，农牧民家庭经济负担大大减轻，加上政府对农牧区基础教育发展所采取的一系列强制性措施，农牧民家庭及子女的教育需求应该得以提高，农牧区失学现象应该基本消失。但从附图4-3看来，从1995年起，小学毕业升学率一直低于入学率，这表明在小学教育阶段，西藏全区仍有部分小学生没有完成小学学业而中途辍学。2000年以来，初中毕业升学率也基本处于下降趋势，从2000年的82.5%下降到2006年的42.5%，几乎下降了一半左右。全区高中毕业升学率就更低了。当然，升学率下降又主要集中在农牧区。近年来，西藏农牧区基础教育发展普遍存在"辍学率高、入学率与升学率低"等问题，西藏农牧区仍有一部分农牧民家庭不愿意让子女继续接受完小学及初中阶段的教育，更别提让子女继续接受高中及大学阶段的教育。农牧民家庭及子女对基础教育的实际需求逐渐下降，这是西藏农牧区基础教育发展相对滞后的重要原因。

首先，接受教育需要付出一定成本。人力资本投资和物质资本投资一样也有成本。也就是说，如果让学生进一步接受教育，农牧民家庭与学生要支付更多的成本。一般来说，教育成本包括两个方面。首先是直接成本，即基本的学杂费与生活费用。目前，西藏自治区还没有将普通高中阶段的教育纳入义务教育，农牧民家庭还得支付一定的学费。农牧民子女就读区内各级高中学校，每学期需缴纳的学习费用在1000元左右。尽管每个月政府还会对高中学生给予适当生活补助，但这并不足以解决学生日常生活开支。学生除了需要从家里带些糌粑、藏饼等到学校补充一日三餐外，家庭每个月还需要给孩子100元左右的生活费。

然而，这些学习及生活费用对一般农牧民家庭收入而言，已经是一笔不小的开支。我们在农牧区实地调查发现，"三包"政策在实践中也还存在一些问题，仅以农牧民家庭与学校之间的距离作为农牧民子女是否享受"三包"政策的一个重要标准，这样难免会把一些家距学校很近、但家境却又十分贫穷的农牧民子女排除在"三包"优惠政策之外，从而增加了贫困农牧民家庭负担。农牧区普遍存在"学生越多，家就越穷"这一现象，这也就不难理解了。其次是间接成本，或称机会成本，即当学生上学时，他们放弃了本可以为家庭创造的收入。接受初中及高中阶段教育的学生已基本长大成人了，即将成为家庭主要劳动力成员之一，能够为家庭创收作出一些贡献，如帮助家里从事农牧业劳动生产，或者外出务工等以增加家庭现金收入，这是孩子继续接受初中或者高中阶段教育的机会成本。尤其是近年来随着虫草价格飙升，到了挖虫草季节，不要说这些接受高中阶段教育的学生可能会逃学、外出挖虫草，一些本应该在校接受九年义务教育的学生也会加入到这个行列。基于此，有学者批评指出，正是农牧民过于看重眼前经济利益，才导致农牧民对基础教育的实际需求偏好下降。

事实上，西藏农牧民家庭及子女也是一个个的"理性经济人"，接受教育的目的都是为了实现自身效用最大化。为了实现自身效用最大化，他们往往从自身利益出发，他们也在比较接受教育的成本与收益。他们也普遍承认接受更高的教育可以改善家庭及个人的生活状况，也认为只有读书才能彻底改变贫穷命运。特别是看到孩子大学毕业后国家还包分配工作，孩子可以"当国家干部"这一美好前景时，他们对孩子上学充满了希望，而且这也一直成为西藏农牧民家庭让孩子继续上学的基本动力。如杰德秀居委会的卓玛央宗农户共养育了 8 个孩子，目前，家里已有两个孩子大学毕业并得到了国家包分配的正式工作，小女儿正在西藏大学读书，一年的学习及生活费用高达一万元左右。尽管家庭比较困难，但还是非常乐意从银行贷款或者从亲戚朋友处借钱以供小女儿上完大学，其原因在于她从第三和第五个孩子的身上看到了读书的希望，这也是她支持小女儿继续读书的主要动力。

其次，就业制度改革带来的影响。自从 2007 年西藏自治区取消"就业直通车"政策后，大多数农牧民就不愿意让孩子继续上高中和大学了。因为没有这一优惠政策的实施，他们更加担心孩子读完大学后找不到工作，特别是担心得不到国家包分配的正式工作。笔者在杰德秀居委会的调查也证实了农牧民这一担心。该居委会的帕加罗古、扎桑、那罗三兄妹一生都没有结婚而共同生活在一起。为了供养他们妹妹的两个孩子读书，他们可谓省吃俭用。2006 年，妹妹的儿子考上了大学，按理说是值得他们高兴的一件事情，但兄妹三人却一直高兴不起来。为了供孩子读书，已在银行贷款 10000 多元，并且一直感觉还款压力较大，不知道什么时候才能还清银行贷款。当然，最大的希望还是寄托于孩子大学毕业能够找到一个理想的工作。但听说从 2007 年起国家不再包分配工作的政策后，他们就更加忧心忡忡了，担心孩子毕业后找不到工作，不仅家里唯一的希望破灭了，而且家庭还将陷入负债的深渊之中。

农牧民家庭对子女大学毕业后就业的担心，导致农牧民对教育的期望下降，进而体现为农牧民对基础教育的实际需求下降。在以前政府包分配工作制度的影响下，"当干部就能过好日子"的传统就业观念向家长及孩子们展示了只有当干部才是最好的出路。如果这一出路都被封闭了，肯定会动摇农牧民家庭送子女继续读书的信念。同样，当孩子认为大学毕业后不仅有可能当不成干部，甚至还有可能找不到工作时，便对国家的就业分配政策充满了恐慌情绪，进而也直接动摇了孩子读书的信念，降低了子女对基础教育的实际需求。当然，除了看不到读书的希望之外，其原因还在于教育投入回报周期比较长，较低的收入水平使部分农牧民难以承担当前相应的教育支出。国家取消包分配工作的政策更使他们看不到教育的未来预期收益。

不可否认，在部分农牧民心目中还存在着"读书无用论"的观念，使得他们不愿意将更多的家庭收入投入到教育之中。在他们看来，传统的农耕及养殖技术不需要依靠学校教育来改变，也不认为学校教育能够提高农牧业生产效益。而基础教育体系中的课程设置较侧重于应试教育技能的培养和提高，并没有包括农耕、养殖、机械加工等专业实用技术。既然在学校教育中不能学到实用技术，农牧民家庭也不愿意付出一大笔费用让孩子继续上学，他们缺乏承担教育费用的足够动力和能力，降低了家庭对基础教育的实际需求。

除了教学内容脱离农牧区生产、生活实际情况外，随着上学层次的逐渐提高，特别是到了高中阶段教育，不仅课程科目多，而且内容也逐渐偏深偏难，使得部分学生理解困难，学习吃力，在农牧区学校里能够顺利升入高中、大学的学生也就非常少了。加上在应试教育的指导下，初高中阶段教育的教师对学生的管教也更加紧了，在部分学生看来也就多了几分不自由，学习生活显得更加枯燥无味，这也在一定程度上降低了学生对基础教育的实际需求。

四　提高农牧民教育需求的政策与建议

为了顺利推进西藏农牧区基础教育健康发展，政府在增加农牧区基础教育供给的同时，不能忽视对农牧民家庭及受教育者个人对基础教育实际需求偏好的满足。作为基础教育提供者的各级政府，如何提高他们的实际教育需求，是制定教育政策的基本出发点。为此，笔者拟提出以下政策与建议。

（1）政府应改变农牧区传统资金投入政策，提高农牧区发展资金综合使用效率。政府对农牧区基础教育发展资金投入较大，对农牧区其他产业发展的资金投入相对较少，而农牧区基础教育发展成效并不理想。为此，政府必须改变农牧区传统资金投入政策，在农牧区投资其他相关产业，通过产业发展促进农牧区经济发展与市场经济发展，进而增加农牧民收入与拉动农牧区就业，提高农牧民家庭的教育需求，解决农牧民子女上学的后顾之忧。

（2）政府应结合农牧民家庭实际情况，对"三包"政策实施标准应作适当调整。如果仅以家庭与学校之间的距离作为农牧民子女是否享受"三包"政策的标准，难免会把一部分家距学校较近但又十分贫困的农牧民子女排除在"三包"政策之外。在充分考虑家庭与学校距离的情况下，更应该以农牧民家庭的实际收入作为学生是否享受"三包"政策的主要标准。同时，政府应考虑逐步将农牧区高中阶段教育纳入"三包"政策范围统筹发展，增加公共财政对高中阶段教育发展资金投入。

（3）政府在努力提高中等职业教育质量的基础上，还应大力发展高等职业技术教育。在农牧区培育九年义务教育、高中阶段学历教育与中等职业技术教育共同发展的教育体系。加强学校教育与农牧业生产相结合，为受教育者"升学有基础、就业有技能"奠定坚实基础。在国家财力许可的情况下，可适当将中等职业技术教育纳入义务教育范围统筹发展。同时，还应加快高等职业技术教育发展，提高受教育者的各项劳动技能，为受教育者"走出去"铺平道路。

（4）政府在加大农牧区学校基础设施建设等硬件建设投入的基础上，更应加强学校教育管理、提升教师综合文化素质、运用现代教育理念等软件建设投入，努力提高教学质量。在日常教学活动中，教师应大力使用现代教育技术，丰富教学内容，充分爱护和调动学生的好奇心和想象力，提高学生的学习兴趣。通过学校教育培养学生积极参与社会实践能力，使学校教育与社会实践相结合，增强学校教育的实用性，努力提高农牧民家庭及受教育者个人对基础教育的实际需求。

附录二 德吉新村部分搬迁群众入户访谈笔录

1. 访谈对象：格桑卓嘎，女，33 岁，家有 4 口人，小学文化程度，丈夫主要从事运输业，从错那县搬迁过来

搬迁前，一家 4 口人只分到 2 亩土地，人均 0.5 亩。由于分家缘故，他们自己没有房子住，一直借住在邻居家，房屋面积只有 80 平方米，并且每月还要缴纳 60 元的房租。当时家里只有丈夫外出打工，两个孩子又小，生活非常困难，但基本能够解决生活问题。搬迁前，家里只有一台黑白电视机。

搬迁后，分到 8 亩地，人均 2 亩；并且政府还赠送柜子一套、桌子一张、卡垫一对。在搬迁出来之前，由于丈夫多年经商、做药材生意等积累了一定的资金，2005 年底，买了一辆微型货车（自己出资 3 万多元，银行贷款 6 万元）从事运输工作，现在家庭收入的主要来源是跑运输，有时自己也参加村里的一些付酬劳动工作。水、电等都是在搬迁出来之前政府就已经安装好了的，人畜饮水问题完全解决，并且饮水还不用缴费，但是生活用电要付钱。现在有住房 10 间，建筑面积 240 平方米，房屋占地面积 390 平方米，全家对居住条件十分满意。

搬迁后，本来自己所分到的土地较为贫瘠，土壤沙性

255

严重，再加上 2006 年朗赛岭提灌站坏了，农田灌溉缺水问题十分严重。如果国家出一部分钱，她本人也还是愿意出资一部分维修朗赛岭提灌站。2006 年粮食收成较差，8 亩地只有 2000 斤收成。自己没有买拖拉机，用小组的拖拉机（是国家配备的），每亩地只需缴纳使用费 20 元就可以完成机械化耕作。全家都参加了新型合作医疗，家庭每人出资 10 元、国家出资 90 元、人均 100 元的医疗费用基本能够解决日常小病的费用问题，该家庭成员几乎不生病。对政府的"三包"教育政策比较满意，平时只是购买一些学习教辅资料。

生产、生活中存在的困难如下：（1）总体上来说，生活中的口粮还是有点不够（特别是遇到自然灾害时）。（2）农田灌溉缺水，粮食收成较低。（3）土壤较为贫瘠，沙性严重，去年（2006 年）政府出资对土壤进行改良，收成会好一点。现在政府也在发动村民投入一定资金对土壤进行改良，德吉新村村委会也决定，按劳动时间安排土壤改良工程，对没有参加土壤改良的农户，村委会要进行适当惩罚，如参加村委会的一些义务劳动；同时对参加土壤改良者予以物质奖励。（4）对村委会文化活动不是很满意，希望政府能够在德吉新村建立一个广播站。（5）希望政府考虑在德吉新村建立一个寺庙，自己也愿意出资一部分。（6）非常需要参加农业技术培训，希望会使用一些简单的农业生产技术。（7）村内道路硬化问题亟须解决，灰尘较大，严重影响村民身心健康。

现在家庭年收入大概在 2 万元左右，主要是运输收入；同时还获得了国家的一些粮食补贴，在 120 元左右。国家免费为每户发放了一头奶牛，富裕户缴了 400 元，贫困户没有收钱。现在家里有电视机2台、洗衣机1台、冰箱1台、收音机1台、音箱1台、手机2部、电饭煲1个。由此可以看出，该家庭基本达到了一个城市居民家庭的生活水平。

2. 访谈对象：洛桑，女，41 岁，4 口人，小学文化，从错那县搬迁过来

搬迁出来之前，在错那县生活水平算一般，既不贫穷也不是很富裕，丈夫在错那县经商，基本能够维持一家人生活。当时在错那县4口人只是分到2亩土地。尽管搬迁前自己有房子住，但住房面积偏小，只有48平方米，人畜混居。当时还不存在饮水困难，只是粮食比较紧缺，肉食还算丰富。当时没有任何家用电器，搬迁过来时是自愿报名的。

搬迁后，现在一家人分到8亩地，粮食收成2000斤左右，基本上能够解决一家人的口粮问题。住房240平方米，房屋占地面积390平方米。现在家庭收入主要是丈夫外出挖虫草；自己也会做一些藏式被子，一年收入在600元左右。家庭年总收入在2万元左右。国家免费发放一头奶牛，能够解决生活所需的一些酥油。

现在家里有电视机2台、收音机1台、冰箱1台、音箱1台、VCD 1台、电话、手机各1部、电风扇1台。家庭年支出在2万元左右，主要是一个孩子在昌都地区读高中，开销比较大。全家都参加了新型合作医疗，以前看病要到县医院，现在就在本村卫生所就可以解决日常小病，对此非常满意。对德吉新村周边环境还比较满意。2006年底，政府还给安装了沼气池。

搬迁后，生产、生活中存在的主要困难是：（1）农田灌溉问题，希望政府出资解决，自己也愿意投入一部分资金和劳动力；（2）希望参加农牧业技术培训；（3）希望上级政府丰富村民文化活动，组建一支藏戏队，但没有宗教寺庙需求。

3. 访谈对象：次仁白玛，女，52 岁，4 口人，未上过学，从扎囊县扎塘镇搬迁过来

搬迁前，一家 4 口人只分到 2 亩地，完全不能解决日常生活口粮问题；生活中没有通电；饮水也比较困难，天亮之前要到很远的山上背水；有自己的住房，基本能够满足居住需要。以前家庭收入主要靠织氆氇，大概在 2000 元左右。

搬迁后，家庭收入主要来源是：丈夫退休工资，每年约有 2.4 万元；女儿在外打工，年收入在 4000 元左右；加上自己在家做一些氆氇，一年全家人总收入在 3 万元左右。家庭支出主要是：一个孩子在西藏民族学院读大学，每年基本学习及生活开支在 1.8 万元左右；其余用于购买粮食。现在家里买了一辆手扶拖拉机，平时主要用于农业生产，闲时还可以对外出租，这也为家庭创造了一定的收入。粮食播种是国家免费发放，农药也是政府免费发放，化肥由国家给予了一定的补贴。就医比较方便，2006 年家人基本没有生病。

现在家里有电视机 1 台、收音机 1 台、电话、手机各 1 部、冰箱 1 台、氆氇机 1 部，养有奶牛 4 头、藏鸡 9 只。

搬迁后，生产、生活中存在的主要困难有：（1）农田灌溉问题，自己非常愿意出一部分资金维修；（2）大学学费还是有点高了，同时还希望政府对大学毕业生继续实行包分配工作制度。没有宗教寺庙需求。

4. 访谈对象：罗布随巴，男，37 岁，没有上过学，现任德吉新村村委会副主任，家有 4 口人，从扎囊县吉汝乡搬迁过来

搬迁出来之前，自己没有房子住，是借住别人家的房屋。4 口人只分到 2.7 亩土地，生活中不通电，饮水也比较困难。不过，当时自己还做一些氆氇生意，是一个中间商，先从一些农户处收购，然后自己再运往拉萨等地，同时妻子也会编织氆氇，搬迁前全家年收入达到 2 万元左右，应该算是比较富裕的一户。这次扶贫搬迁把他纳入搬迁之列，主要是政府希望他能够在搬迁后起致富带头作用。

目前在德吉新村开了一个比较大的批发商店，可望在 2007 年底加入"万村千乡市场工程"，加入该项目后政府每年要补贴 4000 元。现在商店一天销售纯收入在 100 元左右，年收入在 3 万元左右。妻子仍然做一些氆氇。在 2003 年扶贫开发建设项目中，他争取到了养猪项目，但由于家庭劳动力不够，现已经转交给本村科技户达娃扎西同志，其原因在于缺乏养殖技术，生产利润较薄。一年生活支出在 2 万多元左右，主要花费在接待应酬方面。

搬迁后，自己生活中没有任何困难，同时还主动帮助别人。2006 年自己出资给 64 户贫困户各买了一袋大米。另外，给扎其乡第二小学修建校门、为学生买书本等支出约 8000 元。为此，2006 年还被评为"山南地区首届十大优秀青年农牧民"。目前，家里有电视机 1 台、冰箱 1 台、VCD 1 台、手机 2 部、洗衣机 1 台、拖拉机 1 台。

自己作为村领导，认为搬迁群众生产、生活中存在的主要困难有：（1）德吉新村主要是农田灌溉问题没有得到很好解决，自己也非常乐意出资一部分进行维修。（2）德吉新村作为新组建的一个村，村民开始在语言沟通及管理方面还存在一些困难，特别是从错那县搬迁过来的部分群众，在管理方面也还存在一些困难，不过，现在好多了。（3）非常需要对搬迁群众进行农业技术培训。（4）还是希望发展农村合作经济组织，尽量帮助这些贫困户，毕竟自己一个人的力量在帮助贫困户脱贫致富方面还是非常有限。

5. 访谈对象：罗布卓玛，女，44 岁，没有上过学，5 口人，从错那县搬迁过来

搬迁出来之前，分到 4 亩地，有自己的住房，但是生活中没有通电，饮水也非常困难，特别是生病后就医困难，从村里到县医院坐车要 3 个多小时。搬迁前家庭收入主要是靠丈夫在外做木工，一年有 6000 元左右的收入，当时全家人的年生活支出是 3000 多元，基本上能够解决一家人的温饱问题。

搬迁后，尽管分到了 10 亩土地，但仍然不够吃，主要是粮食单产较低。2006 年农田灌溉系统全面破坏，希望政府能够在德吉新村修建一个机井，自己也愿意出资一部分。搬迁后，自己开了一个小商店以及两张台球桌，一年收入大概在 1 万元左右，基本能够维持生活所需，如果仍不够的话，有时还得向亲戚家借一点。家庭主要支出是孩子读书及购买粮食的费用。目前，家里有电视机 2 台、VCD 1 台、收录机 1 台、冰箱 1 台、电话 1 部，养殖 1 头奶牛、5 只羊、2 只藏鸡。

搬迁后生产、生活中的主要困难有：（1）农田灌溉，希望能够修建一眼机井；（2）希望政府能够在德吉新村多增加一些致富项目，尽量增加搬迁群众家庭现金收入，如投资建立养殖基地、大棚蔬菜基地等项目；（3）希望政府能够在德吉新村组建一个农民施工队，就近解决本村剩余劳动力输出问题。

6. 访谈对象：久美益西，男，51 岁，小学文化，7 口人，从扎囊县扎其乡搬迁过来

搬迁前，生活中饮水非常困难，要到很远的地方去挑水；没有通电，至今仍然没有通电；当时全家 7 口人只分到 5 亩地，粮食收成基本不够吃，还得另外种植一些土豆以弥补生活不足；住房还比较宽敞，共有 5 间房屋，是用自己多年积蓄修建的。搬迁前家庭收入的主要来源是靠卖一些剩余的土豆，每年能够获得 1000 多元的现金收入；自己在农闲时还得外出打工，每年有 1000 元左右的现金收入；加上孩子绘藏画，一年也能够获得一些现金收入，但不多。搬迁前，农牧民看病就医非常困难，到最近的个体医生处看病也有 3 公里左右的距离。

搬迁后，全家 7 口人分到了 14 亩地，粮食产出基本够吃；现在自己又开了一间加工坊，能够为村民加工饲料以及做一些糌粑，获取一点加工费用。同时，小女儿也在学习藏画。这样计算，家庭一年收入在 4 万元左右，支出在 1 万元左右，主要是供两个孩子读书。对宗教寺庙没有需求。目前，家里有电视机、收音机、音箱各 1 台、手机 1 部、六轮拖拉机 1 台。家庭养殖有奶牛 3 头、山羊 40 只、藏鸡 15 只。

搬迁后生产、生活中存在的主要困难有：（1）朗赛岭提灌站的维修问题；（2）希望自己能够多参加一些农牧业技术培训；（3）希望政府通过增加一些致富项目，如建立养殖基地等来增加搬迁群众的家庭现金收入。

7. 访谈对象：次旺多吉，男，53 岁，小学文化，4 口人，从错那县搬迁过来

搬迁前，生活中没有通电；生病就医十分困难，如果到县医院，要坐 3 个小时的汽车；不过，饮水基本不存在困难，住房也还基本可以。搬迁前，4 口人共分到 4 亩土地，当时家庭收入只有 2000 多元，主要是靠自己外出挖虫草及外出打工，妻子也会做一些藏被，能够补贴一部分家用。

搬迁后家庭收入有 1 万多元，主要还是靠外出挖虫草。现在看病就医非常方便了。家庭没有宗教寺庙需求。目前，家里有电视机、冰箱、电话、VCD、电饭煲、饮水机各 1 台（部）、摩托车 1 辆，养殖奶牛 2 头、猪 1 头。

搬迁后生产、生活中存在的主要困难有：（1）生活中口粮还是存在一些问题；（2）希望政府在养殖方面增加一些项目，不过，养殖技术还是存在一些问题，粮食及饲料也比较短缺；（3）农田水利灌溉系统亟须维修；（4）有村广播站及文化设施的需要；（5）村内道路亟须硬化，灰尘太大，影响村民身体健康。

8. 访谈对象：次旺旺堆，男，44 岁，小学文化，4 口人，从扎囊县扎其乡朗赛岭沟搬迁出来

搬迁前，生活中饮水较为困难；土地面积偏小，全家 4 口人只分到 3 亩地，一遇到自然灾害就几乎没有任何收成；住房面积较小，4 个人挤在 30 多平方米的房屋里，人畜混居；生活中没有通电，通信设施落后；看病就医非常困难，从沟里到乡卫生院有 4 公里左右的距离。搬迁前曾经从事过运输行业、开过商店及录像馆，后听说国家要在朗赛岭实施扶贫搬迁，就买了一辆四轮车拉石料，获得了 1 万多元的现金收入，生活处境从此大大改善。

搬迁后，主要在外地从事建筑行业带班及管理工作，一年收入在 2 万元左右，同时还顺便带村里一部分剩余劳动力外出打工。自己一直想组建一支农民施工队，听说注册资金需 5 万元左右，并且需要政府审批，自己也曾经向当地政府打过报告，不知道是否因乡党委书记换届而搁置下来。目前，家庭开了一个饲料加工坊，由妻子在家经营，一年能够为家庭创收 3000 多元；同时还请人做氆氇，然后自己再出去销售，也能够为家庭创收 2000 多元；一年总收入有 4 万多元。自己住房旁边有一块空地，希望政府能够批示土地，自己好在此地建立一个水磨糌粑加工坊，为当地老百姓服务，同时也可以为家庭创造一部分收入。全年家庭生活开支也有 1 万多元，主要是供孩子读高中。

现在家里有电视机 2 台、收音机 1 台、音箱 1 台、VCD 1 台、冰箱 1 台、摩托车 1 辆、电动车 1 辆、六轮拖拉机 1 台。家里养殖有山羊 20 多只，由其姐姐代为看管，每年付给劳务费 200 多元；牦牛 17 只、猪 1 头。

目前，生产、生活中存在的主要困难有：（1）希望修建朗赛岭提灌站。（2）组建一个农民施工队。（3）建立一个水磨糌粑加工坊。（4）希望实施项目增收，但养鸡、养猪等项目效益并不大，而且养殖技术上也存在一些困难，因此，还是希望政府在德吉新村建立大棚蔬菜基地等项目。（5）希望在德吉新村建立一个寺庙，主要是老年人外出从事宗教活动很不方便。（6）搬迁群众农业生产技术还存在困难，好多农牧民不懂科学技术，甚至连化肥、农药都不会使用，也不会使用良种。全村 700 多人，只有一名科技人员，希望政府对村里多组织一些农牧业技术培训活动。同时，尽管政府在 2006 年底已经为搬迁群众免费安装了沼气，但是村民在沼气使用技术上还存在困难，特别是不懂沼气发酵技术。（7）希望能够为本地村民争取一些增收项目，并且本地农牧民群众自己能够干的项目就尽量让当地农牧民群众干，但工程承包建设中的拉关系现象较为严重。

9. 访谈对象：格玛措姆，女，53 岁，小学文化，5 口人，从扎囊县扎其乡扎其沟里搬迁出来

搬迁前，生活中没有通电，至今仍然没有通电；饮水也较为困难；交通不便，看病就医十分困难。不过，当时分到土地 14 亩，粮食除了够吃外还略有剩余；住房还可以，只是略比现在小一点。

搬迁后，全家 5 口人分到了 10 亩地，土地亩数比搬迁前少了。由于连续两年自然灾害，粮食收成减产，幸好以前还从老家带来了一部分粮食。总体来讲，搬迁进来后还是比较满意的。现在家庭年收入在 5000 元左右，土地粮食收成远远不够生活所需。家庭收入主要用于购买粮食、日常家庭用品以及衣服等，支出也大概在 5000 元左右。现在全家人都参加了合作医疗，不过，因为家里没有人生病，故还没有报销过。认为没有必要在德吉新村修建寺庙。

2006 年前粮食收成一般有 5000 斤左右，2006 年就只收获了 2000 斤粮食，尽管现在实行机械化耕作，粮食还是减产了一大半。现在家里只有 3 口人，由于缺水，土地贫瘠，粮食产量减少。现在家里有电视机、电话、收音机、VCD 各 1 台（部），饲养奶牛 4 头、羊 15 只。

搬迁后，生产、生活中存在的主要困难有：（1）主要是土壤贫瘠，政府需要继续改良；（2）农作物灌溉严重缺水，如果修建提灌站，自己也还是愿意出资；（3）农业生产技术方面还存在一些困难，尽管目前还没有发现农业病虫害。

10. 访谈对象：扎西巴珠，男，47 岁，小学文化，6 口人，从扎囊县吉汝乡搬迁过来

搬迁前，交通很不方便，如果到拉萨，天还未亮就要出门坐车；生活中没有通电；饮水基本还可以，不过还得自己挑水；住房面积偏小，只有 40 多平方米，人畜混居；土地偏小，全家 6 口人共有不足 2 亩土地；到乡医院距离 13 公里左右，看病就医非常困难；当时自己外出经商，妻子在家做一些氆氇，加上孩子外出打工等，全家年收入共 4000 元左右。

搬迁后，尽管分到土地 12 亩，比搬迁前大大增加了，但是粮食产量一般只有 1400 斤左右，是刚刚搬迁进来时的一半，主要是因为农作物得不到有效灌溉。刚刚搬迁到德吉新村时，还可以收获 3000 斤粮食。由于朗赛岭提灌站坏了，农田灌溉缺水，包括 2007 年的粮食收成，从目前农作物的长势看来，还比较可以，但担心后期出现旱灾从而导致粮食收成减少，现在还没有病虫害。目前，家庭收入 1 万多元。家里有电视机、VCD、电话、音箱等各 1 台（部）。家庭年支出 1 万多元，主要用于购买粮食、衣服等。全家人都参加了合作医疗，对合作医疗比较满意，对居住条件也十分满意，没有寺庙需求。

搬迁后，生产、生活中存在的主要困难有：（1）农田灌溉问题，朗赛岭提灌站是咱老百姓的"命根子"，自己也愿意出资出劳动力予以尽快解决；（2）需要参加农牧业技术培训；（3）愿意参加农牧业生产保险；（4）希望两个女儿能够到职业技术学院学习，学一点农牧业生产适用技术；（5）有广播及其文化设施的需要。

11. 访谈对象：曲扎，男，48 岁，小学文化，退伍老兵，4 口人，从扎囊县吉汝乡搬迁过来

搬迁前，交通十分不便，住在山沟里，到县城有 40 多公里；当时有住房 6 间，还比较宽敞；但饮水非常困难，要到山沟里去挑水，而且水质也不好；生活中没有通电，广播等通信设施严重缺乏；看病就医困难；土地也较少，全家 4 口人只分到 3 亩地，当时能够收获粮食多则 1000 斤，少则只有 500 斤，基本不能满足全家人一年生活所需，因此，还要到市场购买一些粮食做补充，实在不够的话，再向亲戚朋友家里借一点。当时家庭收入的主要来源是做氆氇，一年能够得到 500 元左右的现金收入。

搬迁后，住房 240 平方米，加上庭院，共占地 390 平方米；水、电、路、光纤等全面铺通。搬迁后，家庭收入的主要来源是自己一年外出打工收入近 1 万元；妻子做氆氇收入近 3000 元，总收入 1.3 万元左右。家庭开支 9000 多元，主要是购买粮食。尽管搬迁后分到了 8 亩地，但粮食收成不高，如 2006 年只收到 280 斤青稞。

搬迁后，生产、生活中存在的主要困难有：（1）农田灌溉缺水，希望尽快修建朗赛岭提灌站。（2）生活中的口粮还是比较欠缺。（3）希望政府在本村实施一些基础设施建设项目，尽量利用本地劳动力，从而使自己不需再出远门打工。（4）希望能够参加一些农牧业生产技术培训。（5）有广播文化设施的需要，暂时还没有宗教寺庙需求。（6）对德吉新村周边环境还比较满意，但搬迁群众的环境保护意识不强，希望能够争取到一个环境保护项目，这样能够很好地处理生活垃圾及污水。（7）对政府对待退伍老兵政策有一些看法，政府对退伍老兵照顾不甚周到，资金发放也不到位。

12. 访谈对象：松觉，女，39 岁，没有上过学，6 口人，从错那县搬迁过来

搬迁前，有住房 3 间，但不是很好；生活饮水还可以，不过还是要到别处去挑水；生活中没有通电；交通也不方便，到县城坐车要 1 个小时；看病就医到乡卫生院较近，但是到县医院就较远。当时全家 6 口人共分到 4 亩地，能够收到 1400 多斤粮食，基本上不够一家人生活所需。搬迁前家庭收入的主要来源靠种地、丈夫外出打工等，年收入近 2000 元，平时自己织一些卡垫、藏被等，收入有 500 元左右，但这远远不够一家人生活开支，特别是遇到自然灾害就不得不到别处去借钱、借粮等。搬迁前，一年内大概有两个月时间会出现口粮短缺问题，需要政府给予适时救济和提供补贴。

搬迁后，共分到土地 12 亩，但粮食产量不高，如 2006 年只收获了 560 斤粮食，还要到市场购买很大一部分才能维持一家人的生活；搬迁后家庭收入主要是靠丈夫外出打工，一年大概在 5000 元左右；由于没有羊毛，自己未能织卡垫及氆氇等。现在家里有电视机、VCD、音箱及电话各 1 台（部），家庭养殖有 2 头奶牛、2 只藏鸡。

搬迁后，生产、生活中存在的主要困难有：（1）生活口粮还是比较紧缺；（2）农田灌溉问题需要解决；（3）家庭经济压力较大，现在已经向银行贷款 5000 元；（4）希望政府能够在德吉新村增加一些致富项目，使丈夫能够在附近从事工作。松觉认为，搬迁前后家庭生活变化不是很大。

13. 访谈对象：白玛旦增，男，27 岁，4 口人，小学文化，从扎囊县扎其乡民主村搬迁过来

搬迁前，生活中没有通电，至今仍然没有通电；由于结婚后与父母相处不和而分家，自己没有分到房子，长期借住在别人家；饮水还可以，村委会集中供应山泉水，没有安装自来水，还得到村委会附近挑水；土地较少，全家 4 口人只分到 2 亩土地，粮食收成只有 500 斤左右，这远远不够一家人生活所需，平时还得向亲戚朋友要一点。搬迁前家庭主要收入来源靠自己外出打工，一年收入在 1000 元左右；妻子也做一些氆氇、卡垫等销售后补给家用，搬迁前生活比较困难。

搬迁后，共分到 8 亩地，粮食收成好时有 1100 斤，收成不好时只有 500 斤（如 2006 年），因此还需要在市场上购买很大一部分粮食。现在家庭收入来源仍然是靠自己外出打工，一年收入有 1600 元；妻子在家做一些氆氇等，一年有 400 元收入，家庭总收入在 2000 元左右。家庭总支出中购买粮食就占很大一部分，大概在 1000 元左右。白玛旦增农户认为，在搬迁后家庭生活条件有一点改善，但是仍然担心农田粮食收成情况，如果粮食收成不好的话，其家庭处境也不会有多大改善。对新型农村合作医疗制度比较满意；但对学校"三包"政策不是很了解，认为自己家庭比较困难，孩子就应该享受"三包"优惠政策。搬迁后家里有电视机、VCD、电话、手机各 1 台（部），并养殖了 1 头牛、3 只羊。

搬迁后，生产、生活中存在的主要困难有：（1）朗赛岭提灌站修建，自己还是愿意投入一部分资金和劳动力来维修朗赛岭提灌站。（2）日常生活中的口粮还是比较紧缺。（3）家庭生活中缺乏现金收入。（4）没有耕作及播种等农业机械设备。（5）希望政府能够在增加搬迁群众收入方面多做一些努力，如建立大棚蔬菜基地、提高粮食单产等。（6）努力提高村民文化生活水平，电视节目比以前多了一些，但还是希望政府再增加一些适合当地的文化内容，如建立村广播站、组建藏戏队等，暂时没有宗教寺庙的需求。（7）德吉新村的生活垃圾及污水处理等问题较严重，希望政府投资予以解决。

14. 访谈对象：达娃扎西，男，35 岁，小学文化，4 口人，德吉新村科技示范户，德吉新村第八小组组长，从扎囊县扎塘镇扎塘沟里搬迁过来

搬迁前，住房非常小，全家 4 口人挤在 8 平方米的小屋里；交通十分不便；看病就医十分困难；饮水还可以，水质也还不错；生活中没有通电；土地还是较少，全家 4 口人只分到了 3 亩地，粮食总收成不到 1000 斤，这远远不够一家人生活所需。搬迁前家庭主要收入来源是自己外出打工，一年收入大概有 2000 多元，妻子在家织氆氇，有 3000 多元收入。但由于自己常年生病，医药费用开支较大，因此，生活还是比较困难。

搬迁后，分到 8 亩土地，只能收获 900 斤左右粮食，这远远不够一家人的生活所需，有时还得向父母及亲戚朋友要一点。搬迁后，由于自己身体不好，现在不能外出打工，同时妻子还要照顾自己，耽误时间较多，织氆氇收入也就相对下降，现在一年总收入只有 2000 多元，因此，还得靠亲戚朋友提供一些帮助。2006 年夏天，扎西达娃突然出现昏厥，到拉萨看病就花费了 2 万多元。先是到山南地区医院看病，但没有查出致病原因，后就转到拉萨市人民医院就诊，由于自己不知道还要开一个转院证明（医疗报销政策规定），因此，在拉萨市人民医院所花医药费未能得到报销。因此，目前在县农业银行贷款 1 万多元。

搬迁后，生产、生活中存在的主要困难是自己家庭生活感觉还是比较满意，只是由于 2006 年生病，家庭经济便出现了困难。（1）希望多学习一点农牧业科学技术，德吉新村搬迁群众都有这个需求；（2）希望政府在增加农牧民

269

收入方面多做一些努力，虽然建立了一个养猪基地，但由于缺乏养殖技术，加上饲料缺乏，故经济效益还没有得到完全体现；（3）非常希望政府在德吉新村建立一些特色种植基地，如大棚蔬菜、大蒜、油菜、早熟土豆等基地，以增加搬迁群众家庭现金收入；（4）农田灌溉维修问题，自己还是愿意出一部分劳动力维修；（5）在沼气技术掌握方面，德吉新村搬迁群众普遍缺乏使用技术，平时自己也到本村一些农牧民家帮忙，没有收过一分钱，但还是找不到具体原因。没有宗教寺庙需求。尽管自己生病非常困难，但从来没有向政府提过什么要求。总体来讲，搬迁后，农牧民生产、生活条件发生了很大变化。

15. 访谈对象：次仁旺姆，女，34 岁，上过扫盲夜校，4 口人，从错那县搬迁过来

搬迁前，住房面积很小，只有 12 平方米，全家 4 口人住在一起非常拥挤；生活饮水还可以，水质也还不错，不过没有安装自来水，自己还得挑水；搬迁前生活中没有通电，现在通电了；看病就医比较方便；但交通很不方便，现在好多了；当时分到 6 亩地，粮食收成在 1000 斤左右，基本够吃。搬迁前丈夫是村小学的民办教师，其代课的工资收入成为其家庭主要收入来源，自己也做一些藏被、卡垫等，不过，只是自己家里使用，几乎没有外卖。搬迁前什么家用电器都没有。在当时看来，家庭生活基本能够自理。

搬迁后，共分到 8 亩地，但粮食总收成并不高，只有 600 斤，因此，还需要从市场上购买一些大米、面粉等以补给家庭生活所需。搬迁后，丈夫从银行贷款 7 万多元购买了一辆货车，从事短途运输，每年收入在 2 万元左右。一年家庭支出大概在 1 万多元。搬迁后家里有电视机、VCD、收录机、冰箱、电话及手机各 1 台（部）、货车 1 辆；养殖了 3 头牛、6 只鸡。

搬迁后，生产、生活中存在的主要困难有：（1）农田灌溉问题没有得到有效解决，从而影响了粮食收成；（2）日常生活中的口粮还是比较紧缺，但对"三包"政策还不是很了解，为什么自己的孩子就不能享受"三包"优惠政策？目前就医还是比较方便，对农村合作医疗也非常满意。

16. 访谈对象：卓玛，女，52 岁，未上学，10 口人，从扎囊县扎塘镇扎塘沟搬迁过来

搬迁前，只分到 6 亩土地，粮食总收成在 1000 斤左右，但是还不够吃，需要从市场购买很大一部分；住房还比较宽敞，有 250 平方米；生活中没有通电；交通也不方便；饮水还可以，但不是自来水；当时家庭收入的主要来源是靠丈夫外出打工，一年收入在 1000 元左右；自己在家织氆氇，收入在 1000 元左右，此外没有其他任何收入来源，故当时家庭生活比较困难。

搬迁后，共分到 16 亩地，但一般只能收获粮食 1400 多斤，以前基本上够吃，2007 年就不知道是否够吃了。现在住房面积有 350 平方米。搬迁后家庭主要收入来源仍然是靠丈夫及孩子外出打工，全家有 5 个人外出打工，一年可以获得 1.2 万元务工收入，加上自己织氆氇收入 1000 元，此外，再没有其他收入了。家庭支出也在 1 万元左右，收支基本相抵。搬迁后，家里有电视机 2 台、音箱 1 台、VCD 1 台、六轮拖拉机 1 台。养殖了 5 头牛、30 只山羊。

搬迁后，生产、生活中存在的主要困难有：（1）主要是农田灌溉问题，自己也愿意出资出劳动力，原来修理过一次，由于技术上还存在问题，始终未能得到彻底解决。
（2）女儿结婚分家后，希望政府解决其住房问题，自己认
为要得到住房补贴是不可能的，但还是希望政府能够解决
建房宅基地问题。（3）希望政府在德吉新村组建一个民间
氆氇厂，把扎囊氆氇品牌做大做强。（4）希望政府能够丰
富村民文化生活，对新型农村合作医疗制度比较满意，认
为"三包"政策落实的比较好。

**17. 访谈对象：次仁扎西，男，59 岁，小学文化，7 口
人，从扎囊县吉汝乡搬迁过来**

搬迁前，有自己的住房，面积还比较大；但土地非常
少，当时只分到 2 亩地，粮食收成较好时，收成有 600 多
斤，不好时只有 400 多斤；饮水还可以，但水质不好；生活
中没有通电；交通也不方便，走路到县城要 1 天时间；看病
就医不方便。搬迁前，家庭主要收入来源是靠自己做氆氇，
一年有 2500 元左右的收入，此外，再没有其他收入了，当
时生活比较困难，还得靠政府资助和亲戚朋友的帮助。

搬迁后，共分到土地 14 亩，但是粮食收成不到 1400
斤，不够一家人生活所需。目前，仍然靠做氆氇作为家庭
的主要收入来源，一年收入在 5000 元左右，外出务工收入
在 1000 元左右，全年家庭总收入在 6000 元左右。而一家人
生活支出大概在 1 万元左右，现已经向银行贷款，平时还要
到邻居家借一点。搬迁后家里有电视机 1 台、VCD 1 台、收
录机 1 台、拖拉机 1 台；并养殖了 5 头牛、40 只山羊。

搬迁后，生产、生活中存在的主要困难有：（1）如果
农田灌溉设施修好了，家庭收入肯定会增加。自己还是比
较愿意出一部分资金和劳动力，但是希望政府能够给予更
多的支持。（2）日常生活中的口粮仍然比较紧缺。（3）有

一个孩子在外打工，但是由于受到自身文化素质及劳动技能的影响，很多时候还找不到工作，希望政府能够进行劳动技能培训并提供更多的工作机会。（4）自己也非常愿意参加农牧业科学技术培训。对新型农村合作医疗制度比较满意，身体素质较好，家人没有生病，也没有报销过；但对政府"三包"政策不是很了解，认为没有实施好。暂时还没有宗教寺庙需求。

18. 访谈对象：白玛，女，49 岁，上过扫盲夜校，5 口人，从错那县搬迁过来

搬迁前，全家 5 口人分到 3 亩土地，粮食总产量在 1000 斤左右，但是不够吃；家庭有两个残疾人，自己手有问题，干农活很不方便。当时村委会知道她家具体情况后，经常帮助他们家庭，不过，他们从来不主动向国家要求什么。住房条件还可以；生活中没有通电；交通也不方便；饮水还可以。搬迁前家庭主要收入来源是靠一个孩子在外挖虫草，一年能够收入 1000 多元。

搬迁后，全家 5 口人共分到 10 亩地，粮食收成在 1000 斤左右，但是粮食质量不好，基本不够家庭生活所需。目前，家庭主要收入来源还是靠孩子在外挖虫草，一年收入有 1 万元左右。一年家庭支出如下：主要用于购买粮食，花费 1000 多元；由于家庭劳动力不够，农忙时还得请别人帮助种植，并付劳动报酬，人均每天 25 元，这也是家庭一笔不小的开支。搬迁后家里有电视机、音箱、电话、VCD 各 1 台（部），摩托车 1 辆；并养殖了 2 头牛。

搬迁后，生产、生活中存在的主要困难有：（1）主要是农田灌溉问题没有得到有效解决；（2）自己身体不好，每年的医疗费用开支就有 1000 多元，虽然从合作医疗经费中报销了一部分，但这远远不够；（3）家庭缺乏主要劳动力；（4）农业生产种子也是由村委会副主任罗布随巴同志代他们向政府免费争取的。对新型农村合作医疗制度比较满意，但用在她身上还远远不够。

19. 访谈对象：次仁拉吉，女，26 岁，没有上过学，8 口人，从扎囊县扎其乡扎其沟里搬迁出来

搬迁前，住房面积较小；生活中没有通电；饮水非常困难，要到很远的地方去挑水；当时只分到 5 亩土地，粮食收成 2800 斤，基本够一家人的生活；看病就医非常困难，如果走路到县医院要 1 天时间。搬迁前主要靠丈夫外出务工作为家庭的主要收入来源，此外，自己在家还做一些糌粑，每年能够收入 1000 元，当时基本能够维持一家人生活。

搬迁后，虽然全家人分到 12 亩地，但粮食收成才 300 斤左右（2006 年），这远远不够一家人的生活所需。目前，家庭的主要收入来源是，家里共 4 个人在外打工，一年务工收入 1.1 万元，自己做糌粑收入有 1000 元。一年家庭支出也在 1 万元左右。现在家里有电视机、VCD、音箱各 1 台（部）；并养殖了 4 头牛、1 头猪、20 只山羊、2 只鸡。

搬迁后，生产、生活中存在的主要困难有：（1）农田灌溉问题亟须解决；（2）日常生活中的口粮还是比较欠缺；（3）自己家里没有播种机，靠劳动力播种是非常困难的，但是机械租用费用又比较高。

20. 访谈对象：央宗，女，39 岁，6 口人，德吉新村村委会妇女主任，从扎囊县扎其乡扎其沟里搬迁出来

搬迁前，分到 7 亩地，当时粮食产出不够一家人生活所需；有自己的住房，但面积较小；生活中没有通电；饮水也非常困难，要到很远的地方去挑水；交通不方便；看病就医非常困难。搬迁前家庭的主要收入是靠丈夫外出打工，一年有 1500 元的收入，平时自己也做一些氆氇，一年有 600 元的收入，但是这远远不够一家人的生活开支。

搬迁后，共分到土地 12 亩，收成好的时候可以收到 2800 斤粮食，包括油菜等，基本上够一家人吃；丈夫任第六小组组长，一年有 600 元的务工补贴；自己当妇女主任一年有 240 元的务工补贴；自己平时做一些氆氇，一个孩子在拉萨打工，买了一辆货车跑运输，这样一年家庭总收入在 8000 元左右。一年家庭总支出也在 8000 元左右，主要是购买粮食及日常生活用品。搬迁后家里有电视机、收音机各 1 台，拖拉机 1 辆。

搬迁后，生产、生活中存在的主要困难有：（1）政府应该加强对搬迁群众的农牧业科学技术培训；（2）尽管政府已经对农户使用化肥做了一些补贴，但村里还是有一部分农户缴不起化肥款；（3）村民文化生活有点欠缺，大多数村民没有宗教寺庙需求。

自己做妇女主任，其工作主要是：组织村民对德吉新村进行环境卫生管理；宣传国家计划生育政策，统计村民出生率、死亡率等；帮助村委会做一些义务劳动。现在政府对西藏农牧民生育孩子有一些规定了，一般农牧民家庭只愿生 2~3 个孩子，而德吉新村村民计划生育意识可强烈了，村民自己也不愿意多生了。德吉新村青年农牧民离婚现象较为普遍，自己对村民离婚及再婚还是有些看法。对农村合作医疗政策比较满意，对政府"三包"政策也还比较了解。

21. 访谈对象：岗竹，女，43 岁，没有上过学，5 口人，从错那县搬迁过来

搬迁前，虽然有自己的住房，但是面积非常小，只有 8 平方米；饮水还可以，但没有安装自来水；生活中没有通电；交通不方便；农田灌溉系统也不是很好；看病就医非常困难，坐拖拉机到乡卫生院要 2 个小时；当时所分到的土地较少，全家 5 口人只分到 2 亩地，粮食收成只有 420 斤，这远远不够一家人吃，还得靠政府救济。搬迁前家庭没有人外出打工，自己又不会做镨镥，丈夫不爱干农活，有点懒惰。搬迁前政府除了给自己家庭一点粮食外，有时还给母亲一些衣服。

搬迁后，家庭共分到 10 亩地，但 2006 年只收获 700 斤粮食，除了靠政府救济粮食外，还要从市场上购买一部分。一年家庭总收入约为 600 元。2006 年被政府列为德吉新村贫困户；村委会为了调动其丈夫积极性，2006 年把他选为德吉新村第二小组组长。现在家里的柜子、床及卡垫都是政府给的。搬迁后，家庭日常生活基本上靠政府和村委会帮助，支部书记多吉为其家庭帮扶对象。虽有这些帮助，但这还是不够家庭生活开支，在家庭开支不够时，便向邻居及亲戚借，待国家补贴发放后又还给别人。平时自己也积极参加村里的一些付酬劳动。搬迁后，家里仅有 1 台黑白电视机，而且是政府免费送的。尽管政府在 2006 年底为他们家免费安装了沼气，由于使用技术缺乏，只有在烧水的时候才能用沼气，其余煮饭等都是烧薪柴。目前，家里只养殖了 3 头奶牛、5 只鸡。农田耕作是用小组配备的拖拉机，能够实现机械化操作，粮食收成总体上比在错那县要高些。

搬迁后，生产、生活中存在的主要困难有：（1）主要是家庭缺乏基本口粮；（2）尽管全家人都参加了新型合作医疗，家里有 2 个人长年生病，合作医疗账户上的钱早就用完了，因此，家人生病时，小病只有自己忍着，实在不行的话，就向邻居借一点现金看病；（3）农田灌溉系统亟须维修；（4）家庭主要劳动力缺乏（2 个病人、2 个小孩）；（5）家庭缺乏现金收入；（6）希望政府能够在德吉新村增加致富项目，通过项目增加搬迁群众家庭现金收入，她本人也希望多养一些鸡、猪等，但饲料不够（连家庭口粮都没有得到很好解决）；（7）两个孩子读书还是有一定的压力，希望孩子能够在学校享受"三包"优惠政策。没有宗教寺庙需求。

2006 年底，该家庭被列为贫困户，这样家庭成员每人每月可以得到政府补贴 15 元，他们一年就可以从政府领取 900 元贫困补贴。搬迁前在错那县就被政府列为贫困户对象之一，没有缴纳医疗费。对政府制定的特困户救助政策非常满意。不过，自己还是非常希望改变家庭现状，但还是不知道从何处入手。

22. 访谈对象：达娃卓玛，女，43 岁，4 口人，未上过学，从错那县搬迁过来

搬迁前，家庭拥有住房 150 平方米，但人畜未分开；交通不方便；看病就医困难；饮水没有问题，水质还不错；自然环境差，风沙大。搬迁前全家 4 口人分到 3 亩地，粮食基本够吃，有时在春节时期还需政府补贴一些。搬迁前还不是贫困户，由于丈夫不干农活，好吃懒做，只是在挖虫草季节会出去一下，但是所挣钱不多，只有 1000 元左右，自己在外却又用掉大部分，拿回家的较少。丈夫所挣的钱只够自己用。

搬迁后，共分到 8 亩土地，2006 年，由于天旱，8 亩地颗粒无收。妇女主任央宗为其帮扶对象。去年（2006 年）粮食不够时向亲戚要了一些。估计今年（2007 年）没有钱回老家了。在笔者到该家采访时，该家几乎断粮，在等待政府发放粮食补贴。扎其乡政府已经对德吉新村贫困户做过统计，并准备按每人每月 28 斤粮食的标准发放。如果政府按标准实额发放，贫困户家庭的口粮问题基本能够解决。现在家里只有电视机 1 台，而且还是德吉新村妇女组织集体捐赠的；家里养殖的唯一一头奶牛，因丈夫在外欠债而被债主牵走了。

2006 年冬，大女儿身患癌症，家庭为此花了不少钱为其治病。虽然已经参加合作医疗，但这远远不够。一个孩子读小学，妇女主任有时候帮助买一些学习用具。

搬迁后，生产、生活中存在的主要困难有：（1）政府对他们家太好了，已经不好意思再向政府要求什么了，最后还是希望政府能够解决女儿看病的医药费用问题。（2）搬迁后，生产、生活条件是改善了，但如果农田灌溉问题不尽快解决，搬迁群众家庭收入是难以增加的。自己还是在努力增加粮食生产。

23. 访谈对象：察施，女，49 岁，6 口人，小学文化，从扎囊县扎其乡扎其沟里搬迁出来

搬迁前，全家分到 3.6 亩土地，但粮食产量只有 280 斤，这远远不够一家人吃，有时还得靠政府救济一些，有时还得向邻居借一点。搬迁前没有人外出务工，自己也不会做氆氇，家庭也没有养殖收入；住房 24 平方米，人畜混居；饮水还可以；生活中没有通电；交通也不方便；看病就医非常困难；自然灾害发生频繁，风沙大，冰雹多。

搬迁后，共分到 12 亩地，全年生产青稞 200 斤、土豆 480 斤，这还不够一家人的生活所需，其中国家解决 1000 斤粮食。丈夫去世后，家庭缺乏主要劳动力，家庭因此处于贫困状态，大儿子现任德吉新村第六小组组长。由于家庭较穷，一个孩子被送到河南亲戚家读书，另一个孩子在本村读小学。

搬迁后，家里唯一的家用电器只有 1 台电视机，并且是坏的，不能用了。家庭现养殖 1 头猪、1 头奶牛。

目前，家庭最大的希望是，政府能够尽快修好朗赛岭提灌站，提高粮食单产，以增加家庭收入。

24. 访谈对象：德庆，女，70 岁，未上过学，2 口人，从扎囊县扎其乡民主村搬迁过来

现在家里就只有 2 个老人、5 个孩子，其中 3 个女孩，有一个跟着内地人跑了，一个在阿里地区给人家当保姆，一个就嫁在本村附近。

搬迁前，住房非常困难，是由政府出资帮助修建的；饮水还可以；交通不方便；生活中没有通电；看病就医非常困难；气候不是很好，风沙大，冰雹多。尽管搬迁前也分到 12 亩土地，但由于家里有 8 个人，当时还是不够吃，仍然靠政府救济一部分粮食。现在只有在阿里当保姆的那个女儿能够帮助家里一下。

搬迁后，家里分到了 4 亩地，由于自己年龄较大，不能亲自下地耕作，全是由小组的机械帮助耕作。2006 年共收获粮食 200 斤，肯定不够吃，幸好政府还解决了 400 斤粮食，两个人的口粮问题才得到基本解决。山南地区农牧局在春节期间也为他们家发放了一些慰问品。

由于本人有心脏病，尽管参加了农村合作医疗，但账户上的钱远不够用，很多时候还得向邻居借一点现金来看病。2006年底，两个人已经被政府列为特困户，这样每年就能够领到360元的特困补贴资金。

搬迁后，生产、生活中存在的主要困难有：（1）由于政府还没有为家庭安装沼气，故燃料仍然紧缺；（2）生产的粮食还是不够吃；（3）老人的医药费用开支过大；（4）家庭现金收入十分紧缺，甚至连购买食盐的钱都拿不出来，都是村委会免费送的。不过，自己还是努力织一些毛线，卖了毛线后的钱能够买一些酥油。

搬迁后，总体感觉非常好，非常感谢中国共产党对家庭的帮助。

25. 访谈对象：索罗多布吉，男，44岁，未上过学，5口人，从扎囊县扎其乡搬迁过来

搬迁前，全家6口人挤在8平方米的房屋里；饮水还可以；交通很不方便；生活中没有通电；看病就医非常困难。搬迁前只分到2亩土地，粮食生产只有140斤，不够吃，还得靠政府救济，当时就是贫困户；孩子多，最大的才17岁，家庭缺乏主要劳动力；而且自己身体一直不好，从2006年10月到现在，一直在输液治疗。

搬迁后，全家共分到12亩耕地，2006年收获青稞450斤、土豆360斤，这不够一家人的生活所需。2006年，扎囊县、扎其乡民政部门解决了840斤粮食，基本上够维持一家人的生活。由于家里劳动力不够，现已经被政府列为特困户。

搬迁后，家用电器只有1台黑白电视机；养殖了3头奶牛。现在家里基本没有任何收入。还有两个小孩寄养在亲戚家里，有一个孩子在外面挖虫草，家庭一年有 1000 元左右的总收入。

26. 访谈对象：泽张，女，45 岁，3 口人，从扎囊县扎其乡搬迁过来

搬迁前，全家 3 口人挤在 24 平方米的住房里，人畜混居；饮水十分困难，要到别处去挑水，并且水质也不好；交通极不方便，到乡政府 23 公里；看病就医非常困难，到民主行政村卫生所有 5 公里左右；生活中没有通电。搬迁前，分到 4 亩多地，粮食收成 1700 斤，基本上够吃，不需要政府救济；搬迁前丈夫也没有出去打工，两个人会织氆氇，一年收入 800 元左右；没有其他养殖收入。搬迁前就被政府列为贫困户加以救济。

搬迁后，全家共分到 6 亩地，但是在 2006 年只收获 280 斤粮食，这远远不够一家人的生活所需。农闲时丈夫在外打工，其收入主要供孩子读高中，平时自己织一些氆氇，可以得到一部分现金收入购买粮食。由于地里粮食生产不够一家人生活，故一直都存在借粮吃的现象，直到 2006 年 7 月，上级政府才知道这个情况，并及时补贴了 84 斤大米。现在家庭生活支出一年大概在 2500 元左右。

搬迁后，生产、生活中存在的主要困难有：（1）由于欠缺现金购买肥料，故粮食收成不高。（2）对于孩子读书问题，家庭一直担心孩子今后的就业问题，因此，丈夫早就想把孩子留在家里干农活。（3）生活中的口粮还是比较欠缺。泽张家是笔者在德吉新村调研时所看到为数不多的、没有家用电器的农户；而且家里也只养殖了 2 头牛、2 只鸡。

全家都参加农村合作医疗，但个人集资款还是由政府代为缴纳。搬迁后生产、生活环境比以前好多了，非常感谢中国共产党对家庭的帮助。

27. 访谈对象：益西卓嘎，女，49岁，4口人，从扎囊县扎其乡扎呷村搬迁过来

搬迁前，全家4口人住在8平方米的房屋里；饮水非常困难，要到很远的地方去挑水，并且水质也不好；生活中没有通电；交通也不方便，到乡政府距离23公里；看病就医困难。搬迁前，分到2亩土地，粮食收成最好时才700斤，不好的时候才300多斤，不够一家人吃；自己有时帮助别人干点零活，换取点糌粑、粮食等；平时自己也会做些糌粑。当时家里只养殖了1头牛，在村里已经算是非常穷的农牧民了。

搬迁后，共分到8亩地，2006年粮食收成只有700斤，不够一家人口粮所需。现在有一个孩子在拉萨打工，去年（2006年）在那曲打工的工资，一分钱也没有拿到，包工头没有付钱。没有任何家用电器；也只养殖了3头牛、2只鸡。

搬迁后，生产、生活中存在的主要困难有：（1）从银行贷款6000元用于买拖拉机，一直还不起，感觉还款压力较大。（2）家庭口粮一直较为欠缺。（3）农业生产缺乏主要劳动力（丈夫已经去世）。已经参加合作医疗，但是还没有报销过。

28. 访谈对象：德庆措姆，女，18岁，3口人（三姊妹，父母已经去世，由于父亲与别人打架而死，母亲在2004年也因病去世），从扎囊县扎其乡民主村搬迁过来

搬迁前，全家5口人挤在8平方米的房屋里；饮水非常困难；生活中没有通电；交通也不方便，到扎其乡政府有

24 公里；看病就医非常困难，到民主村卫生所还有 5 公里；当时全家 5 口人只分到 2 亩地。

搬迁后，共分到 8 亩地，2006 年共收获 280 斤粮食，远远不够一家人吃，还需要亲戚朋友的帮助。平时由于要照顾两个妹妹，自己未能出去打工，只是偶尔在村里换工。家里唯一的家用电器是 1 台黑白电视机；家里也没有养殖任何牲畜。全家已经参加新型农村合作医疗；现在正在积极争取学校"三包"优惠政策。

搬迁后，生产、生活中存在的主要困难有：（1）家庭缺乏现金收入；（2）家庭缺乏口粮；（3）家庭缺乏主要劳动力。

29. 访谈对象：拉巴卓玛，女，73 岁，没有上过学，4 口人，从错那县搬迁过来

搬迁前，有自己的住房，但面积较小，仅有 32 平方米；饮水非常困难，要到很远的地方去挑水，并且水质还不好；交通不方便，没有通车，到县城走路的话，要 1 天时间；生活中没有通电；看病就医非常困难。搬迁前，分到 8 亩地，粮食收获 2400 斤，基本上够吃；有一个孩子在外面打工，一年能够挣 400 元左右；自己不会织氆氇，只是搞一点养殖，当时家庭生活比较困难。

搬迁后，共分到 8 亩耕地，2006 年基本没有收获粮食，即使收到的，质量也不高，只有加工成饲料喂养牲畜。幸好政府补助了 1000 斤粮食，这样才基本解决了一家人的口粮问题。大儿子打工一年只有 500 元收入，现在已经被政府列为特困户。搬迁后，家用电器有电视机、收音机各 1 台；家里养殖 1 头牛、2 只鸡。

搬迁后，生产、生活中存在的主要困难有：（1）农田灌溉系统亟须维修，由于干旱缺水，粮食收成不高，希望在朗赛岭提灌站修好后能够增加粮食单产；（2）家庭口粮非常紧缺；（3）家庭缺乏现金收入。

30. 访谈对象：多吉平措，男，48岁，4口人（3个小孩，妻子已经去世），没有上过学，从错那县搬迁过来

搬迁前，因为家庭缺乏劳动力，大孩子辍学在家务农。住房比较小，全家人挤在24平方米的小屋里；饮水还可以，自然流水；生活中没有通电；交通很不方便，坐车到县城要3个小时；看病就医非常困难，到乡医院比较近，到县医院比较远。搬迁前，分到5亩耕地，粮食生产一般在840斤左右，不够一家人吃，还得靠政府粮食救济。自己双腿不方便，又不能打工，妻子又不会做氆氇，故家庭生活非常困难。

搬迁后，共分到8亩地，但2006年粮食几乎没有收成，还是政府补贴了560斤粮食，亲戚帮助了一些，基本渡过了这一生活难关，但还不够吃。大儿子今年（2007年）才出去挖虫草。2007年春节，妻子去世，家庭经济条件更差了。搬迁后，家用电器有电视机、收音机各1台；家庭没有任何养殖，最初还养殖1头牛，因孩子生病需要用钱就卖掉了，故现在什么都没有养殖。

搬迁后，生产、生活中存在的主要困难有：（1）希望政府尽快解决农田灌溉维修问题；（2）家庭劳动力不足，由于劳动力不够，只得依靠邻里相互帮助；（3）尽管参加了新型农村合作医疗，但账户上的钱远不够用，自己生病后，也没有钱治疗。

31. 访谈对象：拉珍，女，68岁，没有上过学，2口人（自己与一个残疾儿子），从错那县搬迁过来

搬迁前，该家庭还不是五保户，当时家里有3口人，由于 2004 年小儿子因车祸去世，家庭失去了唯一的经济支柱。搬迁前，住房条件较差，3 口人挤在 16 平方米的房屋里；饮水还可以；交通不是很方便；看病就医非常困难；生活中没有通电。搬迁前，分到 7 亩地，粮食生产基本够吃，小儿子当时还能够出去绘藏画挣取一定的现金收入。

搬迁后，共分到 6 亩地，2006 年只收获 200 斤粮食，不够一家人吃，政府还补贴了 350 斤粮食。虽然大儿子是残疾人，但自己还得亲自下田耕作，有时借用一下小组的拖拉机，要付费。2005 年前，只有拉珍被列为五保户对象，一年有 960 元财政补贴，现在大儿子也被政府列为五保户供养对象，一年有 1300 元，这样一年可以得到政府 2600 元的财政补贴，基本能够满足一家人的生活开支。目前，家里有 1 台电视机，而且还是以前从银行贷款购买的，养殖了 2 头牛。

参加了新型农村合作医疗，集资款也是自己缴纳的。据村委会副主任罗布随巴同志讲，到时政府会退给他们的。搬迁后，需要政府解决的是口粮短缺及现金不足等问题。

后 记

　　根据国家哲学社会科学基金特别项目"当代中国边疆·民族地区典型百村调查"附设项目要求，西藏自治区共有 13 个村（镇）纳入此次调研计划。其中，笔者主要承担了西藏自治区扎囊县扎其乡德吉新村扶贫搬迁调研任务。2007 年 3 月 30 日至 4 月 15 日，在四川大学经济学院杨明洪教授的带领与悉心指导下，课题组一行 4 人对扎囊县扎其乡德吉新村开展了社会与经济全面发展相关调研工作①。

1. 选择德吉新村作为调查点的现实意义

　　选择扎囊县德吉新村作为西藏农牧区 13 个村（镇）的调研对象之一，其现实意义在于，扎囊县德吉新村扶贫搬迁建设，是西藏自治区政府在扎囊县朗赛岭开发区实施"一江两河、扶贫开发、农业综合开发""三大开发"建设的重点项目，德吉新村是西藏自治区政府重点建设的扶贫开发新村，也是西藏自治区政府在"三大开发"建设上相对成功的一个典型村，在西藏扶贫综合开发建设方面具有一定的代表性和典型性。

---

　　① 范远江博士、孙继琼博士也全面参与了德吉新村扶贫搬迁调研工作，并对笔者写作本书提出了许多建设性意见，在此一并表示感谢！

2. 调研目的和意义

基于德吉新村扶贫搬迁建设的代表性和典型性，课题组希望通过对德吉新村开展专题调研，总结西藏扶贫综合开发建设的成功经验，为西藏自治区政府在广大农牧区进一步开展扶贫开发建设提供有益的建设经验与政策建议，这是此次课题调研的重要目的之一。对于扎囊县德吉新村扶贫开发建设，我们听到的更多是来自于政府及媒体的赞赏声音，但是，搬迁群众搬迁到德吉新村后，他们的生产、生活到底发生了哪些改变？搬迁到德吉新村后，农牧民群众生产、生活中还存在哪些实际困难与问题？等等，诸如此类问题的发现与解决，都需要我们深入实地进行调研。鉴于此，课题组全体成员深入德吉新村搬迁群众农户家庭，与搬迁群众同吃住，并进行了直接交流与对话，旨在深入了解搬迁群众生产、生活现状，从而为中央政府与西藏自治区地方各级政府更好地推动西藏农村扶贫综合开发建设提供一些有益思路，进一步加强西藏扶贫综合开发建设的实效性，这是此次调研的又一重要目的。

3. 调查方法与调查进程

对于德吉新村调研工作，主要采用了文献资料调查与实地调查相结合的方法。德吉新村调研工作大致分为四个阶段：（1）2007 年 1～2 月：文献资料调查阶段。2007 年 1 月，课题组就开始积极着手设计调研工作计划，如设计问卷调查等。与此同时，还广泛查阅西藏相关文献资料，进一步加强对西藏农牧区的了解，为我们实地调研做准备。（2）2007 年 3～4月，课题组在西藏三个农村牧区全面开展了实地调研，其中，笔者主要承担了与德吉新村有关的农村经济发展、基层政权建设、民族与宗教及社会发展各项事业等实地调研任务。

（3）2007年4～10月，笔者在对现有调研资料整理和补充的基础上，积极撰写德吉新村扶贫搬迁调研报告。笔者希望在消化现有文献资料的基础上，结合在德吉新村的实地调研资料与对德吉新村调研后的深入思考，形成一份较为真实客观的调研报告，为政府提供相关的政策与建议。（4）2007年11～12月，在杨明洪教授的悉心指导下，对德吉新村调研报告做进一步修改，并于2007年12月底完成该课题报告。

4. 调研报告的信息及资料来源

本文写作的资料来源主要有：（1）有关西藏农牧区经济社会发展的公开发表的统计数据、现已公开出版的各种文献资料等；（2）西藏自治区各级政府的决策文件、政府相关职能机构的工作报告及各级政府的工作简报与电子文档等近期原始资料；（3）2007年3～4月课题组在西藏扎囊县调研期间与当地各级政府官员的座谈、与德吉新村村委会领导成员和当地农牧民群众入户访谈资料。

5. 调研报告的框架结构

本书共分四部分。第一部分是本书序言，主要对调研报告做一些说明。第二部分是本书正文部分，主要对德吉新村扶贫搬迁建设、基层政权组织、经济发展、人口与家庭、民族与宗教、各项社会事业发展等问题进行了全面分析。第三部分是本书的附录部分，主要是笔者在西藏自治区扎囊县德吉新村入户调查时形成的专题分析以及对部分农户的访谈记录资料，或许能够对解读本书起到查漏补缺的作用。第四部分是后记。

本项目是中国社会科学院中国边疆史地研究中心组织的边疆调研重大项目。该中心从本丛书的立项设计、撰写大纲及调研大纲的制定和组织实施，到结项的书稿审订与出版组织，都做了大量工作。

本书是在四川大学经济学院杨明洪教授的悉心指导下完成的，特别令我感动的是，杨老师在丹麦做访问学者期间，还于百忙之中抽出时间审阅本书并提出了许多指导性修改意见，在此表示诚挚的谢意！

在西藏调研期间，西藏自治区社会科学院农村经济研究所倪邦贵研究员、战略经济研究所王代远研究员、西藏自治区人民政府政策研究室王清先同志等对我提供了许多帮助，中国社会科学院中国边疆史地研究中心的李方研究员和孙宏年博士对本书进行了周密细致的审稿工作，感谢社会科学文献出版社给予的鼎力支持，在此一并表示诚挚的谢意！

令我深深感动的是，在西藏调研之间，课题组成员范远江博士、孙继琼博士对我不仅提供了学术上的帮助，而且在生活上也给予了无微不至的关怀。本书的很多想法与观点就是在与他们相互交流、切磋和砥砺中形成的。我从他们那里不仅学到了学术智慧，还得到了友情激励，正是他们的热忱帮助和关心，使我们在西藏的调研生活显得更加充实和精彩。在此也一并向他们表示衷心的感谢！

最后，还得特别感谢我的妻子——王育俊女士，我在西藏调研时间长达近两个月，这期间她不仅要承担繁重的教学任务，还独自承担了家庭生活的全部重担。没有她的无私奉献与精神鼓励，我将不能顺利完成本书的写作。

郑　洲

2009 年 6 月

图书在版编目（CIP）数据

扶贫综合开发绩效研究：西藏扎囊县德吉新村调查
报告/郑洲著.—北京：社会科学文献出版社，2010.12
（当代中国边疆·民族地区典型百村调查/厉声主编.
西藏卷. 第1辑）
ISBN 978 - 7 - 5097 - 1273 - 3

Ⅰ . ①扶… Ⅱ . ①郑… Ⅲ . ①乡村—社会调查—调查
报告—扎囊县 Ⅳ . ①D668

中国版本图书馆 CIP 数据核字（2010）第 036446 号

当代中国边疆·民族地区典型百村调查：西藏卷（第一辑）
扶贫综合开发绩效研究
——西藏扎囊县德吉新村调查报告

著　　者／郑　洲

出　版　人／谢寿光
总　编　辑／邹东涛
出　版　者／社会科学文献出版社
地　　　址／北京市西城区北三环中路甲 29 号院 3 号楼华龙大厦
邮政编码／100029
网　　　址／http：//www. ssap. com. cn
网站支持／（010）59367077
责任部门／编译中心（010）59367139
电子信箱／bianyibu@ ssap. cn
项目负责／祝得彬
责任编辑／王玉敏　邓纯仁
责任校对／李临庆
责任印制／董　然　蔡　静　米　扬

总　经　销／社会科学文献出版社发行部
　　　　　　（010）59367081　59367089
经　　　销／各地书店
读者服务／读者服务中心（010）59367028
排　　　版／北京宝蕾元科技发展有限公司
印　　　刷／北京美通印刷有限公司

开　　　本／889mm×1194mm　1/32
印　　　张／9.875　插图印张／0.25
字　　　数／218 千字
版　　　次／2010 年 12 月第 1 版
印　　　次／2010 年 12 月第 1 次印刷

书　　　号／ISBN 978 - 7 - 5097 - 1273 - 3
定　　　价／138.00 元（共 4 册）

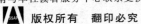